U0857630

山东省社会科学规划研究项目文丛·重点项目(06BJJ034)
山东大学人文社会科学青年成长基金项目

不确定条件下的决策方法研究

肖洪生　杨晓冬　著

山东大学出版社

图书在版编目(CIP)数据

不确定条件下的决策方法研究/肖洪生，杨晓东著. —济南：山东大学出版社，2010.12

（山东省社会科学规划研究项目文丛）

ISBN 978-7-5607-4271-7

Ⅰ.①不…

Ⅱ.①肖… ②杨…

Ⅲ.①决策学—数学方法

Ⅳ.①C934

中国版本图书馆 CIP 数据核字(2010)第 256209 号

山东大学出版社出版发行

（山东省济南市山大南路 27 号　邮政编码：250100）

山 东 省 新 华 书 店 经 销

山东恒兴实业总公司印刷厂印刷

787×980 毫米　1/16　18.75 印张　340 千字

2010 年 12 月第 1 版　2010 年 12 月第 1 次印刷

定价：39.00 元

《山东省社会科学规划研究项目文丛》编委会

序　言

本书的主旨是建立一种新的不确定条件下的决策方法。原因有二：

第一，不确定条件下决策是普遍存在的。何谓不确定性？本书定义为“对事物未来预测值（或预期）与实际值的不一致性”。结论是：确定性是个别、偶然现象，不确定性则是多数、普遍现象。

大家每事、每时都要作出选择。选择就是决策。某种意义上讲，决策水平的高低决定了事业的成败。决策的特点是，决策在当下，后果在未来。如果决策者能够准确预知决策对象未来的后果，那这个决策就容易多了。现实是，绝大多数情况下，决策者不能准确预测决策对象未来的后果，尤其是社会科学的决策更是如此。由是观之，不确定条件下的决策方法，是经济学、管理学、政治学、军事学等学科十分重要的分析方法。

第二，现行的不确定条件下决策方法需要完善发展。我们现在学习的是西方的思维方法，其中预期效用理论是不确定条件下决策的主要理论基础，其中有两个重要概念，那就是主观概率和效用值。主观概率是决策者对系统处于某种状态的信任程度，效用值就是用数值来度量各种状态下相应方案可能产生的各种后果的效用。这个理论暗含的重要假设条件是，主观概率和效用值决策者是可以预测的。实践和理论证明，决策者拥有决策所需的知识是不完全的，不同决策者掌握的信息是非对称的，决策者准确预测未来概率和效用值是个别、偶然现象，不能准确预测则是多数、普遍现象。其实质是，用确定性的方法，解决不确定性的问题。换言之，西方的决策理论更适合于确定性的决策，对不确定性的问题，则是“假数真算”，真正起作用的是决策者自身所掌握的知识、实践经验、长期形成的信念以及与生俱来的某一领域的特殊才能等，而不是什么“科学方法”。

中华文化思维模式中，蕴涵着分析不确定性思想的光芒，完善、发展和与时俱进是时代的潮流。《易传》建立的整体性原则、阴阳变化理论、时中学说等，规定并影响了中国古代辩证思维，开启了具有中华文化特色的决策模式。《老子》

中的“有无相生”、“反者道之动”、“无为而为”、“道法自然”等，为不确定条件下的决策提供了有益的思想。《孙子兵法》则建立了与现代西方思想相同的多因素综合分析决策方法。中华文化模式存在的问题是：其一，理解上的困难。《易传》、《老子》和《孙子兵法》形成于两千多年以前，古汉语因使用语言简短，表达内容丰富，常有“书不尽言，言不尽意”之感，这是当代非专业人士学习困难之处。其二，灵活性问题。与西方科学从不证自明的“公设概念”开始不同，中国哲学则从“直觉的概念”开始，强调灵活性，“不可为典要，唯变所适”、“运用之妙，存乎一心”，就是这一特点的写照。其优点是，可以体现信息的不对称性；但带来的问题是，较难掌握，要靠个人来体悟。其三，有些内容具有冥思的成分，难以用现代科学知识进行解释。其四，表达方式是定性说明，缺少数量化分析。

本书建立的不确定条件下的决策方法有如下特点：

1. 运用新的分析工具。本书主要有以下四个分析工具：

第一，“距离”和“范数”的数学概念应用。“距离”和“范数”与绝对值概念的性质相同，其思想是“两点之间距离大于等于零”。这是分析事物间存在差异和共性的认识基础，内容简单、方法实用，但却鲜为社会科学所运用。

第二，“先天《易》范式”。就是借用先天《易》，特别是“先天六十四卦方圆图”的符号体系，通过对其六爻内涵与排列顺序作出新的定义，将全面、联系、发展的分析问题观点、对立统一思想和周期变化规律，用符号化、演绎逻辑的方法加以表述。特别需要说明的是，该分析方法与《易传》的分析问题模式殊异。该方法特点是：其一，综合的、多要素周期分析范式。可同时分析内、外因各类因素，符号、演绎逻辑方法解释对立统一规律、质量互变规律和周期发展（或否定之否定）规律。其二，仅用“—”和“--”两个符号表示事物之间以及事物内部各要素之间的对立统一关系。其中，“二元六维图象”表示事物内部各要素之间的对立统一关系，“先天《易》六十四卦方圆图”表示事物之间的对立统一关系。其三，既是多因素综合分析方法，也是多因素综合分析结论表示方法。从“二元六维图象”可以获得如下信息：首先，哪些因素有利于事物未来发展，哪些不利于事物未来发展；其次，事物现在处于周期的相对位置；再次，判断事物未来发展趋势；最后，对策目标的确定与努力方向。这部分内容是全书的核心，“不可不察也”。

第三，“笛卡儿坐标周期分析法”。与“先天《易》范式”相比，其实质是单一因素周期分析范式，主要作用是：单一因素周期分析方法和确定“二元六维图象”中每个要素性质（“—”或“--”）的重要方法。这部分内容与模糊数学相结合，形成“综合分析”的基础。

第四，模糊数学的应用。一是量度不确定性（或可能性）的大小，二是对影响决策所有因素进行量化分析。对于量度不确定性为何弃概率论而取模糊数学，可以在本书中找到答案。

2. 符合实际的认识基础。主要观点有:

第一,人的本质是生存与发展。换言之,人的行为选择具有“趋利避害”性。同时,人的本质是历史的、不断变化的。这是推测人在不同条件下行为选择的依据。

第二,信息是决策的核心。完全和对称信息、准确预测是个别、偶然现象,不完全和非对称信息、不能准确预测则是多数、普遍现象。

第三,在不确定条件下,可预测对象是事物未来一段时间变化趋势的可能性。

第四,事物发展变化的基本规律是对立统一规律、质量互变规律和周期变化规律。

3. 决策依据不是决策对象未来状态的绝对量,而是“决策对象未来一段时间变化趋势的可能性”。事物是客观存在的,由于决策者掌握知识、信息的局限性,对事物发展规律的认识就存在偏差,无法准确预测事物未来的状态,只能推测未来一段时间(而不是永久)变化趋势的可能性。

4. 确定或判断“决策对象未来一段时间变化趋势的可能性”的方法定名为“综合模糊理论”。所谓“综合”,即:其一,“用全面、联系、发展的观点分析问题”。“全面”的含义是把影响决策的所有因素都要进行分析;“联系”的含义是影响决策的每个因素既相互独立,又相互联系,构成一个有机整体;“发展”的含义是在分析影响决策的每个因素时,要看现有水平,更要看未来发展趋势。其二,东、西方思维模式的融合。“笛卡儿坐标周期分析法”、导数、泛函分析、模糊数学等是西方科学的思维模式;“道生一,一生二,二生三,三生万物”,“先天《易》六十四卦方圆图”、符号、演绎逻辑方法和辩证逻辑方法解释事物变化发展规律等等,则是典型的中华传统文化的思维模式。模糊数学的主要思想是:一个系统愈复杂,其数学表述的精确性将愈差,当复杂性超过某一临界值时,其复杂性与描述的精确性将互斥。换言之,科学的复杂性对应于数学描述的非精确性。不确定条件下决策,难以通过定量分析精确描述,模糊数学则是一个有效方法。此处“模糊”的含义是,使用模糊数学的“隶属度”取代随机数学的概率,来描述事物发展的不确定性特征。该方法可以将影响决策的所有因素都进行量化分析,分析结论可以体现决策者掌握知识、信息的差异。

5. 应用范围广。本书所建立的分析方法,几乎适合所有的不确定条件下的决策对象。对于不同的决策对象,影响因素、内外因划分、内外因子系统分类、内外因各个因素重要性权重等都有所差异。第七章给出了“股指涨跌有其道”、“房价涨势各不平”和“未来经济六十年”三个应用范例,其预测时间分别是:短期一年左右，中期十年上下，长期则长达六十年。受时空所限，本书仅给出“项目投资决策”和“并购决策”的一般分析模型，具体参数需结合具体行业、不同时机灵活选取。本书所建立方法，如果能对读者有所启发而应用于其他领域，则笔者幸甚。

6. 决策风险控制和实践性。将“先为不可胜”、“不可胜在己”的基本理念应用于实践，可有效控制决策风险。控制风险的水平是，对单个投资项目来讲，成功可能性大于70%，失败可能性小于30%；金融组合投资每个投资对象都亏损的可能性小于3%，且亏损的最大数量为投资额的9%。实践性含义是理论观点来自实践，同时又特别强调理论对实践的指导作用。决策模型具有一般性，参数选取与赋值差异，体现了不同决策者的实践经验。强调理论的预测功用是该方法的重要特点。

7. 易知、易行。哲学上有句名言：“真理总是简单的。”数学家的共识是，思想比公式更重要，建模比计算更重要。本书主要用符号、模型表达思想，没有复杂计算。书中虽然用到很多符号、模型，似乎很难，其实简单，原因是：第一，符号、模型只是代号，把符号看成特殊文字理解即可，模型则是表达事物之间相互关系的一种基本方法。第二，影响决策的所有变量都是可观察、可检验的参数。所有参数都是介于[0,1]之间的数字，且只有“加”、“减”和“乘”运算。简言之，就是为决策者提供一个分析问题的思路、方法，把个人所拥有知识、信息和对问题的判断转化为[0,1]之间的数字，减少决策的情绪化、盲目性，提高科学性、理性水平。第三，如果还有困难，可略过模型，直接阅读结论部分。

至此，希望不是“吾言甚易知，甚易行。天下莫能知，莫能行”。

“自天佑之，吉无不利。”人生“成败”皆源于选择、决策。唯愿本书所建立的方法为理论工作者提供分析问题的新视角，为实际工作者尤其是企业界、金融界和政界人士提供一种分析问题的新方法。

由于笔者水平所限，书中难免有错误、不妥之处，请大家指正。欢迎对本书提出宝贵建议、意见，我们的联系方式是：E-mail：xiaohs@sdu.edu.cn；地址：山东省济南市山大南路27号，山东大学经济研究院(中心)。

作　者

2010年10月于济南

目　录

第一章 绪 论

“决策”一词无论是出版物还是人们的口语中，都是使用频率较高的词汇，但理解却不尽相同。就一般理解而言，大略包括如下含义：

一、决策是至关重要的

“决策”重要性是不言而喻的。清晨起床，今天要做什么，就是一个决策问题。一个人一生对社会的贡献，很大程度上取决于其关键事件的选择——决策。比尔·盖茨是我们大家熟悉的人物，他大学没有毕业，就创立微软公司。微软公司对整个人类的贡献是众人皆知的，全世界从事脑力劳动者几乎都在使用他的产品。当初，如果他选择读大学，并继续硕士、博士研究生的学习，之后再创业的道路，是否有今天的微软公司，我们无法设想。“决策”对一个组织的重要意义也是如此。1999 年，福特收购沃尔沃这个世界顶级轿车品牌花了 64.5 亿美元，到 2008 年，沃尔沃的税前亏损高达 15 亿美元，而且还欠着福特 35 亿美元的债务。2010 年，吉利出资 18 亿美元，收购福特旗下沃尔沃轿车 100％的股权。吉利汽车收购沃尔沃后，获得了沃尔沃所有的产品、研发、销售、品牌等 24 亿美元的资产和 35 亿美元的负债。从这个过程可以看出，福特收购沃尔沃对福特来讲是一个失败的决策，至少亏损了 46.5 亿美元；吉利汽车从福特手中收购沃尔沃，是成是败还需拭目以待。“决策”对一个国家的重要性，更是如此。我国近现代的发展历史就是一个例子。1945 年，抗日战争胜利后，国共两党选择不同的总路线，从而决定了两党的命运，也改变了国家的命运。三年的解放战争，国民党由执政党，最后败退到台湾岛。相反，共产党代表的是绝大多数人的利益，以弱胜强，武装夺取政权，建立了新中国。面对国家发展过程中出现的新问题，以邓小平为代表的共产党人，作出了“改革开放”的重大战略决策。实践证明，这个决策是正确的，再一次改变了中国的命运。历史上，由于决策原因导致一人、一组织、一国家失败的案例，也是屡见不鲜，读者可结合自身经历进行反思。

由是观之，“决策”尤其是重要决策，对一人、一组织、一国家，乃“生死之地，存亡之道，不可不察也”。

二、决策是经济学和管理学等社会科学的核心

诺贝尔经济学奖获得者、现代管理经济学大师赫伯特·西蒙（Herbert A. Simon）认为，决策是管理的核心，决策贯穿管理的全过程，任何作业开始前都要先作决策，制定计划就是决策，组织、领导和控制也都离不开决策。他在《管理行为》中写道：

> 除了几个假设的结论以外，我没有任何管理原理。如果一定要说本书包含了什么理论的话，那就只有：决策行为是管理的核心；管理理论的词汇必须从人类抉择的逻辑学和心理学中导出。①

经济学的核心在于理解社会如何配置它的稀缺资源，即所谓收入分配（income distribution）与资源使用（resource allocation）。经济学有不同的定义，其中一种观点是：

> 经济学是关于选择的科学。它研究人们如何进行选择，以便使用稀缺的或有限的生产资源（劳动、设备、技术知识）来生产各种商品，并分配这些物品以供消费。②

经济学的一个基础假设是个人作决策。对此，张五常有如下解释：

> 经济学的第一个基础假设，是个人作决定，作取舍。所谓决定者，选择是也。为什么“个人”是如此重要呢？答案是，所有取决或选择都是由个人作主的。集体的取决，是由个人的取决集合而成。经济学的“个人作选择”的假设，接受的人多了，所有的经济问题就成了选择的问题。③

三、决策目标是趋利避害

趋利避害是生物的本性。植物一般具有喜阳恶阴的特点，植物尚且如此，更何况人？生物学研究表明，“自私”是动物与生俱来、遗传的天性。经济学的基本假设是人的“理性”，一种解释是，“人会以（合理）一致的方式行事，并能根据环境的变化做出适应性改变”④。哲学家认为，人的自然属性和社会属性共同决定，人行为选择具有趋利性，人会根据个人利益而行动，趋利避害是决定人行为的基

---

① ［美］赫伯特·西蒙：《管理行为》，詹正茂译，机械工业出版社 2004 年版，前言。

② ［美］保罗·萨缪尔森等：《经济学》，胡代光等译，北京经济学院出版社 1996 年版，第 5 页。

③ 张五常：《经济解释》（卷一），花千树出版有限公司（香港）2001 年版，第 22 页。

④ ［美］约瑟夫·斯蒂格利茨：《斯蒂格利茨经济学文集》第 6 卷（上），纪沫、仝冰、海荣译，中国金融出版社 2007 年版，第 3 页。

本力量；人的需要具有层次性，由低到高，依次产生，当某个层次的需要得到满足后，又会产生较高层次的需要，永无止境，因此，“趋利性”之“利”是历史的、动态的、不断变化的。

“利”、“害”是中国哲学重要范畴，对决策者具有非常重要的指导意义。儒家认为，人之所以为人，就是要行义而不谋利。所以，《论语·里仁》有：“君子喻于义，小人喻于利。”《易传》和《老子》都认为，事物虽然千变万化，但其演化的法则不变，人如果懂得这些法则，按照这些法则安排自己的行动，就可以使自己趋利避害。《老子》第八十一章说：“天之道，利而不害。”《易传·系辞》有：“自天佑之，吉无不利”，“损以远害，益以兴利”。墨家提出：“仁之事者，必务求兴天下之利，除天下之害。”（《墨子·非乐上》）《孙子兵法》则有：“智者之虑，必杂于厉害。杂于利而务可信也；杂于害而患可解也。”[①]

“利”、“害”的本质是什么？墨家给出定性说法，即：“利，所得而喜也；害，所得而恶也。”（《墨子·经说上》）从经济学观点看，收入大于成本就是“利”，成本大于收入就是“害”。如何才能趋利避害？这是方法论要解决的问题。

四、计划的核心是决策

计划是对未来行动的预先安排，目标、行动、个人或组织是计划的必要条件。计划包括制定一个行动方案来实现一个预期目标，选择行动方案是一个决策过程。因此，“计划的核心是决策，即选择行动方案”[②]。

我们的先哲早就认识到计划的重要性，《孙子兵法》是这样概括的：

> 夫未战而庙算胜者，得算多也；未战而庙算不胜者，得算少也；多算胜，少算不胜，而况无算乎？吾以此观之，胜负见矣。[③]

这句话的意义是，行动或做事之前，计划周密、有利条件多，就可以取得好的结果；相反，行动或做事之前，计划不周密、有利条件少，最终的结果可能就不好。计划周密、有利条件多，结果可能就好。计划不周密、有利条件少，结果可能就不

---

① 陶汉章：《孙子兵法概论》，解放军出版社 1985 年版，第 108 页。释文如下：明智的将帅考虑问题，总是兼顾到利害两方面。在有利情况下考虑到不利的方面，决心就可以顺利进行；在不利情况下考虑有利的方面，祸患就可以避免。

② Theo Haimann, *Professional Management: Theory and Practice*, Boston: Houghton Mifflin Company, 1962, p. 111.

③ 陶汉章：《孙子兵法概论》，解放军出版社 1985 年版，第 79 页。释文如下：在开战之前，“庙算”（谋划作战大计，预计战争胜负）能够胜过敌人的，是因为计算（划）周密，胜利条件多；开战之前，“庙算”不能胜过敌人的，是因为计算不周，胜利条件少，不能取胜。计算周密，胜利条件多，可能胜敌；计算不周，胜利条件少，不能取胜，而何况根本不计算、没有胜利条件呢！我们从这些方面来考察，谁胜谁负就可以看出来了。

好。更何况根本不计划、没有有利条件呢？从这些方面考察，做事、行动的结果怎样，就可以看出来了。

五、预测是决策的依据

计划是为未来制定的，计划是否与未来发展状况相一致，取决于计划制定者对未来发展状况的预测。

预测是主观对客观的人为描述。人们对未来是否可准确预测呢？本书将从数理逻辑视角证明：准确预测是个别、偶然现象，实际与预测值不一致是多数、普遍的现象；研究对象未来预测值与实际值的不一致就是不确定性，确定性是个别、偶然经济现象，不确定性则是多数、普遍的经济现象。在不确定条件下，决策（选择）依据是，研究对象未来一段时间变化趋势的可能性。

由此可见，不确定条件下的决策是决策的常态，是决策方法研究的重点。

简言之，对未来发展状况的预测趋近客观实际的程度就是预测的准确程度，取决于计划（决策）制定者掌握的知识和拥有的信息以及对研究对象发展规律的认识。

六、信息是决策的首要问题

决策问题的本质在很大程度上是信息问题。经济学家说，信息是市场经济的核心。[①] 一般观点是，在决策论中，信息量的增加会减少不确定性，增加决策的优化。何谓信息？不同学者从自己学科的特点出发，对信息进行了不同的表述。[②] 信息科学的信息，泛指客观世界各种事物变化特征的主观反映，文字、数字、图像、声音则是信息的载体或形式。控制论创始人维纳（N. Wiener）认为，信息是人们在适应外部世界并反作用于外部世界过程中，同外部世界进行交换的内容总称。信息论的奠基者香农（C. E. Shannon）认为，信息是用以消除随机不确定的东西。另一位信息学家隆戈（G. Longo）认为，信息是事物之间的差异，而不是事物本身。也有学者按照阿罗（K. J. Arrow）“信息就是根据条件概率原则有效地改变概率的任何观察结果”的观点，认为信息是传递中的知识度（degree of knowledge）。

本书不讨论信息的科学定义是什么，而是从决策论视角，把信息视为“个人”与其外部环境相互作用，同外部环境进行交换的内容总称。

---

① 参见[美]约瑟夫·斯蒂格利茨《斯蒂格利茨经济学文集》第 3 卷，纪沫等译，中国金融出版社 2007 年版，第 414 页。

② 参见黎诣远、李明志编著《微观经济分析》，清华大学出版社 2003 年版，第 343～346 页。

在决策论中，与信息相关的另一个概念是“知识”，知识也有不同的定义。本书的定义是：知识是符合客观实际的信息在人脑中的反映。

关于信息与知识的关系，有四种看法：①并列关系。经济合作与发展组织把知识经济定义为，直接依据知识和信息的生产、分配和使用。②转化关系。信息经过加工转化为知识，知识经过信息技术转化为信息。③包含关系。知识包含信息，信息是知识的子集；或者信息包含知识，知识是信息的子集。④替代关系。以知识替代信息，或者以信息替代知识，甚至彼此不分，交替使用，信息与知识在很大程度上是一个交集。

综上所述，知识、信息的根本差异是：知识是符合客观实际的信息，即知识是正确的信息；而信息可能符合实际，也可以与实际不相一致。

一般来说，信息可分为如下几类：

第一，完全信息与不完全信息。所谓完全信息，就是决策者拥有决策所需的全部信息，包括公共信息和私人信息。

第二，对称信息和非对称信息。对称信息(symmetrical information)与非对称信息(asymmetric information)是完全信息与不完全信息的另一种延续。对称信息是指有关决策(计划)者同等拥有彼此的信息，具体来说又可以分成三种情况：①彼此拥有完全信息，这是经济学对完全竞争市场的假定条件之一；②彼此拥有不完全相同但同等程度的信息，这是许多企业聘请顾问或自设研究中心的原因，目的是增强竞争中的优势；③彼此完全不拥有信息。非对称信息是指有关决策(计划)者并不同等拥有彼此的信息，即一方拥有另一方所没有的私人信息。具体来说，又有以下两种情况：①利害关系对立，双方彼此拥有的信息不同；②利害关系一致，双方彼此之间拥有的信息不同。

第三，随机性信息。是由于条件提供的不充分或偶然因素的干扰，使得对象系统几种可能结果的出现呈现偶然性，在某次实验中不能预料哪个结果发生。

第四，模糊性信息。是由于事物的复杂性，客观对象中差异的中间过渡的边界不分明性。①

第五，灰色性信息。人们只能把握对象系统的部分信息或信息所呈现的大致范围，而不知全部信息或确切的信息量。②

第六，未确知性信息。由于条件限制，在进行决策时尚无法确知的消息。也就是说，由于决策者所掌握的证据，不足以确定事物的真实状态和数量关系，而

---

① 参见高隆昌《数学及其认识》，高等教育出版社 2001 年版，第 236 页。

② 参见王清印等《灰色数学基础》，华中理工大学出版社 1996 年版，第 10 页。

带来的纯粹主观的认识上的不确定性。①

不同类型信息性质各异。完全信息是确定性信息,不完全信息、非对称信息属于不确定性信息,随机性信息、模糊性信息为客观型不确定性信息,未确知性信息是主观型不确定性信息,灰色性信息则是主客观型不确定性信息。

七、事物发展规律认识是决策的基础

影响预测准确度的另一个因素是对研究对象发展规律的认识。决策问题是典型的综合性、复杂性交叉学科,涉及自然科学、哲学、经济学、管理学、心理学、政治学和数学等学科知识。与自然科学相比,社会科学更加复杂。首先,研究对象复杂程度不同。前者是主、客观相分离,即自然科学研究对象的性质,不因认识主体不同而有所差异;后者则是主、客观相统一,即社会科学研究对象的性质,不同认识主体认识有所差异,换言之,社会科学研究对象的"客观实在"就包括不同人的不同认识。两者之差异也可通过函数方式表示。② 自然科学的核心是求真,而社会科学的关键是价值判断。其次,两者时变性不同,与自然科学规律相比,社会科学规律的现象随时间、空间的改变,更具变化性。再次,与自然科学规律相比,社会科学规律在不同国家、民族,所表现出的现象是丰富多彩的。

问题是,事物尤其是社会科学中的事物是否有规律可循呢?回答是肯定的。从哲学观点看,"规律就是事物运动变化的基本秩序、一定如此的趋势,是事物自身所固有内在、本质、必然的联系"③。现象必有规律,自古皆知。那么这个规律又是什么呢?可谓"道可道,非常道"④。

辩证唯物主义认为,普遍联系和永恒发展是物质世界的两个不可分割的本质方面,而联系和发展又是有规律的。唯物辩证法"概括和总结"了自然、社会和思维发展的一般规律,即对立统一规律、质量互变规律和否定之否定规律。这是迄今为止最系统、较完善的表述,也是本书认识事物规律的重要基础。但在两方

---

① 参见刘开第等《未确知数学》,华中理工大学出版社 1997 年版,第 1 页。

② 设自然科学与社会科学的因变量分别为 Y_N,Y_S,自变量集合分别是 X_N,X_S;$i,j=1,2,\cdots,H$ 是不同认识主体,t 是时间,$\tau>0$。则两者映射(函数)关系可分别表示为:

$$Y_N=F_N(X_N|X_N(t)=X_N(t+\tau);i\neq j;i,j=1,2,\cdots,H)$$

(自然科学研究对象的性质,不因认识主体不同、时间不同而有所差异)

$$Y_S=F_S(X_S|X_S(t)\neq X_N(t+\tau);i=j;i,j=1,2,\cdots,H)$$

(社会科学研究对象的性质,不同认识主体认识有所差异,时间不同性质有差异)

③ 李秀林等主编:《辩证唯物主义和历史唯物主义原理》,中国人民大学出版社 2004 年版,第 163 页。

④ 此处意指规律是可循的,但又不是固定不变的。冯友兰《中国哲学简史》(新世界出版社 2004 年版,第 81 页)中的观点与本书不同,他是这样说的:道作为万物本原,无从命名,所以无法用语言表达它。但我们又想要表达它,便不得不用语言来加以形容。称它为"道","道"其实不是一个名字。

面尚需发展完善：一是哲学逻辑完整性。俞吾金认为，就“概括”这个术语而言，它关涉到的形式逻辑中的归纳方法，只承认“概括”功能的哲学在逻辑上是不完整的；就“总结”这个术语而言，它关涉到的只是对以往发生的事实和观念的回顾，按照这样的哲学观点，哲学只能面对和“总结”过去，无法面对和预期未来，只肯定哲学的“总结”功能，全部哲学命题只能在偶然真理的框架中挣扎。[①] 二是基本规律描述要“质”、“量”相结合。唯物辩证法研究并揭示的自然、社会和思维发展的一般规律的表述方法，一直是对“质”的定性分析，尚未见到“量”的研究。唯物辩证法认为，任何事物都具有自己的质的规定性和量的规定性，都是质和量的统一体。区分事物的质是认识事物的开始，是认识量的前提；而由质进到量，则是对事物的认识的深化。定性是定量的基础；反过来，定量是定性的精确化。在没有对事物进行定量研究，弄清其数量关系，找到决定其质量的数量界限以前，对事物的性质还只能是初步的、粗略的认识，因而对实践就难于提出十分明确具体的指导。[②]

中国先哲以“道”“析万物之理”，代表性文献是《老子》和《易传》。在主宰事物变化的法则中，最根本一条就是“物极必反”。“这四个字源自老子的思想，但不是老子的原话。”[③]《易传・系辞下》也有相近观点，即“易穷则变，变则通，通则久”。《易传》认为，万物各有自身的“道”，又有其共同的“道”，那就是万物生成需要对立统一的两个因素的相互作用，因此“一阴一阳之谓道”。特别是宋朝哲学家邵雍（1011～1077 年）建立的“先天六十四卦方圆图”是六维空间坐标系，仅用性质相反的两个符号实线“—”和虚线“--”，可符号化、演绎逻辑地解释万物变化的普遍规律。这是中国先哲了不起的一项贡献，可惜并未引起学界足够的重视。《老子》和《易传》成书于两千多年以前，古文中多用通假字、方言、比拟等修辞，现代人较难完全读懂、理解，故而影响其使用。

本书借鉴“先天六十四卦方圆图”表示方式和结构原理，对其构成规则与内涵作出新的解释，结合现代数学方法，采用全面、联系、发展的分析问题观点和对立统一思想，用符号、演绎逻辑描述事物变化规律。

八、决策是一个过程

决策目标是趋利避害，决策发生在当下，能否达到预期目标——趋利避害，则是未来的事情，具有高度的不确定性。决策结果大致可分为三种状态：一是计

---

① 参见俞吾金《走出传统哲学观的藩篱》，载《文史哲》2005 年第 3 期。

② 参见肖前等主编《辩证唯物主义原理》，人民出版社 1991 年版，第 215 页。

③ 冯友兰：《中国哲学简史》，新世界出版社 2004 年版，第 86 页。

划与未来的发展大致相同，此时继续按计划实施；二是未来的发展远好于决策时的预期；三是未来的发展状态远差于决策时的预期。出现后两种情况都需要对原有计划作出调整，也就是根据变化的情况作出新的决策。因此，决策对象的生命不息，则决策就不止，决策不是一时之事，而是一个过程。正如《老子》第六十四章所说："慎终如始，则无败事。"

决策是一个过程，其实质就是根据事物的空间发展规律，对原有计划作出调整并重新决策的过程。

九、决策受制于限制性因素

所谓限制性因素，就是有碍于实现既定目标的因素。分析既定情形下的限制性因素，有可能缩小备选方案的范围，使备选方案限制在能够克服限制性因素的方案中。限制性因素主要体现在如下几方面：

(1)心善渊。决策者自身的学识维度、谋划能力和对决策对象发展规律的认识是决策成败的首要限制性因素。

(2)主有道。最高层次决策者所追求的目标，要近乎"利而不害"、"与善仁"的境界。也就是决策选定目标时，既要保护利益集团的利益，同时也要兼顾利益相关方、民族、国家乃至整个人类的利益，否则其发展过程就会遇到各种阻力，甚至事与愿违。

(3)正有治。就是建立或拥有与决策目标相适应的组织、政策和程序、激励约束机制以及组织文化等。

(4)言有信。就是在所属领域中，知名度、信任度高，顾客满意水平比竞争对手更高。

(5)事善能。就是组织的管理能力、技术实力、员工素质等，能适应决策目标的要求。

(6)货有足。就是资源、技术装备和资金等，能够满足实施决策目标的要求。

(7)居善地。影响决策因素中，与位置相关因素属于"地"的范畴，如经济地理环境、自然垄断资源、行业壁垒、组织经验、专有管理技术人才等。"居善地"的意义如孙子兵法所云："地形者，兵之助也。"

(8)动善时。影响决策因素中，与时间、空间因素相关的，属于"时"的范畴，既包括寒冷、炎热等气候的变化，也考虑影响决策因素的空间状态对决策的影响。

以上八个方面是影响决策的限制性因素，即可行准则。可行性是科学决策的必要条件，它直接影响到决策者对多种备择方案的选择，换言之，限制性因素决定了决策者的选择偏好。如一个决策者的主要限制性因素是资金少、没有核心技术，则其决策的选择方案只能是风险小、技术不高的投资项目。

十、不确定条件下决策是普遍现象

不完全知识、非对称信息是社会中的普遍现象，由此导致不能准确预测即不确定性，这是社会中的普遍现象。如何在不确定的条件下作出决策，是本书重点讨论的问题。

决策方法是决策成败的关键，社会科学更是如此。社会科学决策难的主要原因是：第一，影响决策因素多，相互之间联系错综复杂。第二，影响社会科学决策因素规律难以准确描述。第三，决策者自身存在天然的局限性，一方面是不完全知识（信息）和非对称信息；另一方面属于心理学范畴，即在顺利时欲望无限（或称贪得无厌），在不顺利时对风险反应过度（或称恐惧过度）。这就引出了这样一个问题：社会科学决策方法是科学还是艺术？察古彰今，无论是卓越的国家元首、精明的企业经营者，还是各具特色的成功专业人士，无一不是决策高手，但其决策方法又是不同的。人类实践表明，迄今为止社会科学的决策更多的是取决于决策者个人的社会实践、知识积累、先天禀赋和对某一领域的偏好等。也就是说，社会科学决策方法的艺术成分大于科学的含量。

有人类就有决策，决策方法随着人类社会的发展不断发展。东西方思维方式的不同，形成了不同的决策方法。

本书的主旨是建立一种不确定条件下决策理论与方法——综合模糊理论。其特点是：西方分析—还原论方法和东方综合—整体论思维模式的融合，归纳逻辑与演绎的结合，定性分析与定量分析相统一；根据事物发展的基本规律，在不确定条件下，决策依据是决策对象未来一段时间变化趋势的可能性。

从理论上讲，本书建立的不确定条件下的决策方法具有普遍应用价值。决策对象不同，影响因素各异，各影响因素对决策目标的影响重要程度有差别，但分析问题的思想和方法是不变的。

综上所述，可以给出“决策”定义：所谓决策，就是人们在趋利避害目标驱使下，根据对客观规律及其发挥作用的条件的一定认识，在主观意志的参与下，依据决策者的选择偏好，进行选择目标和行动方案的思维活动。

第二章　分析工具

本书运用的分析工具主要有三种。这些方法貌似复杂,实则简单,主要特点是使用符号表达思想。

第一节　两点之间距离:事物间差异与共性分析

“距离”是数学泛函分析的一个重要概念,在本书中的意义在于,它既是其他分析方法的基础,又可直接分析具体问题,是最基础的分析工具。

一、“距离”的定义

设 X 是任一集合,如果对于 X 中任意两个元素 x 与 y 都对应一个实数 $\rho(x,y)$,并且满足条件:

(1)非负性,$\rho(x,y)\geqslant 0$,当且仅当 $x=y$ 时 $\rho(x,y)=0$;

(2)对称性,$\rho(x,y)=\rho(y,x)$;

(3)三角不等式,对任意的 $x,y,z\in X$,有 $\rho(x,y)\leqslant\rho(x,z)+\rho(z,y)$。

则称 $\rho(x,y)$ 为 x 与 y 之间的距离,而 X 称为以 $\rho(x,y)$ 为距离的距离空间或度量空间。①

二、“范数”的定义

设 X 为线性空间,对任意 $x\in X$,有一个确定的非负实数 $\|x\|$ 与它对应,并且满足:

(1)对任意 $x\in X$,$\|x\|\geqslant 0$,当且仅当 $x=\theta$ 时,$\|x\|=0$;

(2)对任意 $x\in X$ 及数 λ,$\|\lambda x\|=|\lambda|\,\|x\|$;

---

① 参见龚怀云等编《应用泛函分析》,西安交通大学出版社 1985 年版,第 82 页。

(3)对任意 $x,y\in X$，$\|x+y\|\leqslant\|x\|+\|y\|$。

则称 X 为线性赋范空间，$\|x\|$ 称为 x 的范数。[①]

范数的几何意义是：在线性空间中定义任意两点之间距离，可以通过定义任意一点到原点的距离——范数来实现。

说明：x 的范数 $\|x\|$ 也可理解为绝对值 $|x|$，在本研究中两者结论相同。

三、"距离"和"范数"的关系

由"范数"诱导的任意两点之间的"距离"为：

$$d=\rho(x,y)=\|y-x\|\geqslant 0 \qquad (2\text{-}1\text{-}1)$$

式(2-1-1)是主要应用公式。

四、主要应用

季羡林认为："从最大的宏观上看，人类文化无非是东方文化与西方文化两大体系。其思维基础一是综合，一是分析。"[②]严火其进一步解释道："西方科学的显著特点是察异，寻求一事物所特有的区别于其他事物的本质规定性；中国科学的显著特点是察同，探求自然界万物万事共同具有的基本规律(气阴阳五行规律)。"[③]

由式(2-1-1)，可以将东、西方文化的思维基础数量化地表示出来。式(2-1-1)的含义是，在一个集合中，任意两个元素完全相同，是个别的；不相同则是多数、普遍的。这就是西方科学察异的思想。

式(2-1-1)中，当 $d\leqslant r$，即当任意两个元素之间的差异小于某一个数值时，这两个元素就可以视为同一类事物。可进一步表示为：设 X 是研究问题的空间，如 $x_0\in X$，$r>0$，则称集合

$$\bar{S}(x_0,r)=\{x\mid x\in X,\rho(x,x_0)\leqslant r\} \qquad (2\text{-}1\text{-}2)$$

是以 x_0 为中心，r 为半径的闭球。球内的元素具有相同或相近的性质。这正是东方科学的察同的观念。

第二节 先天《易》范式：多元周期分析法

"先天《易》范式"是本书最重要分析工具，据此可以用符号、演绎逻辑方法和辩证逻辑方法解释事物发展的基本规律，即对立统一规律、质量互变规律和否定

① 参见龚怀云等编《应用泛函分析》，西安交通大学出版社 1985 年版，第 129 页。

② 季羡林：《谈读书治学》，当代中国出版社 2006 年版，第 71 页。

③ 严火其：《李约瑟难题一解》，载《自然辩证法研究》2002 年第 12 期。

之否定规律。它是不确定条件下决策方法的不可缺少的分析工具。

所谓“先天《易》范式”，就是借用先天《易》，特别是“先天六十四卦方圆图”的符号体系，通过对其六爻内涵与排列顺序作出新的定义，用演绎逻辑方法和辩证逻辑方法揭示出周期性变化是事物发展的结构特征。主要内容如下：

定义 1 阴、阳“爻”符号意义的定义。何谓“阴”、“阳”？回答是：“阴”者，“阳”之否定也。如果“阳”是宇宙中积极建设性力量（肯定方面或因素），则“阴”便是宇宙中的消极破坏性力量（否定方面或因素）。一个因素若积极建设性力量（肯定方面）是主要方面，则其性质就属“阳”，以“—”符号表示；反之，其性质就属“阴”，以符号“--”表示。

定义 2 阴、阳二“爻”组合的八个基本图象（卦）序数的定义。采用先天八卦序数，即：☰乾一、☱兑二、☲离三、☳震四、☴巽五、☵坎六、☶艮七、☷坤八。

定义 3 内、外卦和六爻排列顺序规则。分析者或决策者分析问题时，内在基础或主观条件即内因，定义为内卦；外在客观环境即外因，定义为外卦。设某一事物在某一时刻 t 为 $Y(t)$，内在约束条件（内因）为 $X_N(t)$，外在约束条件（外因）为 $X_W(t)$，定义该事物 $Y(t)$ 为：

$$Y(t)=f[X_N(t),X_W(t)] \tag{2-2-1}$$

把内因和外因所有因素，按照重要性程度分为三个等级（类或集合）[①]，即内因第一、第二、第三重要等级因素分别用 $x_1(t)$、$x_2(t)$、$x_3(t)$表示，外因第一、第二、第三重要等级因素分别用 $x_4(t)$、$x_5(t)$、$x_6(t)$表示。则有：

$$X_N(t)=x_1(t)+x_2(t)+x_3(t) \tag{2-2-1a}$$

$$X_W(t)=x_4(t)+x_5(t)+x_6(t) \tag{2-2-1b}$$

“二元六维图象”[②]（六爻）排列顺序的规则是：内因第一、第二、第三重要等级因素，分别用初爻、二爻、三爻表示；同理，四爻、五爻、上爻则表示外因第一、第二、第三重要等级因素。

“先天六十四卦方圆图”排列顺序及其构成结构如图 2-2-1 所示。图 2-2-1 中，圆图里边是内因（卦），外边是外因（卦），圆图一个“二元六维图象”（卦）与方图一个“二元六维图象”（卦）形成一一对应关系。“先天六十四卦方圆图”排列顺序有一个严格的规则，其变化逻辑关系是：以先天八卦数，即乾一、兑二、离三、震四、巽五、坎六、艮七、坤八为基准。方图排列规则是：内卦，从下到上依次是乾一、兑二、离三、震四、巽五、坎六、艮七、坤八；外卦，从右到左依次是乾一、兑二、

① 之所以“把内因和外因所有因素，按照重要性程度分为三个等级（类或集合）”，这是由“先天六十四卦方圆图”结构决定的。

② “二元六维图象”与《易传》中六爻组合的“六十四卦”同“象”而异“质”。

离三、震四、巽五、坎六、艮七、坤八。圆图排列顺序的规则是：乾、坤两卦首立上下两中央，最下一排从“夬”至“泰”，第二排从“履”至“临”，第三排从“同人”至“明夷”，第四排从“无妄”至“复”，按这一顺序从乾卦逆时针排列形成左半圆；五排从“姤”至“升”，第六排从“讼”至“师”，第七排从“遁”至“谦”，第八排从“否”至“坤”，按这一顺序从“乾”卦顺时针排列形成右半圆。这就是“六十四卦方圆图”排列顺序及其构成结构。[①]

“十二辟卦”的意义。“十二辟卦，乃先贤以阴阳二气往来，卦气升降变化以示宇宙之盈虚盛衰，万物之生灭进化。所谓泰否之变、剥复之几、顺逆得失、天道本然，此十二辟卦之所启示也。”[②]本书借鉴“十二辟卦”，仅取以卦演绎周期变化之理。图 2-2-2 中，圆圈外边是外卦，里边是内卦。

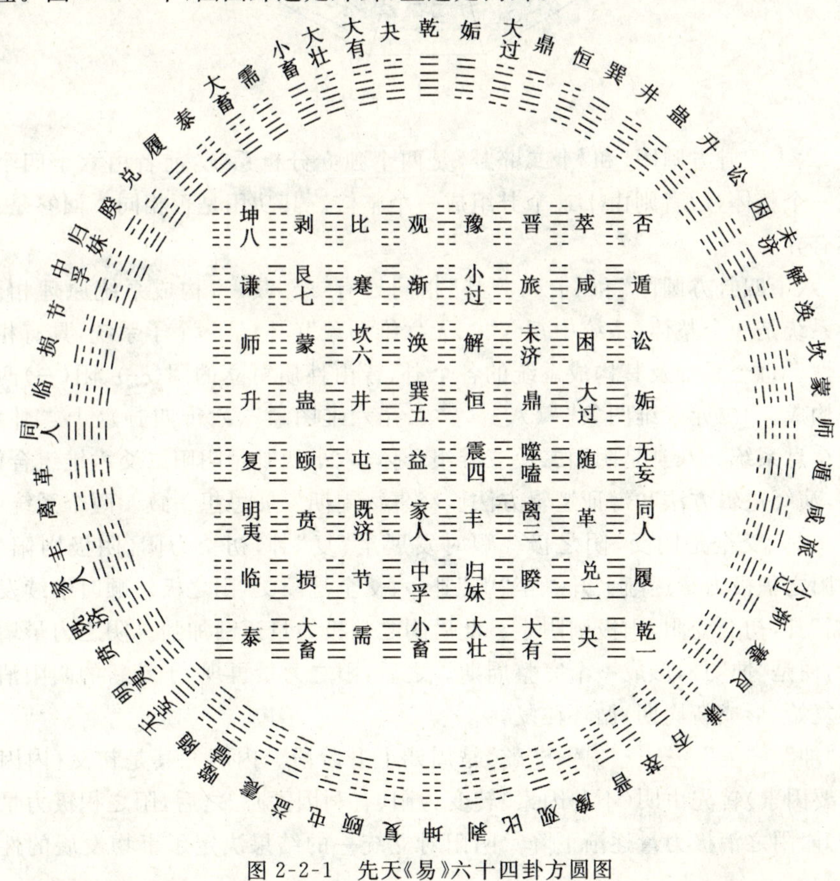

图 2-2-1 先天《易》六十四卦方圆图

① 参见南怀瑾《易经杂说、易经系传别讲》，复旦大学出版社 2000 年版，第 407～413 页。

② 汪忠长：《周易六十四卦浅解》，当代世界出版社 2005 年版，第 59 页。

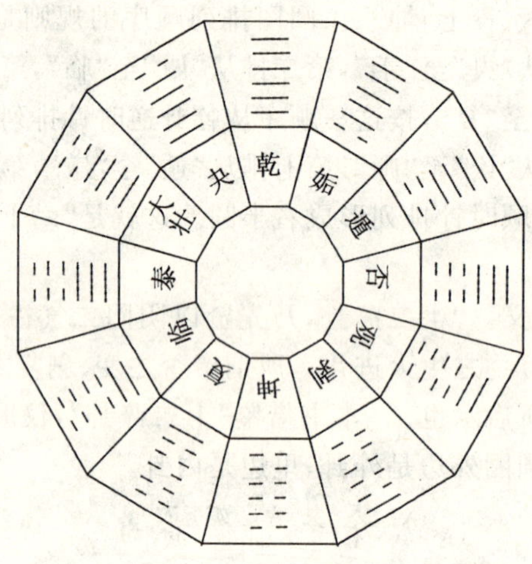

图 2-2-2　十二辟卦图

“六十四卦方圆图”和“十二辟卦”是两个独立分析系统，前者由六十四个卦构成一个整体，后者则由十二个卦组成一个整体。其功用是否相同？回答是：有同亦有异。

“六十四卦方圆图”和“十二辟卦”相同处有二。其一，构成系统原理相同。每个系统是一个整体，系统中每一“二元六维图象”（卦）是一个子系统，具有相对独立性。每个系统及其构成系统的各个卦，皆由性质对立的阴（--）、阳（—）两种符号构成。“二元三维图象”[①]（八卦）、“二元六维图象”（六十四卦）（十二卦）为两级全息系统。八卦是阴阳二爻三维组合体，六十四卦是阴阳二爻六维组合体。其二，演绎逻辑方法和辩证逻辑方法诠释事物周期发展思想一致。两个系统中，“坤”[②]卦六爻全是阴爻，阴之极。顺时发展至“复”卦，初爻为阳，阴极则阳生。此后阳之积极力量逐渐上升。至“乾”卦，六爻全是阳爻，阳之极。顺时继续发展至“姤”卦，初爻变阴，阳极则阴生。此后阴之消极力量逐渐加强。阴之力量增至极限，便是“坤”卦，形成一个完整周期。之后，阳之力量再现，于是新的阴阳消长循环复始，形成新周期，循环往复。

“坤”→“复”→…→“夬”→“乾”是周期上升阶段。内因尤其是初爻（内因中最重要因素）首先由阴（不利因素）转变为阳（有利因素）。之后，阳之积极力量逐渐上升，阴之消极力量逐渐下降。阴阳对立统一的结果决定了事物发展的性质

① “二元三维图象”与《易传》中三爻组合的“八卦”同“象”而异“质”。

② 此处“坤”、“復”、“夬”、“乾”等仅是六十四个“二元六维图象”之一的代号，已失去传统《易传》所赋予的含义。以下皆同。

是上升、扩张。在此阶段，阴消阳长的不断变化，没有改变事物上升、扩张的性质，即量变没有引起质变。随着不断的阳长阴消，量变引起了质变，发展到“乾”卦位置，内外因六类因素全部是对事物发展积极有利的力量，“乾”卦位置是事物由上升、扩张转向下降、衰退的分界点。

“乾”→“姤”→…→“剥”→“坤”是周期下降阶段。内因尤其是初爻(内因中最重要因素)首先由阳(有利因素)变阴(不利因素)。之后，阴之消极力量逐渐加强，阳之积极力量逐渐下降。阴阳对立统一的结果决定了事物发展的性质是下降、衰退。在此阶段，阴长阳消的不断变化，没有改变事物下降、衰退的性质，即量变没有引起质变。随着不断的阳消阴长，量变引起了质变，事物发展到“坤”卦位置，此时内外因六类因素全部是消极不利因素。“坤”卦位置既是事物下降、衰退转向上升、扩张的分界点，即事物发展的前一个周期的终点，又是下一个周期的起点，是把事物发展的前后两个周期联系起来的中介环节。

事物发展性质由内卦(因)中初爻(内因中最重要因素)决定。“剥”→“坤”→“复”阶段是前一个周期的末端和下一个周期的伊始，事物由下降、衰退转向上升、扩张，内因尤其是初爻首先由阴变阳；“夬”→“乾”→“姤”是事物由上升、扩张转向下降、衰退的阶段，根本性变化的标志是内因特别是初爻首先由阳变阴。

“六十四卦方圆图”和“十二辟卦”的不同处亦有其二。

首先，两者构成逻辑不同。前者方图各卦排列顺序决定了圆图各卦排列顺序，方图以先天易数为基础演绎排列各卦顺序，也就是说，圆图各卦排列顺序是演绎逻辑关系；后者以一年十二个月份气候变化为依据，通过阴阳二气的变化，揭示事物周期变化规律，其结构是归纳逻辑关系。

其次，“量”的差异。其含义有二：第一，组成系统卦数有别，前者由六十四个卦构成一个整体，后者则由十二个卦组成一个整体。第二，六个爻和内外卦(因)重要性程度不同。分析思路是，设各个爻(因素)重要性权重为 λ_i($i=1,2,\cdots,6$)。由“六十四卦方圆图”可得如下关系：

$$\begin{cases}\sum_{i=1}^{6}\lambda_i=1\\ \lambda_5>\lambda_6\\ \lambda_4>\lambda_5+\lambda_6\\ \lambda_3>\lambda_4+\lambda_5+\lambda_6\\ \lambda_2>\lambda_3+\lambda_4+\lambda_5+\lambda_6\\ \lambda_1>\lambda_2\end{cases}\qquad(2\text{-}2\text{-}2)$$

求解式(2-2-2)，取整并归1得：

$$外因重要性\ w_W=\left\{\begin{array}{l}\lambda_6=0.03\\ \lambda_5=0.04\\ \lambda_4=0.08\end{array}\right\}=0.15 \tag{2-2-3}$$

$$内因重要性\ w_N=\left\{\begin{array}{l}\lambda_3=0.16\\ \lambda_2=0.32\\ \lambda_1=0.37\end{array}\right\}=0.85 \tag{2-2-4}$$

由此可见，“六十四卦方圆图”中，内、外因各个因素重要性殊异，这是一个极端情况。“十二辟卦”则是另一个极端情况，内、外因各个因素重要性相同，有如下关系：

$$\left\{\begin{array}{l}\sum_{i=1}^{6}\lambda_i=1\\ \lambda_1=\lambda_2=\lambda_3=\lambda_4=\lambda_5=\lambda_6\end{array}\right. \tag{2-2-5}$$

解得 $\lambda_i=0.1666(i=1,2,\cdots,6)$。内因重要性 $w_N=0.5$，外因重要性 $w_W=0.5$。

一般情况下，内、外因各个因素重要性介于上述两极端情况之间，综合式(2-2-3)～(2-2-5)可得：

$$外因重要性范围\ w_W=\left\{\begin{array}{l}\lambda_6=0.1666-0.03\\ \lambda_5=0.1666-0.04\\ \lambda_4=0.1666-0.08\end{array}\right\}=0.5-0.15 \tag{2-2-6}$$

$$内因重要性范围\ w_N=\left\{\begin{array}{l}\lambda_3=0.1666-0.16\\ \lambda_2=0.1666-0.32\\ \lambda_1=0.1666-0.37\end{array}\right\}=0.5-0.85 \tag{2-2-7}$$

综上分析可知：内因第一、第二、第三重要因素重要性权重范围分别为：0.1666～0.37、0.1666～0.32 和 0.16；外因第一、第二、第三重要因素重要性权重范围分别是：0.08～0.1666、0.04～0.1666 和 0.03～0.1666；内、外因素重要性权重范围则分别为：0.5～0.85 和 0.15～0.5。

由此可知，“先天《易》范式”中，八个“二元三维图象”和六十四个“二元六维图象”，与《易传》中的“八卦”和六十四卦的定义有本质的区别。《易传》中，“八卦”最基本的象，代表了八种自然现象，即：乾为天、坤为地、震为雷、巽为风、艮为山、兑为泽、坎为水、离为火。《易传·说卦》对“八卦”的基本性质的定义是：“乾，健也；坤，顺也；震，动也；巽，入也；坎，陷也；离，丽也；艮，止也；兑，说也。”著名学者刘大钧对此的解释是：“乾，(其性)刚健；坤，(其性)柔顺；震，(其性)震动；巽，

(其性)渗入;坎,(其性)陷险;离,(其性)依附;艮(其性)静止;兑,(其性)喜悦。”[①]

“先天《易》范式”中,六十四个“二元六维图象”的定义与《易传》中六十四卦所赋予的含义完全不同。《易传》相关内容篇幅较大,此处不便一一列举,感兴趣的读者可查阅相关《易传》文献。

第三节　笛卡儿坐标周期分析法:单元周期分析法

“在西方文明中,数学一直是一种主要的文化力量。”[②]笛卡儿坐标系概念的诞生,是分析数学的根本性突破。[③]“笛卡儿坐标周期分析法”是本书重要分析工具之一,以其数理逻辑方法解释事物发展基本规律之质量互变规律和否定之否定规律。“先天六十四卦方圆图”是中国思维模式的坐标系,是多(六)因素分析范式,其六十四个“二元六维图象”的每一个因素性质,可由“笛卡儿坐标周期分析法”确定。通过“先天《易》范式”和“笛卡儿坐标周期分析法”,可实现东西方思维模式的融合。

一、笛卡儿坐标周期分析法

“笛卡儿坐标周期分析法”的含义是,利用笛卡儿坐标系,根据一阶导数、二阶导数的几何意义描述事物周期发展规律。分析思路是,设事物在某一时刻 t 为 $Y(t)$,则有:

$$Y(t)=f(t)\text{④} \tag{2-3-1}$$

根据导数的定义,导数$\frac{\mathrm{d}Y}{\mathrm{d}t}$既是“事物”在 t 时刻的变化率,也是事物的变化趋势(上升、不确定、下降)。具体意义如下(见图 2-3-1[⑤]):

$\frac{\mathrm{d}Y}{\mathrm{d}t}=\lim\limits_{\Delta t\to 0}\frac{\Delta Y}{\Delta t}>0$,表示“事物”处于“扩张”阶段,方向是上升($O\to A\to B\to C$,或 $F\to G\to H\to I$ 阶段)。

---

① 刘大钧、林忠军:《易传全译》,四川出版集团巴蜀书社 2006 年版,第 124 页。

② [美]M·克莱因:《西方文化中的数学》,张祖贵译,复旦大学出版社 2005 年版,前言。

③ 参见高隆昌《数学及其认识》,高等教育出版社 2001 年版,第 219 页。

④ 实际应用中不要求 $Y(t)=f(t)$ 连续、可导,只是借鉴 $\frac{\mathrm{d}Y}{\mathrm{d}t}=\lim\limits_{\Delta t\to 0}\frac{\Delta Y}{\Delta t},\frac{\mathrm{d}^2Y}{\mathrm{d}t^2}=\lim\limits_{\Delta t\to 0}\Delta(\frac{\mathrm{d}Y}{\mathrm{d}t})/\Delta t$ 的几何意义。

⑤ 图 2-3-1 由研究对象的时间序列而制成,其结构是对大量自然、社会现象的抽象概括,也可视为理论的假设条件。

$\frac{dY}{dt}=\lim\limits_{\Delta t\to 0}\frac{\Delta Y}{\Delta t}=0$，表示“事物”处于“峰”或“谷”点，暂时发展方向不明（C,F,I 点）。

$\frac{dY}{dt}=\lim\limits_{\Delta t\to 0}\frac{\Delta Y}{\Delta t}<0$，表示“事物”处于“衰退”阶段，方向是下降（$C\to D\to E\to F$ 阶段）。

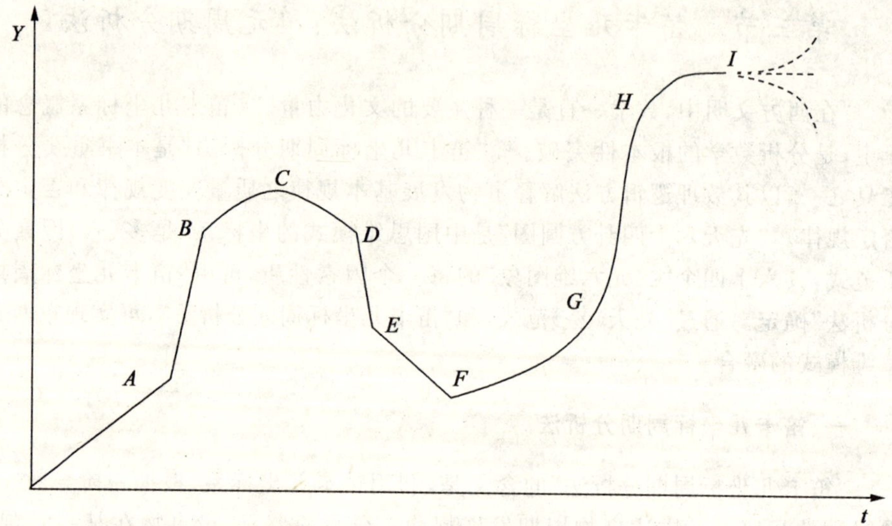

图 2-3-1　笛卡儿坐标周期分析图

根据二阶导数定义，$\frac{d^2Y}{dt^2}=\lim\limits_{\Delta t\to 0}\Delta(\frac{dY}{dt})/\Delta t$ 表示“事物”在 t 时刻的变化率的变化率，也是“事物”的“加趋势”[①]。几何意义解释如下：

若设定 $O\to A$ 或 $F\to G$ 为匀速上升阶段，$C\to D$ 为匀速下降阶段，则 $A\to B$ 或 $G\to H$ 为加速上升阶段，$B\to C$ 或 $H\to I$ 则是减速上升阶段；$D\to E$ 则为加速下降阶段，$E\to F$ 则为减速下降阶段。可定义：

$\frac{d^2Y}{dt^2}=0$（$O\to A$ 或 $F\to G,C\to D$）

$\frac{d^2Y}{dt^2}>0$（$A\to B$ 或 $G\to H,E\to F$）

① 物理学中，速度是动点位置的坐标对于时刻的一阶导数，加速度是动点位置的坐标对于时刻的二阶导数。借鉴物理学定义方法，此处定义：“趋势”是研究对象位置的坐标对于时刻的一阶导数；“加趋势”是研究对象位置的坐标对于时刻的二阶导数，描述“趋势”对时刻的变化率。

$$\frac{d^2Y}{dt^2}<0(B\rightarrow C \text{ 或 } H\rightarrow I, D\rightarrow E)$$

二、时空观

时间是特殊变量，在社会科学研究中具有重要意义。时间的特点是一维性和不可逆性。空间是运动着的物质的广延性，表现为事物彼此之间的并存关系，事物的体积、形态、位置和排列次序等。以时间 t 为变量的函数（时间函数）是一种特殊的函数，如式(2-3-1)，也可称为空间函数，利用时间和时间函数，以及时间函数的实际意义，用有限去表现无穷，由过去去探知未来，即描述过去，预见未来。"笛卡儿坐标周期分析法"是二维空间函数，"先天六十四卦方圆图"则是七维空间函数（六个因素都是时间的函数）。

时间和空间是标志事物、现象和过程的哲学范畴。中国文化特别重视"时"和"位"。这些暂且不论，后文再述。这里要强调的是，时间和空间对决策是至关重要的，是不可不"察"的影响因素。

第三章　决策认识规律的数理逻辑分析

第一节　认识的前提和基础：不完全和非对称信息是普遍现象

信息是决策的首要问题，决策认识论首先要回答的问题是：决策者是否具有决策所需的全部信息或知识？对同一事物，不同决策者是否具有相同认识，即是否具有对称信息？回答是：决策时，具有完全知识和对称信息是个别、偶然现象，不完全知识和非对称信息则是多数、普遍现象。理由如下：

决策者掌握知识或信息特点的分析思路是，设信息集合为 R^n，集合中元素 x 具有某种确定性质为 $x(R)$，某一时刻 t 决策者对 $x(R)$ 的认识是 $x(S)$，$x(R) \in R^n$。根据泛函分析中“距离”和“范数”的定义，时刻 t 决策者对客观事物现象 $x(R)$ 的认识为 $x(S)$。由式(2-1-1)可得两者之间的逻辑关系为：

$$d_{RS} = \rho[x(S), x(R)] = \| x(R) - x(S) \| \geqslant 0 \qquad (3\text{-}1\text{-}1)$$

由(3-1-1)式可得：$x(R) = x(S)$，即决策者具有决策所需的全部信息或知识是个别、偶然现象；反之，$x(R) \neq x(S)$，即决策者不具有决策所需的全部信息或知识则是多数、普遍现象。

不同决策者之间掌握信息特点的分析思路是，设任意两个决策者 i, j，对某一客观现象 $x(R)$ 所拥有的信息分别是 $x_i(S)$ 和 $x_j(S)$，$x_i(S), x_j(S) \in R^n$。由式(2-1-1)可得逻辑关系为：

$$d_{ij}(x) = \rho[x_i(S), x_j(S)] = \| x_i(S) - x_j(S) \| \geqslant 0 \qquad (3\text{-}1\text{-}2)$$

根据范数定义，式(3-1-2)中，当且仅当 $x_i(S) = x_j(S)$ 时，$d_{ij}(x) = \rho[x_i(S), x_j(S)] = \| x_i(S) - x_j(S) \| = 0$，即任意两个决策者对同一客观现象拥有完全相同知识（或对称信息）是个别、偶然现象；反之，$x_i(S) \neq x_j(S)$，即 $d_{ij}(x) = \rho[x_i(S), x_j(S)] = \| x_i(S) - x_j(S) \| > 0$，即任意两个决策者对同一客观现象

拥有不完全相同知识(或非对称信息)则是多数、普遍现象。

由以上分析得到的启示是,由于不完全信息的原因,决策就不存在“最优决策”问题,换言之,“最优决策”是个别、偶然现象。非对称信息使得不同决策者对同一决策问题有不同观点。

第二节　不确定性的一种定义:主观预期与客观存在的不一致性

预测是决策的依据。那么,能否准确预测呢?长久以来,人们就认识到,经济发展具有高度的不确定性。何谓不确定性?风险是什么?学界尚无统一认识。在学界影响最大的是奈特(F. H. Knight)对风险与不确定性进行的区分。其观点是:“风险”指可度量的不确定性,用“不确定性”指代不可度量的风险。奈特观点中核心理念是“未来结果概率”是否确定,“未来结果概率”乃未发生之事,只能是主观概率。[①] 根据式(2-1-1)定义,主观概率与客观概率一致是个别、偶然现象,不一致则是多数、普遍现象。所以,奈特的风险和不确定性概念是无法区分的。正如张五常所言:“奈特将风险(risk)与变化莫测(uncertainty)一分为二,但我现在想来想去也不知道有什么区别。”[②]

下面从数理逻辑视角,给出风险和不确定性的定义。分析思路是,设客观事物在某一时刻 t 为 $Y(t)$,在未来 $(t+\Delta t)$ 时刻的“预期值”为 $Y_E(t+\Delta t)$,“实际值”为 $Y_R(t+\Delta t)$。根据式(2-1-1),客观事物在未来某时刻预期值和实际值之间的逻辑关系是预期值和实际值之间“范数”诱导的“距离”大于等于 0,即:

$$d_{ER}=\rho[Y_E(t+\Delta t),Y_R(t+\Delta t)]=\|Y_R(t+\Delta t)-Y_E(t+\Delta t)\|\geqslant 0 \tag{3-2-1}$$

由式(3-2-1)可得 $Y_E(t+\Delta t)=Y_R(t+\Delta t)$,即准确预测是个别、偶然现象;反之,$Y_E(t+\Delta t)\neq Y_R(t+\Delta t)$,即实际与预期不一致是多数、普遍现象。

据此可定义:事物客观实际值与预期值的不一致,称为不确定性。对客观事物能准确预测是个别、偶然现象,不能准确预测则是多数、普遍现象;换言之,确定性是事物个别、偶然现象,不确定性则是事物多数、普遍现象。

不确定性结果可能有害,也可能有利。有害就是损失,就是风险。损失量是未来某时刻实际值少于“基准值”之差。“基准值”有两个:一个是事物当前之值。

---

① 参见[美]富兰克·奈特《风险、不确定性和利润》,王宇、王文玉译,中国人民大学出版社 2005 年版,第 13 页。

② 张五常:《经济解释》(卷一),花千树出版有限公司(香港)2001 年版,第 16 页。

事物在未来某时刻的“实际值”与“当前值”原则上可视为客观量，故未来某时刻“实际值”少于“当前值”量，称为“客观损失”(d_R^-)，其数学模型是：

$$d_R^- = Y_R(t+\Delta t) - Y(t) < 0 \tag{3-2-2}$$

另一个“基准值”是对事物在未来某时刻的“预期值”，“预期值”乃是主观值，此种情况下的损失称为“主观损失”(d_S^-)，其数学模型是：

$$d_S^- = Y_R(t+\Delta t) - Y_E(t+\Delta t) < 0 \tag{3-2-3}$$

有利就是所得，就是收益。收益量是未来某时刻“实际值”多于“基准值”之量。与风险分析方法类似，可得“客观收益”(d_R^+)和“主观收益”(d_S^+)，其数学模型分别是：

$$d_R^+ = Y_R(t+\Delta t) - Y(t) > 0 \tag{3-2-4}$$

$$d_S^+ = Y_R(t+\Delta t) - Y_E(t+\Delta t) > 0 \tag{3-2-5}$$

可见，风险和收益皆来自未来结果的不确定性，但风险与不确定性又是不同的概念。

综上所述，结论是：准确预测是个别、偶然现象，实际与预期不一致则是多数、普遍现象；不确定性是普遍存在的现象，风险和收益皆来自不确定性。

对于产生不确定性的原因，学界有广泛的研究。奈特的观点具有代表性，他在《风险、不确定性和利润》中写道：

> 在经济学中，不确定性问题的根源是经济过程本身的未来性。生产商品是为了满足需求，生产商品需要时间。这两点给生产过程带来了两类不确定性成分，它们分别对应着关于未来的两类不同预测。第一，从一开始就必须估计生产经营目的。在刚刚开始生产的时候，显然不可能准确地说出到底需要什么物资材料，以及一定的支出将得到的产品数量和质量；第二，商品要满足的是未来需求，而对未来需求的预测有着同样程度的不确定性，因此，生产者必须估计他要满足的未来需求，以及为了满足这一需求，其经营活动的未来结果。……最后一个值得注意的进步因素是知识，或较为广泛意义上的发明。一个常见的事实是，在商业活动中，不确定性的一个主要来源是技术进步、组织方式的改进等。①

各种因素对不确定性的影响是不同的，他又说：

> 我们不可能严格和准确地说明实现不确定性最小化所涉及的条件，况且也没有必要这么做，简要地说明我们将要讨论的情况也就足够了，若干因素影响着我们将要认识的不确定性的数量，而且这些因素也是不得不考虑

① [美]富兰克·奈特：《风险、不确定性和利润》，王宇、王文玉译，中国人民大学出版社 2005 年版，第 174、243 页。

的。第一，生产过程的时间区间长度越长，其中的不确定性因素越多。第二，一般经济生活水平也极为重要，人们的较低层次的需求，即最基本的生活必需品之类的东西是最稳定的、最可预测的。需求层次越高，动机中的审美和社会示意的成分越多，与预测和满足这些需求有关的不确定性也就越大。就生产方面来说，在正常条件下，绝大多数制造业的生产过程都比农业的生产过程更容易控制和计算。第三，我们还必须看到科学和社会组织技术的进步，预见未来的能力越强，对事态发展进程的控制能力越强，减少不确定性的能力也就越强。而且，更为重要的是，还存在着我们在上一章所提到的通过整合来减少不确定性的各种手段。①

第三节 不确定条件下可预测对象：事物未来一段时间变化趋势的可能性

不确定性就是事物客观实际值与预期值的不一致，或者说不能准确预测。在这种情况下如何决策呢？回答是：在不确定条件下，决策依据是，决策对象未来一段时间变化趋势的可能性。分析思路是：

设研究对象的客观实际是 Y，在某一时刻 t 对 Y 的认识为 $Y(t)$；在 $t+\Delta t_1\rightarrow t_1$ 时刻，对 Y 的认识为 $Y(t_1)$……在 $t_{i-1}+\Delta t_i\rightarrow t_i$ 时刻，对 Y 的认识为 $Y(t_i)$……在 $t_{n-1}+\Delta t_n\rightarrow t_n$ 时刻，对 Y 的认识为 $Y(t_n)$。假设经过 n 次不断认识，对 Y 的认识 $Y(t_n)$“基本充分”反映了研究对象的客观实际 Y。这里“基本充分”的含义是，研究对象经过 n 个阶段不断认识，$Y(t_n)$ 与其客观实际 Y 的“距离”小于一个很小的数，即：

$$\rho[Y(t_n),Y]<\varepsilon \tag{3-3-1}$$

再设影响研究对象 Y 的因素或约束条件为 $x_i, i=1,2,\cdots,m$，x_i 在时刻 t 的变化“趋势”为 $\frac{\mathrm{d}x_i}{\mathrm{d}t}$，“加趋势”为 $\frac{\mathrm{d}^2x_i}{\mathrm{d}t^2}$，则对研究对象 Y 在时刻 t 的认识可定义为：

$$Y(t)=f_t(x_i), i=1,2,\cdots,m \tag{3-3-2}$$

而对研究对象 Y 在未来 $t+\Delta t$ 时刻的认识定义为：

$$Y(t+\Delta t)=f_{t+\Delta t}\left(x_i,\frac{\mathrm{d}x_i}{\mathrm{d}t},\frac{\mathrm{d}^2x_i}{\mathrm{d}t^2}\right), i=1,2,\cdots,m \tag{3-3-3}$$

根据“距离”、“范数”的定义，研究对象 Y 与其时刻 t 认识 $Y(t)$ 之间的逻辑

---

① [美]富兰克·奈特：《风险、不确定性和利润》，王宇、王文玉译，中国人民大学出版社 2005 年版，第 194 页。

关系是：

$$d=\rho[Y(t),Y]=\|Y-Y(t)\|\geqslant 0 \tag{3-3-4}$$

由于研究对象经过 n 个阶段不断认识，所以式(3-3-4)可表示为：

$$\begin{aligned}\|Y-Y(t)\|=&\|[Y(t_1)-Y(t)]+[Y(t_2)-Y(t_1)]+\cdots\\&+[Y(t_i)-Y(t_{i-1})]+\cdots\\&+[Y(t_n)-Y(t_{n-1})]+[(Y-Y(t_n)]\|\end{aligned} \tag{3-3-5}$$

根据“范数”三角不等式可得：

$$\begin{aligned}\|Y-Y(t)\|\leqslant&\|[Y(t_1)-Y(t)]\|+\|[Y(t_2)-Y(t_1)]\|+\cdots\\&+\|[Y(t_i)-Y(t_{i-1})]\|+\cdots\\&+\|[Y(t_n)-Y(t_{n-1})]\|+\|[Y-Y(t_n)]\|\end{aligned} \tag{3-3-6}$$

由以上分析可得结论如下：

1. 式(3-3-4)的含义是：$Y(t)\neq Y$，即认识主体当前对客观经济现象不能完全认识是多数、普遍现象；反之，$Y(t)=Y$，即认识主体现在对客观经济现象完全认识则是个别、偶然现象。

2. 式(3-3-6)表明，认识不是一次完成，而是分阶段进行的。也就是说，决策也不是一次完成，而是一个过程。

3. 式(3-3-6)中，$Y(t)$是当前 t 时刻的认识，视为已知量；$Y(t_1)$，$Y(t_2)$，…，$Y(t_n)$则是主观对未来的预期。在认识的第一阶段，时间由 t 到 $t+\Delta t_1\to t_1$，研究对象则由 $Y(t)$到 $Y(t_1)$，由图 2-3-1，此阶段可构成如下逻辑关系：

$$\lim_{\Delta t_1\to 0}\frac{Y(t_1)-Y(t)}{\Delta t_1}=\frac{\mathrm{d}Y(t)}{\mathrm{d}t} \tag{3-3-7}$$

式(3-3-7)就是导数的定义式，其几何意义既是研究对象当前 t 的切线斜率，也可表示研究对象由当前 t 到未来($t+\Delta t_1\to t_1$)的变化趋势。导数大于零，表示研究对象未来变化趋势是上升的；导数等于零，表示研究对象未来变化趋势是不确定的；而导数小于零，则表示研究对象未来变化趋势是下降的。

式(3-3-7)中，$Y(t_1)$是未来主观预期的量，根据“距离”、“范数”的定义可知：对客观事物能准确预测是个别、偶然现象，不能准确预测则是多数、普遍现象。推而论之，准确预知事物现在时刻导数或未来一段时间发展方向是个别、偶然现象，不能准确预测则是多数、普遍现象。由式(3-3-2)、(3-3-3)可得：

$$\mathrm{d}Y(t)\approx\Delta Y(t)=Y(t_1)-Y(t)=f_{t_1}\left(x_i,\frac{\mathrm{d}x_i}{\mathrm{d}t},\frac{\mathrm{d}^2x_i}{\mathrm{d}t^2}\right)-f_t(x_i),i=1,2,\cdots,m \tag{3-3-8}$$

式(3-3-8)中，尽管准确预测 $\Delta Y(t)$可能性较小，通过对 x_i、$\frac{\mathrm{d}x_i}{\mathrm{d}t}$和$\frac{\mathrm{d}^2x_i}{\mathrm{d}t^2}$的分

析，预测 $\Delta Y(t)$ 性质［$\Delta Y(t)$ 大于零、等于零或小于零］的可能性较大。$\Delta Y(t)>0$，表明事物未来一段时间处于周期之上升、扩张阶段；$\Delta Y(t)=0$，表明事物未来一段时间处于周期之“峰”点或“谷”点；$\Delta Y(t)<0$，表明事物未来一段时间处于周期之下降、衰退阶段。

综上所述，在不确定条件下，决策并非一次完成，而是一个过程。

决策依据是，研究对象未来一段时间变化趋势的可能性。换言之，预测事物未来一段时间变化趋势可能性，是预测的主要工作，也是决策的基础。

持不同观点的哲学家得出了相近结论。

唯物辩证法的能动反映论是可知论。表述为：

> 所谓认识的发展规律，就是认识的主体对客体从不知到知，从知之不多到知之较多的运动规律。唯物辩证法的可知论，不是认为人类已经知道一切，或将来某一天人类能知道一切。每一时代人们的思维能力及其对世界的认识都是有限的，都面对一个广袤而深邃的未知世界。一定时代的社会实践所创造的主观条件限制着人们的认识，但实践的历史却又不断冲破这些条件限制，创造出认识发展的新条件，使人类不断把未知变为已知。能动反映论就是这样的可知论。①

李秀林等主编的《辩证唯物主义和历史唯物主义原理》与本书数理逻辑分析所得结论更加接近，其中写道：

> 一般来说，预测包括预报和预见。所谓预报，是指对某一事物在确定的时空范围内必然或可能出现的判断，而预见则是以规律为依据的关于发展趋势的判断，或者说，是一种只涉及发展趋势的规律性的判断。科学尤其是自然科学既能预见又能预报，哲学只能预见而不能预报。②

卡尔·波普尔(Karl Popper)等否认科学能认识客观真理，反对唯物论的反映论，但认为科学虽然不能认识真理，却能“探索真理”，科学理论是猜测世界，而不是反映世界，科学与真理不是绝对无关，科学通过不断猜测而逼近真理。“猜测、证伪、再猜测、再证伪……这就是科学接近真理的道路。通过批判以找到越来越近的真理理论，虽不知道距真理有多远，但可越来越逼近真理。……科学的最大逼近度仅仅是一个遥远而不可能达到的理想，因为首先，理论是猜测自然它不可能绝对正确。其次，世界是无限的，科学发展也是没有终极的。”③

---

① 北京大学马克思主义学院哲学教研室编：《辩证唯物主义和历史唯物主义纲要》，北京大学出版社 1996 年版，第 231 页。

② 李秀林等：《辩证唯物主义和历史唯物主义原理》，中国人民大学出版社 2004 年版，第 30 页。

③ 夏基松：《现代西方哲学教程新编》上册，高等教育出版社 1998 年版，第 165～166 页。

政治家也有相近认识。毛泽东在总结中国革命发展规律时写道：

所谓革命高潮快要到来的“快要”二字作何解释，这点是许多同志的共同的问题。马克思主义者不是算命先生，未来的发展和变化，只应该也只能说出个大的方向，不应该也不可能机械规定时日。但我所说的中国革命高潮快要到来，决不是如有些人所谓“有到来之可能”那样完全没有行动意义的、可望不可即的一种空的东西。它是站在海岸遥望海中已经看得见桅杆尖头了的一只航船，它是立于高山之巅远看东方已见光芒四射喷薄欲出的一轮朝日，它是躁动于母腹中快要成熟的一个婴儿。[①]

江泽民在总结中国社会主义建设经验时指出：

我们是共产党人，对共产主义理想当然要坚定不移，而且要在全党坚持进行理想教育。但是，必须明确，党的最高纲领必须通过完成各个阶段的奋斗目标来实现，必须由一个一个实际步骤来达到。如果看不到这一点，不坚持这样做，就容易犯错误。在这个问题上，我们党是有不少教训的。对遥远的未来，不可能作具体的设想和描述，也作不出来。过去，我们作过多种描述，其实都是肤浅、简单的，不仅不利于全党同志坚持共产主义的远大理想，反而使广大党员、干部和群众对共产主义的理想产生了疑惑和动摇。要求全党同志扎扎实实做好现阶段的各项工作，脚踏实地为实现党在现阶段的基本纲领而奋斗，丝毫不是放弃远大理想，而是以实事求是的科学态度坚持最高纲领，以切切实实的行为实践着与最高纲领相联系的现实要求。[②]

综合上述，有两点需引起注意：一是两种观点从不同角度认识、分析问题，从分析逻辑和实际看，都有一定道理；二是尽管两者提法不同，但对现在人们的认识能力之观点是相近的，即：不是认为人类现在已经知道一切，或将来某一天人类能知道一切。对我们来讲，研究认识论问题，最重要的是现在人们的认识能力或范围，在这一点上，可知论与不可知论没有本质区别。笔者的观点是，不强调可知与不可知，而是从数学逻辑上证明：认识主体现在对客观实际能完全认识是个别、偶然现象，而认识主体现在对客观实际不能完全认识则是多数、普遍现象；现在人们认识能力的范围是事物未来一段时间变化趋势的可能性。

第四节 人之本性：趋利避害

“人”是影响决策的最重要、特殊的因素。这里“人”的定义是：“只是经济范

① 《毛泽东选集》第1卷，人民出版社1991年版，第106页。

② 《江泽民选集》第3卷，人民出版社2006年版，第344页。

畴的人格化，是一定的阶级关系和利益的承担者。”[①]研究人的本性的目的是对人的行为选择作出推测。人的本性是什么？前人早有述及，但众说纷纭，尚未见到逻辑上一致认同的结论。所以先对前人重要结论作一总结是十分必要的。

经济学家的代表性观点是：

> 从经济思想史那方面看，“自私”成为一个基础假设是十九世纪末期、新古典(Neoclassical)经济学兴起以后的事。在这个新的范畴内，数学的微积分被广泛地引用，提出了“边际”(Marginalism)的分析，“极大化”(Maximization)与“极小化”(Minimization)的概念就被广泛地接受了。人的行为以满足私欲为原则，就成了“在局限条件下个人争取最大利益”——或争取最小费用——这个假设。简化地称之为“自私”，是比较通俗的说法。……史密斯(A. Smith)在一七七六年所发表的经典之作《原富》，其中关于自私行为与市场运作的两段，是经济学上被引用得最多的名言。……我认为史密斯(A. Smith)的“自私”观点有两处是要补充的。其一，史氏正确地指出自私可以给社会整体带来很大的利益，但却轻视了自私也会给社会带来害处。……第二个，关于史前辈的自私观点，是他没有说人的自私是天生的。……一九七六年，生物学家道更斯发表了《自私的基因》(R. Dawkins, *The Selfish Gene*)，旁征博引，用了数之不尽的例子证明“自私”是动物与生俱来，是遗传的，不可更改。[②]

中国先哲早有“人性善”、“人性恶”之争。孟子主张人性善，《孟子·公孙丑上》说，“人皆有不忍之心”，认为人区别于兽禽之所在，是因为人具有道德。荀子以主张“人性恶”而著名，在其著作《性恶篇》中，他试图证明人生来就有贪图利益和追求享受的欲望，但人又生来有智性，使人可以成善。

心理学家和人类学家的研究结论是：

> 决定人类行为的不是它们的基因，而是它们所处的社会教给他们的行事方法。心理学家阿尔波特·班都拉(Albert Bandura)就专门进行过这项研究，他总结说，人类的本性是“一种能被社会影响塑造成许多表现形式的潜在能力……侵略性不是人类与生俱来和不可抗拒的特性，而是一个鼓励侵略的社会环境的产物”。……人类学家阿什利·蒙塔古总结出的关于人类本性的要旨：“毋庸置疑，我们生来就具有基因所赋予的做出各种行为的潜能，但这些潜能变成实际能力的方式则要取决于我们所受的训练，即取决于学习。……我们真正继承的是塑造和完善自身的能力。我们不是被动地

---

① 卡尔·马克思：《资本论》第1卷，人民出版社1975年版，第12页。

② 张五常：《经济解释》(卷一)，花千树出版有限公司(香港)2001年版，第24页。

接受塑造,而是自己命运的主宰。”①

哲学家是这样总结的:

> 人的本质是劳动,是生活实践中所发生的一切社会关系的总和。人有两方面的属性:一是人的肉体组织所决定的人的自然属性,是人的社会属性赖以存在的基础,如吃、住、行、性等行为;二是人的社会生活和社会存在所决定的人的社会属性,如生产关系、思想关系、政治关系、家庭关系等。……人的本质在历史上是不断变化的,不是永恒不变的。在阶级社会里,阶级性是人的本质属性。阶级关系是社会生产关系的具体表现,是人们之间的本质关系。阶级关系决定着人们之间的其他一切社会关系,每一个人都是生活在一定阶级关系中,都是属于一定阶级的人。②

根据上述,关于人的本质的观点可表述为:

1. 人的本质是生存与发展。换言之,人的行为选择具有“趋利避害”性。这是由人的自然属性和社会属性共同决定的。这一假设与西方经济学“自私假设”相近。人的行为的趋利性可以给社会整体带来利益,也会给社会带来害处,“趋利性”在国人理念中是个中性词,相反,“自私”则贬义多于褒义,所以使用“趋利性”比“自私”更好地体现国人的文化习惯。趋利性自古皆然,两千多年前,司马迁在《史记·货殖列传》中阐述了追求利益是人的共性,他说:“天下熙熙,皆为利来;天下攘攘,皆为利往。夫千乘之王,万家之侯,百室之君,尚忧患贫,而况匹夫编户之民乎!”

2. 人的本质是历史的、不断变化的。美国当代人本主义心理学家马斯洛将人的需要分为五个层次:生理需要、安全需要、感情需要、尊重需要、自我实现需要。不同层次的需要,由低到高,依次产生,当某个层次的需要得到满足后,又会产生较高层次的需要,永无止境。这是西方思维模式关于该假设的例证。三百多年前,清初胡澹荛在其《解人颐》中就提出人需要的四层次论:温饱、情爱、财产、地位,并指出生命不止,欲望不息,对人的本质给出了一个很好的诠释。他是这样写的:

终日奔波只为饥,
方才一饱便思衣,
衣食两般皆俱足,
又想娇容美貌妻,
娶得美妻生下子,

① [美]斯塔夫里阿诺斯:《全球通史》,董书慧等译,北京大学出版社 2005 年版,第 43 页。

② 北京大学马克思主义学院哲学教研室:《辩证唯物主义和历史唯物主义纲要》,北京大学出版社 1996 年版,第 531 页。

恨无田地少根基，
买到田园多广阔，
出入无船少马骑，
槽头扣了骡和马，
叹无官职被人欺，
当了县丞嫌官小，
又要朝中挂紫衣，
若要世人心理足，
除是南柯一梦西。①

这是用东方思维方式对该假设的释论。可见，“趋利性”的“利”是历史的、动态的、不断变化的。

3. 如何度量“趋利性”？回答是：选择预期未来之“效用”(Utility)大于现在的行为，谓之趋利。人在进行行为选择时，要受到局限或约束条件制约。设影响行为选择“效用”U 的约束条件为 $x_i, i=1,2,\cdots,m$，x_i 在某一时刻 t 的变化趋势为$\frac{\mathrm{d}x_i}{\mathrm{d}t}$，“加趋势”为$\frac{\mathrm{d}^2 x_i}{\mathrm{d}t^2}$，则时刻 t 行为的效用为：

$$U_t = f_t(x_i), i=1,2,\cdots,m \tag{3-4-1}$$

现在对行为作出新的选择，预期未来$(t+\Delta t)$时刻的“效用”为：

$$U_{t+\Delta t} = f_{t+\Delta t}\left(x_i, \frac{\mathrm{d}x_i}{\mathrm{d}t}, \frac{\mathrm{d}^2 x_i}{\mathrm{d}t^2}\right), i=1,2,\cdots,m \tag{3-4-2}$$

“趋利性”意味着预期未来的“效用”大于现在的“效用”，即：

$$\Delta U_{t+\Delta t} = U_{t+\Delta t} - U_t = f_{t+\Delta t}\left(x_i, \frac{\mathrm{d}x_i}{\mathrm{d}t}, \frac{\mathrm{d}^2 x_i}{\mathrm{d}t^2}\right) - f_t(x_i) > 0, i=1,2,\cdots,m \tag{3-4-3}$$

由式(3-4-3)可得如下逻辑关系：

$$\lim_{\Delta t \to 0} \frac{U_{t+\Delta t} - U_t}{\Delta t} = \frac{\mathrm{d}U_{t+\Delta t}}{\mathrm{d}t} > 0 \tag{3-4-4}$$

式(3-4-4)表明，“趋利性”的度量表示是现在预期“效用”一阶导数大于零，换言之，就是人行为的目的是使其“效用”得到提高。

4. 如何“趋利避害”？《孙子兵法·虚实篇》对军事上如何趋利避害作了精辟的论述，写道：“夫兵形象水，水之形，避高而趋下；兵之形，避实而击虚。水因地而制流，兵因敌而制胜。故兵无常势，水无常形；能因敌变化而取胜者，谓之神也。”

这些思想无疑对决策具有普遍的借鉴意义。

① 转引自黎诣远、李明志《微观经济分析》，清华大学出版社 2003 年版，第 33 页。

第四章　联系发展基本规律新论

第一节　哲学是认识社会科学发展规律的重要方法

每一种现象都有着自身的发展规律，这是众人皆知的常识。“天道无亲，常与善人。”对事物规律掌握得越透彻，决策效果就越好，这也是不争的事实。然而，决策问题是典型的综合性、复杂性交叉学科，涉及自然科学、哲学、经济学、管理学、心理学、政治学和数学等学科知识。决策规律是“道可道”，然而又“非常道”。本书的主旨是探究“社会科学”①基本规律的研究方法。实践观点是马克思主义哲学首要的和基本的观点。马克思主义哲学的功能不仅是反思和解释世界，更重要的是强调改变世界，为具体科学提供一般世界观和方法论的指导。马克思主义哲学的精髓是唯物辩证法，中国文化中的《易传》、《老子》等，也充满了辩证法的思想。因此，唯物辩证法、《易传》、《老子》构成了本节研究社会科学的基本规律的哲学基础。

一、自然科学与社会科学的异同

自然科学和社会科学的规律有本质的不同。自然科学知识的典范性就在于它的实证性、严密性、普遍性。相对于自然科学，社会科学的研究客体具有如下特点②：首先，社会科学的研究客体是社会中的人构成的群体，而组成这一群体的个人具有个体主体性和文化异质性，会说话，有思想，主体本身就是客体的一部分，

---

①　此处所称“社会科学”是指具有价值判断的半自然科学的人文科学，如经济学、管理学、政治学、社会学等。下文若无特别说明，意义皆同。

②　参见李和平、张海云《试论自然科学与社会科学研究客体的差异》，载《河北省社会主义学院学报》2005年第3期。

主、客体既相互区别，又相互影响。因此，同一客体，不同主体拥有信息是非对称的，形成不同看法。其次，人的社会属性会随时间改变而发生变化，所以，社会科学规律的现象与特定的历史阶段有关。第三，从空间方面来看。人类由于历史、环境的差异，形成不同的国家或民族，而不同的国家和民族有着不同的文化与习惯，形成不同的人生观、价值观，因此，社会科学规律存在空间适用性问题。第四，研究客体的可变性。自然科学中，客体中各种关系具有相对稳定性；而社会科学中，客体中各种关系，时刻都在不断地发展变化。第五，不可实验性。社会科学观察对象及其初始条件都是不可模仿的，不能像自然科学那样进行有控制的实验。第六，支配自然现象的规律与支配社会现象的规律是不同的。① 自然规律不以任何人的意志为转移，没有任何人能改变行星运行轨道，能改变重力加速度。社会规律的客观性不在于它与任何人的意识或意志无关，而在于它不以任何个别人的意志为转移。社会现象是千百万有意识的人活动的结果，个别人的意志不可能与千百万人活动的结果相对抗。但社会现象必定会由于千百万人意识的改变而变化。经济科学会影响人的意识，也就会影响人的活动，从而也就影响到人们活动的结果。因此，只要经济科学改变了大多数人的意识，就可能使经济规律发生变化。最后(但不限于此)，社会科学的研究客体只能作出趋势性的预测。

社会学理论可以改变社会发展规律，改变过的社会规律又使得原来的理论失去逼真性和适用性。由于社会现象本身会由于社会科学的发展而变化，所以要在社会科学中发现永久性、普遍性的法则是困难的。

二、哲学是认识社会科学发展规律的重要方法

对社会科学规律性的认识特别需要哲学的指导。社会科学既需要自然科学知识，也与人生观和价值观密切相关；社会科学的规律比自然科学规律更具复杂性和可变性。人生观与价值观不是科学问题，而是哲学问题。马克思主义哲学以人与世界的关系为对象，通过对自然知识、社会知识和思维知识的概括和总结，以高度的抽象性和概括性，揭示自然、社会和思维发展的一般规律。可见，只有哲学尤其是马克思主义哲学，才能为揭示社会科学的一般发展规律提供重要的方法指导。

三、研究方法有待发展

把哲学理解为对自然知识、社会知识和思维知识的“概括与总结”，是一种影响广泛的哲学观，至今仍然被许多研究者所认同。俞吾金认为，这种哲学观是存

① 参见张旭昆《经济学与自然科学的根本区别》，载《社会科学》1994 年第 8 期。

在缺陷的，就“概括”这个术语而言，它关涉到的形式逻辑中的归纳方法，只承认“概括”功能的哲学在逻辑上是不完整的；就“总结”这个术语而言，它关涉到的只是对以往发生的事实和观念的回顾，按照这样的哲学观点，哲学只能面对和“总结”过去，无法面对和预期未来，只肯定哲学的“总结”功能，全部哲学命题只能在偶然真理的框架中挣扎。①

归纳和演绎是辩证统一的关系。一方面，没有归纳就没有演绎，归纳是演绎的基础；另一方面，没有演绎就没有归纳，演绎是归纳的前提，是归纳的补充。要确定归纳结论的可靠性，就必须通过演绎的方法来进行补充。

任何事物都具有自己的质的规定性和量的规定性，都是质和量的统一体。区分事物的质是认识事物的开始，是认识量的前提；由质到量，则是对事物的认识的深化。定性是定量的基础；反过来，定量是定性的精确化。在没有对事物进行定量研究，弄清其数量关系，找到决定其质量的数量界限以前，对事物的性质还只能是初步的、粗略的认识，因而对实践就难于提出十分明确具体的指导。②

任何一门科学都以研究和把握某种规律为己任。唯物辩证法研究并揭示了自然、社会和思维发展的一般规律，即质量互变规律、对立统一规律、否定之否定规律。从已公开发表的文献看，马克思主义哲学揭示基本规律的研究方法是自然语言、归纳方法和定性分析方法。中国古代辩证法思维具有很高学术价值，但其形成于2000多年以前，许多范畴具有冥思的成分，古文中多用通假字、方言、比拟等，现代人较难完全读懂、理解，故而影响其使用。另一方面，中国哲学从“直觉的概念”开始，惯于用格言、警句、比喻、事例等形式表达思想，这就存在定义不清的问题。

本书拟采用符号逻辑和定量分析方法，解释辩证法揭示的基本规律。目的是，一方面对唯物辩证法研究并揭示基本规律的思维方法进行必要的补充，另一方面为哲学方法分析社会科学的一般发展规律提供具有可操作意义的方法。

第二节　对立统一规律

一、中国文化中的对立统一思想

1. 道家的对立统一思想

宋志明先生认为：

---

① 参见俞吾金《走出传统哲学观的藩篱》，载《文史哲》2005年第3期。

② 参见肖前等主编《辩证唯物主义原理》，人民出版社1991年版，第215页。

老子是中国古代最早的辩证法大师，他从大量的经验事实中概括出矛盾原则，初步地揭示了对立面双方相反相成的辩证关系。他指出，矛盾双方相互依存，失掉一方，另一方也就不存在了。“故有无相生，难易相成，长短相形，高下相倾，音声相和，前后相随。”老子发现了一系列的对立范畴，如有无、难易、高下、前后、长短、进退、美丑、生死、刚柔、强弱、祸福、损益、贵贱、阴阳、动静、攻守、正奇等等，大概有 90 对之多。他以大量的事实证明：辩证法是客观存在的，矛盾的普遍性是客观存在的。老子的这一看法相当深刻，可惜尚未明确地提出矛盾概念，仍带有早期哲学的特征。当然，应当肯定的是，老子以经验事实揭示矛盾的普遍性，毕竟迈出了辩证思维发展的第一步；正因为有了这一步，才为后来哲学家作出一般性的理论概括奠定了基础。从这个意义上说，老子是中国辩证法思想当之无愧的奠基人。①

陈鼓应先生写道：

“道”是老子哲学的中心观念，整个哲学系统都是由他所预设的“道”而展开的。“道”字符号形式虽然是同一的，但在不同章句的文字脉络中，却具有不同的含义。②

他接着又说：

天地万物是由“道”所产生的。老子在第一章说：“‘无’，名天地之始；‘有’，名万物之母。”又在四十章说：“天下万物生于‘有’，‘有’生于‘无’。”可见“无”和“有”是指称“道”的。这里的“无”和“有”是老子的专有名词，“无”“有”似对立，而又相连续。“无”含藏着无限未显现的生机，“无”乃蕴涵着无限之“有”的。老子用“无”“有”的别名，来表示行上的“道”向下落实而产生万物时的一个过程。③

“道”体固然是无形而不可见，恍惚而不可随，但它作用于万物时，却表现了某种规律。其中“对立转化”就是重要的规律。他进一步解释道：

老子认为一切现象都是在相反对立的状态下形成的。例如他说：“有无相生，难易相成，长短相形，高下相倾，音声相和，前后相随。”（二章）人间的存在价值也是对立形成的。例如他说：“天下皆知美之为美，斯恶矣；皆知善之为善，斯不善已。”（二章）

老子认为任何事物都有它的对立面，同时因着它的对立面而形成。并认为“相反相成”的作用是推动事物变化发展的力量。进一步，老子说明相

---

① 宋志明：《中国古代辩证法的类型与核心》，载《中国人民大学学报》1998 年第 5 期。

② 陈鼓应：《老子注释及评价》，中华书局 1984 年版，第 2 页。

③ 陈鼓应：《老子注释及评价》，中华书局 1984 年版，第 6 页。

反对立的状况是经常相互转化的。（五十八章）他说："祸兮，福之所倚。福兮，祸之所伏。"……

对立转化的规律，老子说得很多，比如（二十二章）他说："曲则全，枉则直，洼则盈，敝则新少则得，多则惑。"又说，老子认为事物是在对立关系中造成的。因此观察事物不仅要观看它的正面，也应注视它的反面（对立面），两方面都能兼顾到，才能算是对于一项事物作了全盘的了解。

老子不仅唤醒大家要从反面的关系中来观看正面，以显示正面的深刻含义；同时也要大家重视相反对立面的作用，甚至认为如能执守事物对立面所产生的作用当更胜于正面所显示的作用。老子认为事物发展到某种极限的程度时，就改变了原有的状态，而转变成它的反面了。这就是古语所说的"物极必反"的观念。

总结上面所说，老子认为"道"表现了这种规律：它的运动和发展是向对立面的转化，亦即是朝相反方向进行着。当"道"作用于事物时，事物也依循这个变化规律而运行着。事物发达强的顶峰、盛的极致时，也就是向下衰落的一个转折点。老子在三十六章说："将欲歙之，必固张之；将欲弱之，必固强之；将欲废之，必固兴之；将欲取之，必固与之；是谓微明。"①

冯友兰先生指出：

万物都是变动不居的，但决定万物变动的法则却是不变的。老子学说以"太一"和"无有为常"作为主旨。太一即道，道生一；"常"的含义是永久，永在。在主宰事物变化的法则中，最根本的是"物极必反"。这四个字源自老子的思想，但不是老子的原话，老子原话是"反者道之动"（第四十章）。左右事物变化的法则，老子称之为"常"。《道德经》第十六章说："知常曰明。"接下去说："知常，容；容乃公；公乃全；全乃天，天乃道，道乃久，没身不殆。"这就是说，知道事物变化的常理，人的思想就明智，明智的人就得以避免偏见；没有偏见，人的思想才能全面；思想全面才能胸怀广阔；胸怀广阔的人得见真理；得到真理的人将持续不败，终身也不会跌到。②

他又写道：

庄子认为，人们的是非概念是根据他们的局限性观点建立起来的。所有这些观点都是相对的，《齐物论》说："方生方死，方死方生；方可方不可，方不可方可。因是因非，因非因是。"事物只是在不断变化中，自然有许多方面。于是对同一事物，可以有各种不同的观点。……《齐物论》中说："是亦

---

① 陈鼓应：《老子注释及评价》，中华书局 1984 年版，第 7～10 页。

② 冯友兰：《中国哲学简史》，新世纪出版社 2004 年版，第 85～86 页。

彼也，彼亦是也；彼亦一是非，此亦一是非。果且有彼是乎哉？果且无彼是乎哉？彼是莫得其偶，谓之道枢，枢是始得其环中，以应无穷。是亦一无穷，非亦一无穷也。”换句话说，有“此”就有“彼”，它们之间孰是孰非，往复循环，如同一个圆圈。人若站在道的观点看问题，就如同站在圆圈的中心，他看得到圆圈上的每一点的运动，而他自己则站在运动以外。……

从道的观点看事物，每个事物只有那么一点大。如同《齐物论》中所说：“可乎可，不可乎不可。道行之而成，物谓之而成。恶乎然，然乎然？然于然，恶乎不然？不然于不然。物固有所然，物固有所可。无物不然，无物不可。道通为一。”意思是说，万物本来都有它们的道理，万物也本来都有它们得以存在的根据。从道的观点看，它们都是可以相通为一的。接下去，《齐物论》又说：“其分也，成也；其成也，毁也。凡物无成与毁，复通为一。”意思是说，从道的观点看，则建造与破坏都是相对的，都没有绝对的意义，因此无成也无毁。①

2.《易传》的对立统一思想

《易传》的核心思想是，宇宙一切现象都是由阴、阳两个原则、两种力量的相互作用而产生的。其特点是将辩证法思想予以符号化。通过定义性质相反的两个符号（“—”或“--”）构成的“二元三维图象”和“二元六维图象”，表示内、外因以及事物的对立统一关系。

《易传·系辞》说：“一阴一阳之谓道。继之道，善也；成之者，性也。仁者见之谓之仁，知者见之谓之知。百姓日用而不知，故君子之道鲜矣。显诸仁，藏诸用，鼓万物而不与圣人同忧，盛德大业至矣哉。富有之谓大业，日新之谓盛德。生生之谓易，成象之谓乾，效法之谓坤。极数知来之谓占，通变之谓事，阴阳不测之谓神。”

这段话的今译是：

一阴一阳（互变）叫做道，秉受（其道）的，为善；顺成（其道）的，为性。仁者看见（道）的仁便称道为仁，智者看见（道）的智便称道为智。百姓日用（其道）却不知道。所以君子之道已很少见了。显现道的仁德（于外），潜藏道的功用（于内），鼓动万物（生长）而不去与圣人同忧虑，（造就万物）盛德大业（完备）至极呀！富有叫做大业，日新叫做盛德。（阴阳变化）生生不已叫做易，成（天）象为乾，效（地）形为坤，穷极蓍策之数预知未来叫做占，通达变化的叫做事，阴阳（变化）不可测度叫做神。②

---

① 冯友兰：《中国哲学简史》，新世纪出版社 2004 年版，第 89～99 页。

② 刘大钧、林忠军：《易传全译》，四川出版集团巴蜀书社 2006 年版，第 94 页。

3.《孙子兵法》中的对立统一思想

《孙子兵法》虽是一部军事学专著,但充满了辩证法思想。其主要观点是:

第一,孙武用兵是非常慎重的。首先分析敌我双方"优劣"、"利害"、"得失"及其在一定条件下的转化,用谋略取胜。《谋攻篇》说:"是故百战百胜,非善之善者也;不战而屈人之兵,善之善者也。"

第二,主要矛盾与非主要矛盾。孙武主张"上兵伐谋,其次伐交,其次伐兵,其下攻城"。意思是:用兵不仅是军事问题,也是政治、经济、外交、天文(气象)、地理等问题。只有诸因素综合运用,才能取得战争的胜利。

第三,兵势是指挥员的谋略造成的。《计篇》说:"兵者,诡道也。故能而示之不能,用而示之不用,近而示之远,远而示之近。利而诱之,乱而取之,实而备之,强而避之,怒而挠之,卑而骄之,佚而劳之,亲而离之。攻其无备,出其不意,此兵家之胜,不可先传也。"《谋攻篇》写道:"知己知彼,百战不殆。"《形篇》说:"故胜兵先胜,而后求战;败兵求战而后求胜。"《军争篇》说:"军争之难者,以迂为直,以患为利。故迂其途,而诱之以利,后人发,先人至,此知迂直之计者也。"又说:"故善用兵者,避其锐气,击其惰归,此治气者也。以治待乱,以静待哗,此治心者也。以近待远,以逸待劳,以饱待饥,此治力者也。无邀正正之旗,无击堂堂之阵,此治变者也。"《九变篇》指出:"途有所不由,军有所不击,城有所不攻,地有所不争。是故智者之虑,必杂于利害;杂于利而务可信也,杂于害而患可解也。是故屈诸侯者以害,役诸侯者以业,趋诸侯者以利。"

第四,奇和正。用兵要出奇,变化多端,使敌方无法掌握我方用兵规律。《势篇》说:"凡治众如治寡,分数是也;斗众如斗寡,形名是也;三军之众,可使必受敌而无败,奇正是也。凡战者,以正合,以奇胜。故善出奇者,无穷如天地,不竭如江河。终而复始,日月是也。死而复生,四时是也。声不过五,五声之变,不可胜听也。色不过五,五色之变,不可胜观也。味不过五,五味之变,不可胜尝也。战势不过奇正,奇正之变,不可胜穷之也。奇正相生,如环之无端,孰能穷之?"

第五,虚和实。用兵之道,虚中有实,实中有虚,虚虚实实,变化无穷。《势篇》说:"兵之所加,如以碫投卵者,虚实是也。"《虚实篇》说:"故善战者,致人而不致于人。能使敌人自至者,利之也;能使敌人不得至者,害之也。故敌佚能劳之,饱能饥之,安能动之。出其所不趋,趋其所不意。故我欲战,敌虽高垒深沟,不得不与战者,攻其所必救也;我不欲战,画地而守之,敌不得不与战者,乘其所之也。夫兵形象水,水之形,避高而趋下;兵之形,避实而击虚。水因地而制流,兵因敌而制胜。故兵无常势,水无常形;能因敌变化而取胜者,谓之神也。"

以上虽指的是战争决策,但对其他决策也有借鉴意义,是决策者需要掌握的原则。

二、唯物辩证法之对立统一规律

对立统一规律(又称矛盾规律)是唯物辩证法的实质和核心,是贯穿辩证法其他规律和范畴的中心线索。其内容是:

1. 矛盾的同一性和斗争性及其作用

矛盾是事物内部或事物之间的对立统一关系。矛盾的基本属性是同一性和斗争性。矛盾的同一性是指矛盾着的对立面之间的内在的、不可分割的联系,体现对立面之间相互吸引、相互贯通的趋势和联系。矛盾的同一性包括两方面的含义:第一,矛盾着的对立面之间的相互联结、相互依存,共居于一个统一体中。第二,矛盾双方相互贯通,体现为两种情形:一是矛盾双方相互渗透、相互包含,二是矛盾双方具有相互转化的趋势。矛盾的斗争性是指矛盾双方的相互对立、相互排斥的性质,体现着矛盾双方相互分离的倾向和趋势。矛盾的同一性和斗争性是相互联结、不可分割的。矛盾同一性是相对的,斗争性是绝对的。①

内因是事物的内部矛盾,即构成事物诸要素、方面之间的对立统一关系;外因是事物外部矛盾,即一事物与他事物之间的对立统一关系。内因是事物变化的根本的、第一位的原因,是事物发展的根据;外因是事物变化的条件,是第二位的原因,它影响事物的方向、速度和具体过程,外因通过内因而起作用。②

事物内部矛盾着的双方既同一又斗争,双方力量彼消此长,不断变化,一旦力量对比发生根本的变化,双方地位便发生转化,于是新矛盾取代旧矛盾,新事物战胜旧事物。这就是由事物的内在矛盾引起的事物发展的实际过程。

矛盾在事物发展变化中的作用主要通过矛盾的同一性和斗争性的作用来实现。同一性在事物发展变化中的作用主要体现在:第一,矛盾的同一性把对立双方联结为一个统一体,提供了矛盾双方得以存在和发展的条件。第二,矛盾双方在统一体中相互吸取有利于自身的因素而共同得到发展。第三,矛盾的同一性规定了事物向着对立面转化的基本趋势。矛盾的斗争性作用体现在:第一,在事物量变过程中,斗争性推动着矛盾双方的力量对比和相互关系发生变化,为质变做准备。第二,在事物质变过程中,斗争性突破事物存在的限度,使旧的矛盾统一体分解,新的矛盾统一体产生,才有事物的质变。③

2. 矛盾的普遍性和特殊性及其关系

---

① 参见李秀林等《辩证唯物主义和历史唯物主义原理》,中国人民大学出版社 2004 年版,第 178 页。

② 参见北京大学马克思主义学院哲学教研室《辩证唯物主义和历史唯物主义纲要》,北京大学出版社 1996 年版,第 199 页。

③ 参见李秀林等《辩证唯物主义和历史唯物主义原理》,中国人民大学出版社 2004 年版,第 180～182 页。

矛盾普遍性或绝对性有两方面含义：其一是说，矛盾存在于一切事物的发展过程中；其二是说，每一事物的发展过程中存在着自始至终的矛盾运动。矛盾特殊性即矛盾的个性，指不同事物的矛盾自身以及矛盾着的各个方面所固有的特点。矛盾特殊性规定了事物的本质。

矛盾的普遍性和特殊性的关系是共性和个性、一般与个别的关系，这是矛盾的精髓。该关系是辩证统一的，它们既相互区别，又相互联系，并在一定条件下相互转化。

分析矛盾的特殊性，就是把握根本矛盾和非根本矛盾、主要矛盾和非主要矛盾、矛盾的主要方面和非主要方面。

所谓根本矛盾，是指贯穿于事物发展过程始终，并规定事物及其过程的基本性质的矛盾。根本矛盾规定和制约着非根本矛盾，非根本矛盾对根本矛盾有影响，能加速或延缓根本矛盾的解决。

所谓主要矛盾，是指复杂事物所包含的矛盾群体中，各种矛盾力量发展是不平衡的，其中必有一个居于支配地位，对事物的发展起主导、决定性作用，它就是主要矛盾，其他的矛盾是非主要矛盾。主要矛盾的存在和发展，规定和影响着其他非主要矛盾的存在和发展，对事物的发展起决定性的作用。主要矛盾和非主要矛盾相比较而存在，二者相互依赖、相互制约、相互作用，同时在一定条件下可以相互转化。

矛盾双方的地位和作用也是不同的，其中必有一方处于支配地位，起着主导作用；另一方处于被动地位，不起主导作用。前者叫矛盾的主要方面，后者叫矛盾的次要方面。事物矛盾的性质，主要由矛盾主要方面决定。矛盾的主要方面和次要方面相互联系、相互制约、相互作用，并且在一定条件下相互转化，这时，事物的性质也随之发生变化。①

三、对立统一规律的符号逻辑解释

对立统一规律是唯物辩证法的实质和核心，是贯穿辩证法其他规律和范畴的中心线索。所以，首先讨论对立统一规律的符号逻辑解释问题。

1. 矛盾范畴的符号表示

“先天《易》范式”中，三爻组合的“八卦”、六爻组合的“六十四卦”和“先天六十四卦方圆图”，用符号逻辑解释了矛盾就是事物内部和事物之间的对立统一关系。构成一事物的内(外)因是一个相对统一体，由三个(类)重要性程度不同的

---

① 参见李秀林等《辩证唯物主义和历史唯物主义原理》，中国人民大学出版社 2004 年版，第 183～185 页。

因素、性质相反的两个符号("—"或"--")构成的"二元三维图象"①表示,反映的是内(外)因内部的对立统一关系。一事物是一个相对统一体,由六个(类)重要性程度不同的因素、性质相反的两个符号("—"或"--")构成的"二元六维图象"②表示,反映的是事物内部的对立统一关系。整个宇宙是一个相对统一体,"先天六十四卦方圆图"及其六十四个"二元六维图象"则表示的是事物之间的对立统一关系。

2. 矛盾的主要方面和非主要方面的符号解释

图 2-3-1 中,当$\frac{dY}{dt}>0$,意味着有利、上升、肯定方面处于支配地位,起着主导作用,以模糊集合表示,就是$\mu(\frac{dY}{dt}>0)=(0.5,1]$;以"先天《易》范式"表示,就是"阳"("—")。$\frac{dY}{dt}<0$时,表明有利、上升、肯定方面处于被动地位,起着非主导作用,以模糊集合表示,就是$\mu(\frac{dY}{dt}<0)=[0,0.5]$;以"先天《易》范式"表示,就是"阴"("--")。

3. 矛盾的同一性和斗争性及其作用的符号逻辑解释

"二元三维图象"、"二元六维图象"和"先天六十四卦方圆图",仅用性质相反的两个符号("—"或"--")就构成了事物内部和事物之间的对立统一关系,展示了"矛盾着的对立面之间的相互联结、互为条件、相互依存,共居于一个统一体中","矛盾双方的相互对立、相互排斥的性质"和"矛盾的同一性和斗争性是相互联结、不可分割的,矛盾同一性是相对的,斗争性是绝对的"含义。

"笛卡儿坐标周期分析法"(见图 2-3-1)中,$O\rightarrow A\rightarrow B\rightarrow C$ 或 $F\rightarrow G\rightarrow H\rightarrow I$ 阶段,矛盾主要方面性质是上升,即$\frac{dY}{dt}>0$。随着事物的不断运动、变化和发展,矛盾主要方面性质呈现由上升转化为下降的趋势,即$\frac{dY}{dt}>0\rightarrow\frac{dY}{dt}=0$。以模糊集合思想表示,就是$\mu(\frac{dY}{dt})=1\rightarrow\mu(\frac{dY}{dt})=0.5$,对应在"先天《易》范式"中,事物性质存在由"阳"("—")向对立面"阴"("--")转化的趋势。这表明"矛盾着的对立面之间的相互贯通性。"

"先天《易》范式"可以判断事物现在所处周期中的相对位置和未来发展趋势。具体表现在:第一,内因中最重要因素 $x_1(t)$的性质("—"或"--"),决定了事

① "二元三维图象"与《易传》中三爻组合的"八卦"同"象"而异"质"。

② "二元六维图象"与《易传》中六爻组合的"六十四卦"同"象"而异"质"。

物的变化趋势。当 $x_1(t)$ 的性质隶属于“—”时，表明事物未来一段时间变化趋势是，上升可能性大于下降可能性；反之，则下降可能性大于上升可能性。第二，内因中各因素性质（“—”或“--”）的组合，决定了事物所处周期中的相对位置。如：☱表示事物现在周期变化上升的初始阶段，未来发展趋势是上升可能性大于下降可能性；☰表示事物现在周期变化上升的后期阶段，未来发展趋势逐渐向不确定性方向发展。这表明：“矛盾的同一性规定了事物发展的基本趋势。”

“先天六十四卦方圆图”中，“坤”→“復”→…→“夬”→“乾”[①]是事物上升阶段。在此阶段，构成事物六个要素的性质全部由“--”开始，“—”的性质由无逐渐发展到六个，而“--”的性质由六个逐渐被“—”取代。在此阶段，事物上升的“质”没有改变，但矛盾双方的力量对比却发生了重大变化。图 2-3-1 中，与此阶段对应的是 $O \to A \to B \to C$ 阶段，$\frac{dY}{dt} > 0$ 刻画的是事物上升的“质”；而 $\frac{d^2Y}{dt^2} = 0(O \to A)$、$\frac{d^2Y}{dt^2} > 0(A \to B)$ 和 $\frac{d^2Y}{dt^2} < 0(B \to C)$ 反映的则是事物量变过程。这说明：“在事物量变过程中，斗争性推动着矛盾双方的力量对比和相互关系发生变化，为质变做准备。”

图 2-1-1 中，“夬”→“乾”→“姤”是事物由上升转向下降的量变引起质变阶段。事物“—”的性质达到极限，构成事物六个要素之性质全部是“—”，即“乾”。之后，内因最重要因素的性质的主要方面首先由“—”变为“--”，即“姤”。图 2-3-1 中，与此对应的是 $B \to C \to D$ 阶段，数理逻辑特征是：[$\frac{dY}{dt} > 0 \cap \frac{d^2Y}{dt^2} < 0$($B \to C$，即减速上升阶段)]→[$\frac{dY}{dt} = 0$($C$ 临界点)]→[$\frac{dY}{dt} < 0 \cap \frac{d^2Y}{dt^2} = 0$($C \to D$，即下降初期阶段)]。这说明“在事物质变过程中，斗争性突破事物存在的限度，使旧的矛盾统一体分解，新的矛盾统一体产生，才有事物的质变。”

4.“矛盾的普遍性和特殊性”的符号解释

“先天六十四卦方圆图”及每一个“二元六维图象”仅由性质相反的两个符号（“—”或“--”）组合构成，以“二元六维图象”形式，既解释了“不同的事物或过程，其内部对立统一的具体关系各有不同的性质和特点”——矛盾的特殊性含义，也说明了“矛盾存在于一切事物的发展过程中，每一事物的发展过程中存在着自始至终的矛盾运动”——矛盾的普遍性含义。

“矛盾的普遍性和特殊性”也可用数理逻辑解释。设事物 i 某一时刻 t 的内

① 此处“坤”、“復”、“夬”、“乾”等仅是六十四个“二元六维图象”之一的代号，已失去传统《易传》所赋予的含义。

因为 $X_N^i(t)$，外因为 $X_W^i(t)$，则该事物其矛盾特殊性定义为：

$$Y_t^i - f[X_N^i(t), X_W^i(t)] = F(\text{--}, \text{—})^{①} \quad (4\text{-}2\text{-}1)$$

未来 $t+\Delta t$ 时刻，事物 i 的内因为 $X_N^i(t+\Delta t)$，外因为 $X_W^i(t+\Delta t)$，则其矛盾特殊性定义为：

$$Y_{t+\Delta t}^i = f[X_N^i(t+\Delta t), X_W^i(t+\Delta t)] \quad (4\text{-}2\text{-}2)$$

"矛盾就是差异"，依据"距离"和"范数"的定义，由式(4-2-2)得 i 事物不同时刻的矛盾逻辑关系是：

$$d_{t+\Delta t}^i = \rho(Y_{t+\Delta t}^i, Y_t^i) = \|Y_{t+\Delta t}^i - Y_t^i\| \geqslant 0 \quad (4\text{-}2\text{-}3)$$

式(4-2-3)意味着同一事物不同时刻之间存在矛盾是多数、普遍现象，即"每一事物的发展过程中存在着自始至终的矛盾运动"。由式(4-2-3)，可得如下逻辑关系：

$$\lim_{\Delta t \to 0} \frac{Y_{t+\Delta t}^i - Y_t^i}{\Delta t} = \frac{\mathrm{d}Y_t^i}{\mathrm{d}t} \quad (4\text{-}2\text{-}4)$$

式(4-2-4)就是事物 i 在未来 $t+\Delta t$ 期间的发展速度。这从另一个角度说明差异或矛盾是事物发展的动力和源泉，是影响事物发展速度的重要因素。

同理，任意 i, j 两事物在同一时刻之矛盾(差异)的逻辑关系是：

$$d_t^{ij} = \rho(Y_t^i, Y_t^j) = \|Y_t^j - Y_t^i\| \geqslant 0 \quad (4\text{-}2\text{-}5)$$

式(4-2-5)表明：同一时刻不同事物之间存在矛盾是多数、普遍现象，即"矛盾存在于一切事物的发展过程中"。

"先天六十四卦方圆图"、六十四个"二元六维图象"、式(4-2-4)和(4-2-5)，表明："矛盾是普遍存在的，矛盾的普遍性需要通过矛盾的特殊性表现出来。"这是矛盾的普遍性和特殊性的关系的符号逻辑解释。

5. 内、外因作用的数理逻辑解释

事物内部矛盾族是内因，而外部矛盾族是外因。"先天六十四卦方圆图"及每一个"二元六维图象"也是复杂矛盾群的表现方式。"二元六维图象"中最下一个要素是事物内因最重要因素，就是事物的主要矛盾——"矛盾群体中，居于支配地位、对事物的发展起主导、决定性作用的矛盾，由于它的存在和发展，规定和影响着矛盾群体中其他要矛盾的存在和发展"。图 2-2-2 中，"剥"→"坤"→"復"阶段，是前一个周期的末端和下一个周期的伊始，事物由下降转向上升，此时内因最重要因素的性质的主要方面首先由"--"变为"—"。"復"→…→"夬"→"乾"阶段，主要标志是内因最重要因素的性质的主要方面始终是"—"，其他因素的性质逐渐由"--"发展为"—"，各要素性质对立统一的结果决定了事物的性质是上

① $Y_t^i = F(\text{--}, \text{—})$表示"先天六十四卦方圆图"中六十四个"二元六维图象"之一。

升、前进。“夬”→“乾”→“姤”是事物由上升转向下降的阶段，根本性变化的标志是，内因最重要因素的性质的主要方面首先由“—”变为“--”。“姤”→…→“剥”→“坤”阶段主要特征是，内因最重要因素的性质的主要方面始终是“--”，其他要素“—”的性质逐渐减少，而“--”的性质逐渐增多，各要素性质对立统一的结果决定了事物的性质是下降、后退。由此可见：内因中最重要因素（主要矛盾）的性质的主要方面规定事物及其过程的基本性质；主要矛盾的主要方面就是根本矛盾——“贯穿于事物发展过程始终并规定事物及其过程的基本性质的矛盾”，根本矛盾和非根本矛盾的相互作用显示出矛盾的发展过程的不同的阶段性。

综上所述，内因中最重要因素（主要矛盾）是事物变化的根据或第一位的原因，是一事物区别于他事物的内在本质；它不仅提供事物自己运动的源泉，而且规定着事物发展的方向。外因是事物存在和发展的必要条件，影响着事物的发展速度和具体过程。①

“先天《易》范式”还定量地给出了内、外因重要性权重范围和内、外因三个重要等级因素重要性权重范围。② 由式(2-2-6)、(2-2-7)，知：

$$\text{外因重要性范围 } w_W=\begin{Bmatrix}\lambda_6=0.1666-0.03\\ \lambda_5=0.1666-0.04\\ \lambda_4=0.1666-0.08\end{Bmatrix}=0.5-0.15$$

$$\text{内因重要性范围 } w_N=\begin{Bmatrix}\lambda_3=0.1666-0.16\\ \lambda_2=0.1666-0.32\\ \lambda_1=0.1666-0.37\end{Bmatrix}=0.5-0.85$$

以上是对立统一规律的主要内容的符号逻辑解释，同时也表明辩证法对立统一规律既是归纳逻辑，也是演绎逻辑，是两者的统一。

四、启示

1. 建立了一种“对立统一”的分析方法。决策分析问题时，将影响决策因素首先划分为内因和外因。一切现象都是由阴、阳两个原则、两种力量的相互作用而产生。式(2-1-1)是“对立”的分析方法，其特点是，将辩证法思想予以符号化。通过定义性质相反的两个符号（“—”或“--”），和式(2-1-2)构成的“二元三维图象”、“二元六维图象”，表示内、外因以及事物的“对立统一”关系。

---

① 参见肖前等主编《辩证唯物主义原理》，人民出版社 1991 年版，第 246 页；周向军等主编《马克思主义哲学原理》，山东大学出版社 2002 年版，第 103 页。他们的共同观点是：“内因是事物变化的根据或第一位的原因”，前者还认为，外因“有时还会直接影响到事物的性质。”这些观点与本文所得结论有差异。

② 参见肖洪生《先天〈易〉范式预测与决策方法探究——以金融投资为例》，载《周易研究》2009 年第 6 期。

2. 建立了分析主要矛盾的方法。“先天《易》范式”中，把内因和外因所有因素，按照重要性程度分为三个等级(类或集合)的过程，就是分析影响决策的主要矛盾的过程。

3. 给出了内、外因重要性的数量化解释。内因中最重要因素(主要矛盾)是事物变化的根据或第一位的原因，是一事物区别于他事物的内在本质；它不仅提供事物自己运动的源泉，而且规定着事物发展的方向。外因是事物存在和发展的必要条件，影响着事物的发展速度和具体过程。内、外因重要性权重范围分别为0.85～0.5和0.15～0.5。内因第一、第二、第三重要因素重要性权重范围分别为0.37～0.166、0.32～0.166和0.166，外因第一、第二、第三重要因素重要性权重范围分别是0.08～0.166、0.04～0.166和0.03～0.166。

第三节 质量互变规律

一、中国文化中的质量互变思想

《老子》第六十四章说：“合抱之木，生于毫末；九层之台，起于累土；千里之行，始于足下。”

《周易》中含有丰富的质量互变思想。

“坤卦”的“初六”爻辞：“履霜，坚冰至”。字面含义是：踏霜时，当知坚冰不久即至。引申含义是：当事物内因最主要因素由肯定为主变为否定为主时，事物最坏结果将会到来。这是“质变”已发生的表现。

“屯卦”大象为☳，其彖曰：“刚柔始交而难生，动乎险中，大亨贞。雷雨之动满盈，天造草昧，宜建侯而不宁。”引申含义是，凡事在初创阶段，会遇到许多困难与险阻，只要有诚意、有决心，自然可以得到呼应与协助，所谓“天助自助”、“水到渠成”。不过初创阶段，亦不可操之过急，贸然前进，而宜小心谨慎，打稳基础，循序渐进，当可获得应得的成果。①

“夬卦”大象为☱，其彖曰：“夬，决也，刚决柔也。健而说，决而和。‘扬于王庭’，柔乘五刚也。‘孚号有厉’，其危乃光也。‘告自邑，不利即戎’，所尚乃穷也。

① 参见汪忠长《周易六十四卦浅解》，当代世界出版社2005年版，第203页。

‘利有攸往’，刚长乃终也。”①

爻辞：初九：“壮于前趾，往不胜，为咎。”②上六：“无号，终有凶。”③

“夬卦”引申含义是，事物肯定、建设性力量将穷，否定、破坏性力量将长，这是“质变”将要发生变化的表现。

类似案例还有许多，不再一一列举。

质量互变规律是中华文化“时位”思想的理论基础之一。《周易》六十四卦中，有十二卦特别谈到“时”的问题。“时”对决策来讲是重要的参数，现列举如下。

1.“豫卦”大象为☳☷，其彖曰：“豫，刚应而志行，顺以动，豫。豫，顺以动，故天地如之，而况‘建侯行师’乎。天地以顺动，故日月不过，而四时不忒。圣人以顺动，则刑罚清而民服，豫之时义大矣哉。”

今译：豫，阳刚（为阴柔）所应，其志才能行施，顺从其性而动，这就是豫。豫，顺性而动，所以天地都遵从这一规律，更何况“封建诸侯，出兵打仗”这些事情呢！天地顺乎时而动，故日月运行不失其度，而四时更替亦无差错。圣人顺乎天时而动，则刑罚清明而万民服从。豫卦时所包含的意义，太大啦！④

2.“随卦”大象为☱☳，其彖曰：“随，刚来而下柔，动而说，随。大‘亨贞无咎’，而天下随时，随时之义大矣哉。”

今译：随，阳刚（自外卦）来而居内卦阴爻之下，动而喜悦，所以称随。“大道通顺而得正无咎”，天下万物皆随时而（变化）。随卦时所含有意义，太大啦！

3.“颐卦”大象为☶☳，其彖曰：“颐，贞吉，养正则吉也。观颐，观其所养也。自求口实，观其自养也。天地养万物，圣人养贤以及万民。颐之时大矣哉。”

今译：颐，“守正道则吉”。养正则有吉祥。“观颐”，观察其所养。“自己获取口中之食”，是观察自己的谋生之路。天地养育万物，圣人养育贤人以

---

① 刘大钧、林忠军：《周易古经白话解》，山东友谊书社1989年版。此处释《夬》卦卦名及卦辞之义。决：决去，溃决。刚决柔。《夬》五阴一阳，五阳盛长决去一阴。健而说：《夬》下乾上兑，乾为健，兑为说。和：和悦。扬于王庭：在王庭上宣扬公布事情。扬，张扬，宣扬。柔乘五刚：《夬》卦一阴居五阳之上。孚号有厉：竭诚话呼有危厉。其危乃光：上六阴柔乘五阳刚，故“危”。但因居卦之上，其害尚广，故曰“光”。光，广。告自邑，不利即戎：告诫自己封邑内的人，不宜立即动武。邑，城邑。戎，兵。所尚乃穷：《夬》阳刚盛长，阴柔消退，卦上只有坤一阴，象坤众渐散，此时聚众兴兵，必困穷。刚长乃终：阳刚盛长，直到决去一阴而终结。

② 今译：初九：脚前趾受伤，前往不胜，为有灾咎。

③ 今译：上九：无呼号，最终有凶。

④ 以下译文均引自刘大钧、林忠军《周易古经白话解》，山东友谊书社1989年版。

及万民百姓。颐时(包含的意义),太大啦!

4."大过卦"大象为䷛,其彖曰:"大过,大者过也。栋桡,本末弱也。刚过而中,巽而说,行。利有攸往,乃亨。大过之时大矣哉。"

今译:大过,大(阳)盛过于(阴)。"栋梁弯曲",(说明了)本与末皆柔弱。阳刚过盛而处中,逊顺喜悦而行动。"利于有所往",所以"亨通"。《大过》之时,(其义)太大啦!

5."坎卦"大象为䷜,其彖曰:"习坎,重险也。水流而不盈,行险而不失其信,维心亨,乃以刚中也。行有尚,往有功也。天险,不可升也;地险,山川丘陵也。王公设险,以守其国。险之时用大矣哉。"

今译:习坎,有双重危险。水流动而不盈溢,历尽危险而不失诚信,"维系于心,亨通",这是因有刚中之德。"行动有奖赏",前往必有功效。天险,不可登越;地险,指山川丘陵。王公(观象)设置险阻,来守卫自己的邦国。坎险时的功用太大啦!

6."遯卦"大象为䷠,其彖曰:"遯亨。遯而亨也。刚当位而应,与时行也。小利贞,浸而长也。遯之时义大矣哉。"

今译:遯,"亨通"。隐退而有亨通。(九五)阳刚居正当位而应(六二阴柔),因时而运行。"小而宜于守正",(阴柔)浸润而逐渐盛长。《遯》卦时的意义,太大啦!

7."睽卦"大象为䷥,其彖曰:"睽,火动而上,泽动而下。二女同居,其志不同行。说而丽乎明,柔进而上行,得中而应乎刚,是以小事吉。天地睽而其事同也,男女睽而其志通也,万物睽而其事类也。睽之时用大矣哉!"

今译:睽,火动而炎上,泽动而润下,(离兑)二女住在一起,志向不同,很难一起行动。喜悦而附之一文明,(六五)阴柔进而上行于(外卦),得中而应(九二)阳刚。所以"小事吉利"。天地虽有差异,但养育万物之事相同,男女性别不同,而其心志相通,万物形形色色各有差异,而各涵阴阳之事类同。《睽》卦所涵的时有盛大呵!

8."蹇卦"大象为䷦,其彖曰:"蹇,难也,险在前也。见险而能止,知矣哉。蹇利西南,往得中也。不利东北,其道穷也。利见大人,往有功也。当位贞吉,以正邦也。蹇之时用大矣哉!"

今译:蹇,困难,有危险在前面。见到危险而能停止冒险,明智呵!蹇,"利于西南",前往可得中道。"不利东北",(前往)穷途末路。"宜见有权势的人",前往必立功业,居正当之位而"守正则吉利",可以正定邦国。《蹇》卦时的作用太大啦!

9."解卦"大象为☳☵,其彖曰:"解,险以动,动而免乎险,解。解利西南,往得众也。其来复吉,乃得中也。有攸往,夙吉,往有功也。天地解而雷雨作。雷雨作,而百果草木皆甲坼。解之时大矣哉。"

今译:解,冒险而去行动,(结果)因行动而免去危险,故称解。解,"利西南方向",前往可以得到民众(归服)。"返回原来地方吉利",因为得到了中道。"有所往,早行动吉",前往可建功业。天地(阴阳)交感,而雷雨大作,雷雨大作,而百果草木皆发芽生根。《解》卦之时(的作用)太大啦!

10."姤卦"大象为☰☴,其彖曰:"姤,遇也。柔遇刚也。勿用取女,不可与长也。天地相遇,品物咸亨也。刚遇中正,天下大行也。姤之时义大矣哉!"

今译:姤,相遇。阴柔遇阳刚。"不要娶此女",不可与(她)长久相处。天地相遇,众物皆光明。(九五)阳刚居中得正,大行于天下。《姤》卦之时,所含意义太大啦!

11."革卦"大象为☱☲,其彖曰:"革,水火相息,二女同居,其志不相得,曰革。已日乃孚,革而信之。文明以说,大亨以正。革而当,其悔乃亡。天地革而四时成。汤武革命,顺乎天而应乎人。革之时大矣哉!"

今译:革,水火互相熄灭,二女住在一起,其心志不同,故称革。"已日才有(变革的)诚心",变革而使人相信。(变革时)必以文明而悦(人心),大"亨通"顺利,因其行正。变革得当,其"后悔"之事自然"消亡",天地之气变化而四时形成,商汤、武王改姓受天命,上顺天时,下应人心。《革》卦时的作用太大啦!

12."旅卦"大象为☲☶,其彖曰:"旅,小亨。柔得中乎外,而顺乎刚,止而丽乎明,是以小亨,旅贞吉也。旅之时义大矣哉!"

今译:旅,"不亨通",(六五)阴柔居中于外卦,而顺从(九四、上九)阳刚,(内卦艮)静止而依附(外卦离之)光明,所以"小有亨通,旅中守正则吉"。《旅》卦时的意义,太大啦!

二、唯物辩证法质量互变规律

唯物辩证法质量互变规律揭示事物的质和量这两种不同的规定性、量变和质变这两种不同的运动状态之间的辩证关系。其主要观点如下:

质是事物成为自身并区别于他事物的特殊的内在规定性。量是标志事物质的范围和等级的范畴,指事物的存在规模、运动速度及其构成成分在空间上的排列次序等可以用数量表示的规定性。度是事物的质和量的辩证统一,是事物保持其质不变的数量界限,是和事物的质相统一的限量。任何度的两端都有一个界限，叫做临界点。度就是两个临界点之间的量的范围。在这个范围内，量的变化不会引起事物质的改变，事物保持其原有的性质不变；超出这个范围，即突破事物的度，事物就要发生质变，由一种质态转化为另一种质态。

量变和质变是对立统一的辩证关系。量变是质变的前提和准备，质变是量变的必然结果，量变与质变相互渗透。质变巩固着量变的成果，质变又引起新的量变。事物变化从量变开始，经过质变，再到新的量变，引起新的质变，如此交替，不断推动事物向前发展。

量变的复杂性，首先表现在量变形式的多样性，即由数量的增减而引起的质变和由构成事物成分的变化引起的质变；其次是总的量变过程中包含着部分质变，即事物的根本性质未变，比较次要的性质发生了变化，使事物的发展呈现出阶段性。质变的复杂性，表现在质变过程中具有量的特征，事物从发生质变到完成质变是一个过程。①

三、质量互变规律数理逻辑解释

1.“先天《易》范式”的解释

一切事物都具有一定的质和一定的量，都是质和量的统一体。“先天六十四卦方圆图”中每一个“二元六维图象”既表示“质”——“事物成为自身并区别于他事物的特殊的内在规定性”，又表示“量”——“事物的存在规模、运动速度及其构成成分在空间上的排列次序等可以用数量表示的规定性”。

图 2-2-1 中，“乾”、“坤”两个“图象”是“度”两端的临界点。在“坤”→“復”→…→“夬”→“乾”阶段，内因最重要因素的性质的主要方面始终是“—”，尽管其他因素的性质逐渐由“--”发展为“—”，但该阶段事物的性质始终是前进、上升。这说明，在“度”范围内“量的变化不会引起事物质的改变，事物保持其原有的性质不变”；在这个范围内，“总的量变过程中渗透着部分质变”，“事物的根本性质未变，比较次要的性质发生了变化，使事物的发展呈现出阶段性”。如“履”→“无妄”是事物周期变化上升的初始阶段，主要特征是：内因最重要因素的性质是“—”，其他两类因素性质皆是“--”，外因第一、第二、第三重要等级因素性质逐渐由“--”发展为“—”；“泰”→“乾”则是事物周期变化上升的后期阶段，主要特征是：内因三个重要等级因素性质皆是“—”，外因第一、第二、第三重要等级因素性质逐渐由“--”发展为“—”。

“泰”→“乾”→“姤”→“升”是事物上升的后期阶段变化为下降的初始阶段的

---

① 参见李秀林等《辩证唯物主义和历史唯物主义原理》，中国人民大学出版社 2004 年版，第 172～177 页。

阶段,“乾”是事物由上升阶段转向下降阶段的分界点。该阶段特征是,主要矛盾的主要方面的性质由“—”变为“--”。“否”→“坤”→“履”→“无妄”是事物下降的后期阶段发展为上升的初始阶段的阶段,“坤”是事物由下降阶段发展为上升阶段的分界点。该阶段特征是,主要矛盾的主要方面的性质由“--”变为“—”。这两个阶段表明:“突破事物的度,事物就要发生质变,由一种质态转化为另一种质态。”

“乾”→“姤”→“剥”→“坤”是事物的下降阶段,其主要特征是,内因最重要因素的性质的主要方面始终是“--”,其他因素的性质逐渐由“—”发展为“--”。与“坤”→“復”→…→“夬”→“乾”阶段相比较,该阶段发生了质变,质变又引起新的量变。

综上所述,“先天六十四卦方圆图”机理解释了“事物的运动变化发展,是通过量变和质变表现出来的”。量变与质变相互联系、相互包含,并在一定条件下相互转化。量变是质变的前提和准备,质变是量变的必然结果。质变巩固着量变的成果,质变又引起新的量变。

2.“笛卡儿坐标周期分析法”的解释

图 2-3-1 中,在 C、F 和 I 点处,有$\frac{dY}{dt}=0$,是“度”两端的临界点。在 $O\rightarrow A\rightarrow B\rightarrow C$ 或 $F\rightarrow G\rightarrow H\rightarrow I$ 阶段,事物的“质”是前进、上升,主要特征是$\frac{dY}{dt}>0$。此阶段$\frac{d^2Y}{dt^2}=0(O\rightarrow A)$、$\frac{d^2Y}{dt^2}>0(A\rightarrow B)$和$\frac{d^2Y}{dt^2}<0(B\rightarrow C)$的变化,不改变事物保持其前进、上升的性质。$B\rightarrow C\rightarrow D$ 是事物的“质”由上升发展到临界点再变化为下降的阶段。此阶段,数理逻辑特征是:[$\frac{dY}{dt}>0\cap\frac{d^2Y}{dt^2}<0$($B\rightarrow C$,减速上升阶段)]→[$\frac{dY}{dt}=0$($C$ 临界点)]→[$\frac{dY}{dt}<0\cap\frac{d^2Y}{dt^2}=0$($C\rightarrow D$,即下降初始阶段)]。$C\rightarrow D\rightarrow E\rightarrow F\rightarrow G$ 是事物的“质”由下降变化到临界点再发展为上升的阶段,其量变和质变过程的数理逻辑分析方法同上,不再赘述。

由此可见,一阶导数的性质($\frac{dY}{dt}$大于零、等于零或小于零)刻画的是事物变化趋势特征,是事物“质变”的反映;二阶导数的性质($\frac{d^2Y}{dt^2}$大于零、等于零或小于零)刻画的是事物“加趋势”特征,是事物“量变”的反映。

综上所述,图象 $O\rightarrow A\rightarrow B\rightarrow C\rightarrow D\rightarrow E\rightarrow F\rightarrow G\rightarrow\cdots$ 表明:事物变化从量开始,经过质变,再到新的量变,引起新的质变,如此交替,不断推动事物向前发展。

四、启示

1. 建立了用数理逻辑解释质量互变规律的方法。“先天《易》范式”中，内因最重要因素的性质决定了事物的“质”，其他因素性质的变化只是“量变”。当内因最重要因素的性质的主要方面是“—”，则事物的性质是前进、上升；若内因中最重要因素的性质的主要方面由“—”变为“--”，就意味着事物的性质由前进、上升转向衰退、下降。“笛卡儿坐标周期分析法”中，一阶导数的性质代表事物的“质”，二阶导数的性质则是事物“量”的反映。

2. 质量互变规律是决策“时机”选择的理论基础之一。“先天《易》范式”中，根据构成内因三等级因素性质的“质”和“量”的不同，将事物发展分为八个阶段(见图 2-2-1)。

(1)“复”→“无妄”是事物周期变化上升的初始阶段，主要特征是，内因只有最重要因素的性质是有利为主(或称“阳”)，外因三类因素性质逐渐由不利为主(或称“阴”)变“阳”。该阶段“阳”之积极力量逐渐加强，“阴”之消极力量趋于减弱。

(2)“明夷”→“同人”是事物周期变化上升的初中期阶段，主要特征是，内因第一、第三重要因素性质为“阳”，第二重要因素性质是“阴”；外因三类因素性质逐渐由“阴”变“阳”。该阶段“阳”之积极力量继续逐渐加强，“阴”之消极力量继续趋于减弱。

(3)“临”→“履”是事物周期变化上升的中期阶段，主要特征是，内因第一、第二重要因素性质是“阳”，第三重要因素性质为“阴”；外因三类因素性质逐渐由“阴”变“阳”。该阶段“阳”之积极力量仍继续逐渐加强，“阴”之消极力量仍继续趋于减弱。

(4)“泰”→“乾”是未来发展趋势逐渐向不确定性方向发展阶段，主要特征是，内因三类因素性质全是“阳”，外因三类因素性质逐渐由“阴”变“阳”。该阶段“阳”之积极力量的增强和“阴”之消极力量的减弱，皆趋于穷尽。

(5)“姤”→“升”是事物周期变化下降、衰退的初始阶段，主要特征是，内因第一类重要因素性质首先由“阳”变“阴”，第二、三类重要因素性质仍是“阳”；外因三类因素性质逐渐由“阳”变“阴”。该阶段“阳”之积极力量逐步由强趋弱，“阴”之消极力量逐渐由弱变强。

(6)“讼”→“师”是事物周期变化下降、衰退的初中期阶段，主要特征是，内因第一、三类重要因素性质由“阳”变“阴”，第二类重要因素性质仍是“阳”；外因三类因素性质逐渐由“阳”变“阴”。该阶段“阳”之积极力量继续逐步由强趋弱，“阴”之消极力量继续逐渐由弱变强。

(7)"遁"→"谦"是事物周期变化下降、衰退的中后期阶段,主要特征是,内因第一、二类重要因素性质由"阳"变"阴",第三类重要因素性质仍是"阳";外因三类因素性质逐渐由"阳"变"阴"。该阶段"阳"之积极力量仍逐步由强趋弱,"阴"之消极力量仍逐渐由弱变强。

(8)"否"→"坤"是未来发展趋势逐渐向不确定性方向发展阶段,主要特征是,内因三类重要因素性质皆是"阴",外因三类因素性质逐渐由"阳"变"阴"。该阶段"阳"之积极力量趋弱和"阴"之消极力量变强,都趋于穷尽。

"笛卡儿坐标周期分析法"中,根据事物性质的"质"和"量"的差异,将事物发展分为六个阶段(见图 2-3-1)。

(1)事物初期或匀速上升阶段($O \to A$ 或 $F \to G$),主要特征是:$\frac{dY}{dt}>0$,$\frac{d^2Y}{dt^2}=0$。

(2)事物加速上升阶段($A \to B$ 或 $G \to H$),主要特征是:$\frac{dY}{dt}>0$,$\frac{d^2Y}{dt^2}>0$。

(3)事物减速上升阶段($B \to C$ 或 $H \to I$),主要特征是:$\frac{dY}{dt}>0$,$\frac{d^2Y}{dt^2}<0$。

(4)事物初期或匀速下降阶段($C \to D$),主要特征是:$\frac{dY}{dt}<0$,$\frac{d^2Y}{dt^2}=0$。

(5)事物加速下降阶段($D \to E$),主要特征是:$\frac{dY}{dt}<0$,$\frac{d^2Y}{dt^2}<0$。

(6)事物减速下降阶段($E \to F$),主要特征是:$\frac{dY}{dt}<0$,$\frac{d^2Y}{dt^2}>0$。

事物的"质"和"量"决定了事物的不同阶段,位于不同阶段的决策的风险和收益是存在差异的,因此,决策时机的选择是决策者不可不"察"的因素。

第四节　周期变化规律

一、中华文化中的周期变化思想

"周期变化"是中华文化中的重要思想之一。冯友兰先生指出:

> 儒道两家共同的一种理论思想,就是都注意到,无论在自然和人生的领域里,任何事物发展到极端,就有一种趋向,朝相反的另一端移动。借用黑格尔的哲学术语,任何事物都包含了对它自己的否定。这是老子的哲学思想的一个主题,也是儒家阐发《易经》时的主题。在《易传》中说:"寒往则暑来,暑往则寒来。"(《系辞传》下)又说:"日盈则昃,月盈则食。"(《丰卦·彖

辞》)《易传》中称这样的运动为"复",《复卦·彖辞》说:"复,其见天地之心乎?"在《道德经》四十章,我们也读到类似的话,说:"反者道之动。"

这个理论对中华民族有巨大影响,帮助中华民族在漫长的历史中克服了无数的困难。中国人深信这个理论,因此经常提醒自己要"居安思危",另一方面,即使处于极端困难之中,也不失望。

这个理论对儒家道家都主张的中庸之道提供了主要依据。"不为已甚"(《孟子.离娄下》)、"毋太过"成为儒道两家共同格言;"过犹不及",但处事宁愿不及,也不要过甚,因为行使过分,就将适得其反。①

《史记·平准书》也有类似观点,其中说:"物盛则衰,固其变也。"又说:"是以物盛则衰,时极而转,一质一文,终始之变也。"此处所谓的"终始之变",指的是终即始、始即终的循环。

陈鼓应先生认为,"循环运动的规律"是老子规律性的"道"之一,他写道:

老子重视事物相反对立的关系和事物向对立面转化的作用。但老子哲学的归结点,却是返本复初的思想。老子在二十五章说:"周行而不殆,可以为天下母。"十六章又说:"万物并作,吾以观复。夫物芸芸,各复归其根。"②

庞朴先生也发表了类似的意见:

辩证法有所谓正反合,或者叫概念的三个环节,用以描述发展的情景。古代中国的辩证思想中,也有类似说法,只以古人未曾系统表达,今人未能明白了解,加以古词奥颐,故罕为世人所知。

本文证明,"反复"范畴所表示的由正而反,由反而返,复归于出发点的思想,便是常见的正反合格式;其"反"字强调了运动的动态和曲折,"复"字则强调着运动的完成与重张。道家以现实为反,故追求复,复归于朴。儒家视现实为正,故立志守正,以反为戒,以复为望。

反复使运动发展形成圆圈,时间于是并非直线前进。在圆周上,起点与终点是重合的,始即终,终即始。由始而极而终,也正是由正而反(返)而复。《易》道的"原始要终"观,历史的"五德终始"说,乃由之发生。反复、终始观念指引着行为方式的屈曲迂回,不去径情直遂,反而捷足先登。道家的尚柔,儒者之崇礼植,皆繁于此。

屈曲当然只是方法,不是目的。目的在使大道周行。周行之周,既是圆周,也是圆面即周遍。面对周行的宇宙,道家企圜"得其环中",儒家鼓吹"保合太和";就是说,他们自己要跳出三界外,不落周行中!既已证明万物不在

① 冯友兰:《中国哲学简史》,新世纪出版社2004年版,第17~18页。

② 陈鼓应:《老子注释及评价》,中华书局1984年版,第10页。

周行，证明者自己却追求超越这个周行；这便是一切思想泰斗宗教教主常演的大悲剧。[①]

《易传》中对"周期变化"思想有多处论述。如《易传·系辞》写道：易与天地准，故能弥纶天地之道。仰以观于天文，俯以察于地理，是故知幽明之故，原始反终，故知死生之说。精气为物，游魂为变，是故知鬼神之情状。与天地相似，故不违。知周乎万物而道济天下，故不过。旁行而不流，乐天知命，故不忧。安土敦乎仁，故能爱。范围天地之化而不过，曲成万物而不遗，通乎昼夜之道而知，故神无方而易无体。

今译：《易》道与天地等同，所以能包罗天地之道，仰首以观看天文，俯首以察看地理，所以知晓幽明变化的缘故。由事物开始返归到事物终结，因而知晓死生的学说。精气聚合而生成物形，游魂（气散）导致（物形）变化。因此可知鬼神的情状。（易）与天地相似，所以不违背（天地的规律）。知道周围万物而以其道成就天下，所以不会有过失。遍行而不停留，顺应天道，知晓性命之理，因而不会忧愁。安居坤土，敦厚而施仁德，故能够爱民。笼罩天地变化而不超过（十二辰），承盛万物而不遗失（细微），通达昼夜变化之道而极其睿知，故（阴阳）神妙变化无一定处所，而易道亦无固定的形体。[②]

《易传·系辞》又写道：易穷则变，变则通，通则久。是以自天祐之，吉无不利。

今译：易道穷尽则变化，变化则（又重新）通达，能通达才可以长久，所以"有来自上天的保佑，吉祥而无所不利"。

《易传·系辞》再写道：《易》曰：憧憧往来，朋从尔思。子曰："天下何思何虑？天下同归而殊途，一致而百虑。"天下何思何虑！日往则月来，月往则日来，日月相推，而明生焉。寒往则暑来，暑往则寒来，寒暑相推，而岁成焉。往者，屈也。来者，信也。屈信相感，而利生焉。尺蠖之屈，以求信也。龙蛇之蛰，以存身也。精义入神，以致用也。利用安身，以崇德也。过此以往，未之或知也。穷神知化，德之盛也。

今译：《周易》说："往来心意不定，朋友们顺从你的想法。"孔子说："天下有什么可以思索，有什么可以忧虑的呢？天下万物本同归（于一）而道路各异，（虽）归致于一，但有百般思虑。"（因此）天下有什么可以思索有什么可以忧虑的？日去则月来，月去则日来，日月来去相互推移而光明产生。寒去则暑来，暑去则寒来，寒暑相互推移而一岁形成。往，意味着屈缩；来，意味着

---

① 庞朴：《儒道周行》，载《中国文化》1994 年第 1 期。

② 以下译文均引自刘大钧、林忠军《易传全译》，四川出版集团巴蜀书社 2006 年版，第 93 页。

伸展。屈伸相互感应而功利生成。尺蠖屈缩，以求得伸展。龙蛇蛰伏，以保存其身。精义能入于神，方可致力于运用。宜于运用以安居其身，方可以增崇其德，超过这些以求往，则有所不知，能穷尽神道，知晓变化，这才是德性隆盛(的表现)。

二、唯物辩证法否定之否定规律

唯物辩证法认为，否定之否定规律从整体上揭示了事物自己否定自己，自己发展自己，螺旋式或波浪式前进的内在必然性。其主要观点是：

任何事物的内部都包含着肯定和否定两个既对立又统一的方面或因素。肯定方面是事物肯定自身，保持自身性质不变的方面。否定方面是事物否定自身，促使自身灭亡，转化为自身的他物的方面。

肯定和否定的关系是对立统一的辩证关系。首先，肯定和否定是相互排斥的。其次，肯定和否定是相互渗透的。辩证的否定，就是连续性和非连续性的对立统一，是包含着肯定因素的否定。

事物的发展是经过否定实现的，辩证的否定不是一次完成的。事物发展经过两次辩证的否定、三个阶段的有规律的过程，由肯定阶段到自己的对立面的否定阶段，再经过否定的否定，达到否定之否定阶段即再肯定阶段，从而使事物的发展呈现出重复性、周期性、螺旋式上升或波浪式前进的过程。

三、周期发展规律的符号逻辑解释

为分析方便，先作如下定义：事物内部包含着的肯定方面或因素以“—”表示，否定方面或因素则表示为“--”；当事物内部肯定方面处于优势时，其存在状态是前进、上升，而事物内部否定方面处于优势时，其存在状态则为后退、下降。

1. 肯定、否定及其关系的符号解释

“先天六十四卦方圆图”中每一个“二元六维图象”，可同时分析内、外因六个方面或因素，每个方面或因素性质仅用阴、阳两个符号表示。这表明：“任何事物的内部都包含着肯定和否定两个既对立又统一的方面或因素。”

图 2-2-1 中，“坤”→“復”→…→“夬”→“乾”是事物上升阶段，其特点是，内因最重要因素的性质的主要方面始终是“—”，其他五个因素之性质逐渐由“--”发展为“—”；肯定因素逐渐增多，肯定的方面处于优势地位。“乾”→“姤”→“剥”→“坤”是事物的下降阶段，其特点是，主要矛盾的主要方面，即性质由“—”变为“--”，事物存在状态由上升变为下降，否定因素逐渐增多，否定的方面在发展过程取得了支配地位。这表明：肯定和否定的关系是对立统一的辩证关系。首先，肯定和否定是相互排斥的。当肯定的方面处于优势时，事物就处于上升阶段，当

否定的方面在发展过程取得了支配地位时，事物就位于下降阶段。其次，肯定和否定是相互渗透的。肯定中包含着否定，否定中又包含着肯定。再次，肯定和否定又是相互转化的。

2. 否定之否定的符号逻辑解释

“泰”→“乾”→“姤”→“升”是事物上升的后期阶段变化为下降的初始阶段的阶段，其特点是，内因中最重要因素的性质的主要方面由“—”变为“--”，事物存在状态，由上升变为下降——事物内部由肯定方面处于优势变为否定方面取得支配地位。“乾”→“姤”过程中事物性质，从肯定到否定发生根本变化，“姤”与“乾”比较，只有内因中最重要因素的性质的主要方面由“—”变为“--”，其他要素空间排列及其性质都没有因素变化。这表明：辩证否定首先是对事物内因中最重要因素的性质的否定，即事物的自我否定；其次，辩证否定是“扬弃”，即克服和保留的统一[①]，这体现了否定具有非连续性和连续性特点；再次，由肯定阶段到否定阶段，定义为事物发展过程中的“第一次否定”，构成事物发展、变化的重要环节，体现了事物发展的过程具有曲折性的特征。

“否”→“坤”→“履”→“无妄”阶段，事物主要矛盾的主要方面，即内因中最重要因素的性质的主要方面由“--”发展为“—”，事物存在状态由下降发展为上升——事物内部由否定方面处于优势，发展为肯定方面取得支配地位。在该阶段，事物由否定阶段到肯定阶段，定义为事物发展过程中的“第二次否定”，构成事物发展、变化的重要环节，体现了事物发展过程具有否极泰来的特点。

“乾”→“姤”→“剥”→“坤”下降阶段，是对“坤”→“復”→…→“夬”→“乾”上升阶段的否定，而“坤”→“復”→…→“夬”→“乾”上升阶段，又是对“乾”→“姤”→“剥”→“坤”下降阶段的否定，也就是对前一个周期中“坤”→“復”→…→“夬”→“乾”阶段的肯定，即否定之否定。由此可见，事物内部包含着的肯定和否定两个既对立又统一的方面或因素，在其发展过程中，经过两次否定、两度转化，形成一个周期。每一个周期的终点（“坤”），同时也就是下一个周期的开端。事物的前进发展，就是一个周期接着一个周期，循环往复，以至无穷，形成由无数“圆圈”衔接起来的链条。[②]

事物发展的上升性。事物在一个周期内，由肯定到否定，再到否定之否定，是对前一个周期中的肯定的某种回复，发展到新的周期。每一次否定，都是一次“扬弃”。“第一次否定”，引起了事物发展的曲折性。“第二次否定”，舍弃以前周期中过时的消极的因素或方面，保留和发扬其中积极的因素或方面。这种周期

① 参见［德］黑格尔《逻辑学》上卷，杨一之译，商务印书馆 1966 年版，第 98 页。

② 参见李秀林等《辩证唯物主义和历史唯物主义原理》，中国人民大学出版社 2004 年版，第 190 页。

性的回复是在更高阶段的回复，把事物推向更高的发展水平或阶段。

3."笛卡儿坐标周期分析法"从现象上给出解释

综合式(2-2-1)、(2-3-1)得：

$$Y(t)=f[X_N(t),X_W(t)]=f(t) \tag{4-4-1}$$

图 2-3-1 中，$O\to A\to B\to C$ 是事物上升阶段，代表事物肯定自身，保持自身性质不变。主要特征是$\frac{dX_N(t)}{dt}>0\to\frac{dY(t)}{dt}>0$(内因肯定力量上升，事物发展处于上升阶段)，虽有$\frac{d^2Y(t)}{dt^2}$等于零、大于零和小于零的变化，但不改变事物肯定自身，保持自身性质不变。C 点是事物由上升转向下降的关键点，主要特征是，$\frac{dY(t)}{dt}>0$(事物位于上升发展阶段)$\to\frac{dX_N(t)}{dt}>0\to\frac{dX_N(t)}{dt}=0$(内因肯定力量由上升转为停滞)$\to\frac{d^2Y(t)}{dt^2}<0$(减速发展)$\to\frac{dY(t)}{dt}=0$(事物由上升转为停滞阶段)。

$C\to D\to E\to F$ 是事物下降阶段，是对 $O\to A\to B\to C$ 上升阶段的否定。主要特征是，$\frac{dX_N(t)}{dt}<0$(内因否定力量逐渐增强)$\to\frac{dY(t)}{dt}<0$(事物处于下降阶段)。F 点含义是事物由下降转向新的上升阶段的量变引起质变的关键点，既是事物发展的前一个周期的终点，又是下一个周期的起点，是把事物发展的前后两个周期联系起来的中介点，主要特征是，$\frac{dX_N(t)}{dt}<0\to\frac{dX_N(t)}{dt}=0$(下降阶段，内因否定力量由增强转为停滞)$\to\frac{d^2Y(t)}{dt^2}>0$(事物减速下降)$\to\frac{dY(t)}{dt}=0$(事物由下降变为停滞阶段)。

$F\to G\to H\to I$ 上升阶段，是对 $C\to D\to E\to F$ 下降阶段的否定，也是对 $O\to A\to B\to C$ 上升阶段的肯定，即"否定之否定"阶段，主要特征是回复 $O\to A\to B\to C$ 阶段的上升特征，$\frac{dX_N(T_X+t)}{dt}>0$(新周期，内因肯定力量上升)$\to\frac{dY(T_X+t)}{dt}>0$(事物处于新周期上升阶段)。式中，$T_X$ 为周期，一般情况下，不是一个固定常数。新周期其他阶段特性与上一个周期类似，不再赘述。

四、启示

1. 周期发展规律从整体上，以发展眼光看待一切事物。"规定性是肯定地建立起来的否定"[①]这个命题很重要，它告诉我们，任何事物发展到底，就会转化为自己的对立物。在决策时，对现存事物的肯定理解的同时，对现存事物进行否定的理解，从它的暂时性、必然灭亡方面去理解。具体说就是：当事物处于上升阶段时，就要意识到，随着事物的不断上升，事物下降趋势可能性就不断增加——事物发展的过程具有曲折性的特征；当事物处于下降阶段时，就要预期到，随着事物的不断下降，事物上升趋势可能性就会不断增加——事物发展过程具有否极泰来的特点。事物在一个周期内，由肯定到否定，再到否定之否定，是对前一个周期中的肯定的某种回复，发展到新的周期。每一次否定，都是一次"扬弃"。这种周期性的回复是在更高阶段的回复——事物发展的上升性特征。

2. 周期发展规律也是决策"时机"选择的理论基础之一。特别是"物极必反"、"穷则变"这个命题，对决策"时机"选择具有重要意义。有两种情况：一是"盛极则衰"，图 2-2-1 中，对应的是"夬"→"乾"→"姤"阶段("夬姤"之变)；图 2-3-1 中，则是 $B \to C \to D$ 阶段。二是"否极泰来"，图 2-2-1 中，对应的是"剥"→"坤"→"復"阶段("剥復"之机)；图 2-3-1 中，则是 $E \to F \to G$ 阶段。两千多年以前的先人就认识到这个问题，《史记·货殖列传》写道："旱则资舟，水则资车，物之理也。"又说："论其有余不足，则知贵贱。贵上极则反贱，贱下极则反贵。贵出如粪土，贱取如珠玉。"就是一个上好的例子。

综上所述，可将本章的内容概括如下：

第一，唯物辩证法联系和发展的基本规律具有严格的科学性。本章运用的主要分析工具——"先天《易》范式"、"笛卡儿坐标周期分析法"、"距离"与"范数"的概念，是符号、演绎逻辑范畴，可用符号、逻辑定量地解释唯物辩证法"概括和总结"的联系和发展的基本规律。实现唯物辩证法基本规律的归纳与演绎的思维方法统一，定性分析与定量分析相结合，是对唯物辩证法研究并揭示基本规律的思维方法的补充。

第二，本质规律的认识是社会科学规律认识的重点。规律是事物发展中本身所固有的本质的、必然的、稳定的联系。认识事物的本质，就是认识事物发展的规律。现象和本质是揭示客观事物的外部表现和内部联系以及相互关系的一对范畴。社会科学特点决定了其现象与特定的历史阶段有关、与文化和习惯相联系，研究客体的可变性决定了社会科学现象的多样性。因此，社会科学的规律认识的重点是本质规律的认识。哲学作为思维方法中的最高层次，是以揭示事物的本质和规律为目的所进行的理性认识方法。可见，把握社会科学规律的最好方法就是哲学方法。因此，唯物辩证法研究并揭示的自然、社会和思维发展的

① [德]黑格尔：《逻辑学》上卷，杨一之译，商务印书馆 1966 年版，第 105 页。

基本规律，即质量互变规律、对立统一规律、否定之否定规律，同时必然是社会科学的本质规律。

第三，建立哲学直接与具体科学发生作用的方法。实践观点是马克思主义哲学首要的基本的观点，实践不仅是对已成之事的反思、概括和批判，而且强调的是哲学改造世界的功能。所谓实践的态度，就是理论联系实际，以哲学知识指导具体实践。

上文运用的主要分析工具“先天《易》范式”、“笛卡儿坐标周期分析法”、“距离”与“范数”的概念，属于演绎思维方法，具有一般性的特点。如：采用“—”和“--”符号表示事物之间以及事物内部各要素之间的对立关系；“二元六维图象”表示事物内部各要素之间的对立统一关系；“先天六十四卦方圆图”表示事物之间的对立统一关系和多因素周期变化规律；“笛卡儿坐标周期分析法”刻画的是单因素周期变化规律，其中一阶导数描述变化趋势、质变规律，二阶导数反映“加趋势”和量变关系；用“距离”和“范数”的概念，揭示矛盾的一般规律，等等。使高度的抽象性和概括性的哲学知识形态符号化、具体化和一般化为运用哲学知识形态研究具体科学规律尤其是社会科学本质规律，提供一个具有可操作意义的方法。

第四，有待继续研究的问题就是东西方思维方式的融合。辩证思维，东西方文化兼而有之。文化不同，思维基础各异。西方文化思维基础是分析，东方文化思维基础是综合。[①] “笛卡儿坐标周期分析法”和“先天《易》范式”是两种思维方式的反映。前者是单因素分析法，可定量描述事物的空间状态，如位置、变化速度、趋势等；后者则是综合分析模式，可同时对六个因素进行综合分析，是一个多维的坐标系，可描述事物的空间相对位置，综合变化趋势。笛卡儿坐标系要求信息是完美的，而“先天《易》范式”则可分析不完美信息问题。如果说笛卡儿坐标系是自然科学分析的基础，那么“先天《易》范式”则更适合分析社会科学问题。东西方思维模式又是可以相互融合的。如“二元六维图象”中，每一个要素性质（“—”或“--”），由“笛卡儿坐标周期分析法”和模糊集合确定更为科学。

当今人类社会正面临生存和持续发展的问题，科学发展也面临着整体性、复杂性、非线性等问题。面对这些问题，西方的分析方法以及主客观相分离的观念已难于奏效。中国传统哲学的一个显著特征就是辩证思维比较发达[②]，其中《易传》规定并影响了中国古代辩证法思维，是中国哲学的源头活水。[③] 哲学作为时

---

① 参见季羡林《谈读书治学》，当代中国出版社 2006 年版，第 71 页。

② 参见宋志明《中国古代辩证法的类型与核心》，载《中国人民大学学报》1998 年第 5 期。

③ 参见刘大钧、林忠军《易传全译》，四川出版集团巴蜀书社 2006 年版，第 10 页。

代精神的精华、民族文化的灵魂，中华民族复兴，时代要求建立中国特色、中国风格、中国气派的哲学社会科学，那就是东西方思维方式的融合。重新认识、评价和发展中国传统辩证思维模式的科学价值，将给我们的认识和行动以启迪，而世界哲学史的论述，或亦因之得到重大补充。[①]

① 参见庞朴《儒道周行》，载《中国文化》1994 年第 1 期。

第五章 现代西方决策方法简评

概率论、对策论是现代西方决策论的先导。[①] 虽然早在1738年Bernoulli就提出了效用和期望效用的概念，但到了20世纪20年代以后，决策论才从对策论中分离出来。Ramsay(1926)在效用和主观概率的基础上，提出了制定决策的理论；Von Neumann 和 Morgenstern(1944)建立了效用的公理化体系，为形成和完善不确定条件下制定决策的效用理论奠定了基础；Savage(1954)建立了具有理论体系，并形成具有严格哲学基础和公理框架的统计决策理论。决策问题的本质在很大程度上是信息问题。按照决策人对周围环境认识的程度分为确定型决策、风险型决策和不确定型决策三类。本书的应用案例主要是建设项目的投资决策，所以主要对上述四种类型决策方法作出简评。目的是为理论研究和实际应用提供有建设性的建议。

第一节 确定型决策方法

确定型决策亦称标准决策或结构化决策。[②] 在确定型决策中，环境条件是确定的，对于各种方案可采用最优化、动态规划等方法，得出确定的结果。确定型决策方法的特点是，决策者只有一种选择，没有决策风险。运筹学是确定型决策的主要方法，其核心思想就是把问题用图表或公式表示出来，运用数学方法求出最优解。图表、公式是现实问题的抽象表现形式，表征着有关变量之间的相互逻辑关系。对于某些不确定性因素，运用统计方法取得其参数估计及其概率，使不确定条件下的问题转化为确定性的问题进行计算。

运筹学模型的一般数学形式可用下式描述：

---

① 参见岳超源《决策理论与方法》，科学出版社2003年版，第3页。

② 参见钱颂迪等《运筹学》，清华大学出版社1990年版，第3页。

目标评价准则：$U=f(x_i,y_j,\xi_k)$ (5-1-1)

约束条件：$g(x_i,y_j,\xi_k)\geqslant 0$ (5-1-2)

其中，x_i 为可控变量；y_j 为已知参数；ξ_k 为随机因素。

目标评价准则一般要求达到最佳(最大或最小)、适中、满意等。准则可以是单一的，也可以是多个的。约束条件可以没有，也可有多个。当式(5-1-2)取等号时，即为平衡条件。当模型中无随机因素时，就是确定性模型，否则为随机模型。

运筹学是科学决策的有力工具，为决策定量化开辟了广阔的前景。然而，对变量多、关系复杂、难以用数学方式表达的问题将受到局限。应用的主要领域是确定条件下的决策，如生产计划、库存管理、运输问题、人事管理、工程优化设计、设备维修更新和可靠性、城市管理等。这部分理论相对比较成熟，但适用范围较小，特别是社会科学更是如此。其原因在第三章第二节已有分析，即：确定性是事物的个别、偶然现象，不确定性则是事物的多数、普遍现象。

第二节　风险型决策方法

风险型决策的特点是，环境条件不确定，但能事先估计各种情况出现的概率。效用理论是风险型决策的理论基础，概率和效用值是重要两个概念。效用值是决策问题在不同方案的各种状态下，可能产生的各种后果的数值度量的估计。概率分为客观概率和主观概率。① 客观概率是系统的固有的客观性质，是在相同条件下重复试验时频率的极限，可通过在相同条件下重复进行的随机试验来确定。主观概率是观察者而非系统的性质，是观察者对系统处于某种状态的信任程度，只能由决策者根据自己的经验和对事件所掌握的先验信息来设定。效用理论中，当概率是客观概率时则称为预期效用理论，概率为主观概率时则称为主观效用理论。贝叶斯分析是风险决策分析的重要方法。

一、期望效用理论

期望效用理论的主要内容是：

1. 公理1(连续性)

在简单博彩 Q 的空间上，偏好关系“$\succ$”满足：对于所有的 $L^a,L^b,L^c\in Q$，如果 $L^a\succ L^b\succ L^c$，那么就存在数值 $\alpha\in[0,1]$，使得 $L^b\sim\alpha L^a+(1-\alpha)L^c$。

连续性公理意味着存在一个泛函 $U:Q\rightarrow R$，使得：

① 参见岳超源编《决策理论与方法》，科学出版社2003年版，第17页。

$$U(L^a) \geqslant U(L^b) \Leftrightarrow L^a \succ L^b \quad (5\text{-}2\text{-}1)$$

偏好函数 U 是一个代表决策制定者满意程度的指数。注意,U 并不是唯一的,偏好函数是序数的,意思是说,对于任何“增”变换来说是不变的。

2. 公理 2(独立性)

在简单博彩 Q 空间中,偏好关系“$\succ$”满足:对于所有的 $L^a, L^b, L^c \in Q$ 和所有的 $\alpha \in [0,1]$,有:

$$L^a \succ L^b \Leftrightarrow \alpha L^a + (1-\alpha)L^c \succ \alpha L^b + (1-\alpha)L^c \quad (5\text{-}2\text{-}2)$$

这意味着,如果将两个博彩 L^a 和 L^b 与第三个博彩 L^c 相混合,那么所得到的两个混合博彩的偏好序,独立于所使用的特定的第三个博彩 L^c。

3. 期望效用理论

假设位于简单博彩 L 空间的偏好关系“$\succ$”满足连续性和独立性公理,那么“$\succ$”就能够被表示为一个概率线性的偏好泛函。也就是说,存在一个与每一结果 $x_i, i=1,2,\cdots,n$ 相联系的数值 u_i,使得对于任意的两个博彩 $L^a=(p_1^a, p_2^a, \cdots, p_n^a)$ 和 $L^b=(p_1^b, p_2^a, \cdots, p_n^b)$,有:

$$L^a \succ L^b \Leftrightarrow \sum_{i=1}^{n} p_i^a u_i \geqslant \sum_{i=1}^{n} p_i^b u_i \quad (5\text{-}2\text{-}3)$$

说明:期望效用是序数的,而效用函数是基数的。效用间的差别是有意义的,而期望效用间的差别则毫无意义。①

二、贝叶斯分析

贝叶斯分析是风险决策分析的重要方法,其决策准则是使期望效用达到极大,主要内容包括:

1. 贝叶斯定理

贝叶斯定理是贝叶斯分析的基础,贝叶斯分析是在进行随机试验获得观察值 x 的情况下的决策方法。② 决策者利用随机试验中获得的新信息,去修正自然状态的先验概率(Prior Probability),得到更接近实际状态、更准确的后验概率(Posterior Probability)分布,减少不确定性。

实际决策分析过程中,为了准确估计自然状态 θ,需要通过随机试验进行观察,获取新的信息;而观察所得到的是与 θ 相关的另一个随机变量 X 的值 x。设自然状态为 $\theta_i, i=1,2,\cdots,n$;$P(\theta_i)$ 表示自然状态 θ_i 发生的先验概率分布;

---

① 参见[意]克里斯蒂安·戈利耶《风险和时间经济学》,徐卫宇译,中信出版社 2003 年版,第 6 页。

② 参见 [美]艾里克·拉斯缪森《博弈与信息——博弈论概论》,王晖等译,北京大学出版社 2003 年版,第 55 页。

$P(x|\theta_i)$是 θ_i 出现时 x 的条件概率分布；$m(x)=\sum_{i=1}^{n}P(x\mid\theta_i)P(\theta_i)$ 是 x 的边缘，或称预测，称 $P(\theta_i|x)$是观察值为 x 时的后验概率，则贝叶斯定理为：

$$P(\theta_j|x)=\frac{P(x|\theta_j)P(\theta_j)}{m(x)} \tag{5-2-4}$$

2. 贝叶斯分析

实际决策过程中，为了准确估计自然状态 θ，需要通过随机试验进行观察获取新的信息；而观察所得到的是与 θ 相关的另一个随机变量 X 的值 x。当决策者通过随机试验得到观察值 x 后，需要根据观察值 x 和某种决策规则 s（或称决策准则，简称"策略"）去选择适当的行动 a，使 $a=s(x)$。其中的决策规则 s 是从样本空间到决策空间的映射，所有可能的决策规则的集合称为策略空间，记为 S。当决策者根据观察值 x 和决策规则采取行动 a，真实的自然状态为 θ 时，相应的损失为 $l(\theta,a)=l[\theta,s(x)]$。

定义 1 风险函数

给定自然状态 θ，采取决策规则 s 时，损失函数 $l[\theta,s(x)]$对随机试验后果 x 的期望值称为风险函数，记为 $R(\theta,s)$，即：

$$R(\theta,s)=E[l(\theta,s(x))] \tag{5-2-5}$$

定义 2 贝叶斯风险

当自然状态的先验概率为 $P(\theta_i)$，$i=1,2,\cdots,n$，决策者采取决策规则 s 时，风险函数 $R(\theta,s)$关于自然状态 θ 的期望值称为贝叶斯风险，记为 $r(P,s)$，即：

$$r(P,s)=E[R(\theta,s)] \tag{5-2-6}$$

如果 $r(P,s_1)<r(P,s_2)$，则称策略 s_1 优于 s_2，记作 $s_1>s_2$。

定义 3 贝叶斯决策规则

当自然状态的先验概率为 $P(\theta_i)$，$i=1,2,\cdots,n$ 时，若策略空间存在某个策略 s_j，能够使 $\forall s\in S$，有 $r(P,s_j)\leqslant r(P,s)$，则称 s_j 是贝叶斯规则，或贝叶斯策略。也就是说，最优的决策规则是贝叶斯规则 s_j，它能使贝叶斯风险 $r(P,s)$极小化，即进行贝叶斯分析时应该选择 s_j，使得：

$$r(P,s_j)=\min_{s\in S}\{r(P,s)\} \tag{5-2-7}$$

以上讨论的是用损失函数描述决策后果的情况。若用效用函数取代损失函数，则与 $R(\theta,s)$相应的是真实的自然状态为 θ，采取决策规则 s 时收益性后果的期望效用；与 $r(P,s)$相应的则是先验概率为 $P(\theta)$，采取决策规则 s 时收益性后果的期望效用。①

① 参见岳超源《决策理论与方法》，科学出版社 2003 年版，第 79 页。

三、简评

期望效用理论提供了不确定条件下决策者选择的准则。贝叶斯规则假定个体理性在不确定条件下的动态特征,即持续调整与学习过程。由贝叶斯定理也可以看到,获得信息可以改变选择结果的概率分布,减少不确定性。信息的价值就是降低决策者的风险暴露。这两个理论的主要贡献在于,提供了不确定性条件下,决策者如何作出选择的思想。这两个理论涉及的主要变量是概率和效用值。概率又牵涉到先验概率、条件概率和后验概率。概率和效用值都是对未来的预期,第三章第二节分析表明:对客观事物能准确预测是个别、偶然现象,不能准确预测则是多数、普遍现象。这是这两个理论在实际应用中的第一个问题。另一个问题是,用概率来度量事件 A,在一次试验中发生的可能性的大小的理论依据是概率论大数定律之贝努利定理①,当试验次数 $n\to\infty$ 时,频率 $f_n(A)$ 在一定意义下接近于概率 $P(A)$。实际应用中,当试验次数很大时,应用事件发生的频率来代替事件的概率。用概率量度不确定性,暗含试验条件相同和试验次数很大。现实中特别是社会科学的决策条件是,试验条件不完全相同和试验次数较少,此时概率具有不稳定性。因此,期望效用理论和贝叶斯分析在实际应用中存在的主要问题就是"假数真算",因而风险型决策仍是不确定型决策。

第三节 不确定型决策方法

在风险型决策方法中,计算期望值的前提是能够判断各种状况出现的概率。如果出现的概率不清楚,就需要用不确定型决策方法。其特点是,决策者无法确定未来各种自然状态发生的概率。常用主要方法有等可能性法、保守法、冒险法、乐观系数法和最小最大后悔值法。②

一、等可能性法

等可能性法也称拉普拉斯决策准则。该方法假定自然状态中任何一种发生的可能性是相同的,通过比较每个方案的损益平均值来进行方案的选择,在利润最大化目标下选取平均利润最大的方案,在成本最小化目标下选择平均成本最小的方案。符号表示如下:

---

① 关于频率 $f_n(A)$ 和概率 $P(A)$ 的定义,参见盛骤等《概率论与数理统计》,高等教育出版社 1989 年版,第 10 页。

② 参见岳超源《决策理论与方法》,科学出版社 2003 年版,第 60 页。

1. 标记：$\max(\sum a_{ij}/n)$

2. 方法：求各方案的期望收益 $E(D_i) = \sum a_{ij}/n$ 。

3. 准则：选 $\max(\sum a_{ij}/n)$ 对应的方案为最优方案。

二、保守法

保守法也称瓦尔德决策准则。其特点是，决策者不知道各种自然状态中任一种发生的概率，决策目标是选择行动使最大损失尽可能小，即极小化极大准则。符号表示如下：

1. 标记：$\max(\min D_i)$——收益，或 $\min(\max D_i)$——损失

2. 决策准则：小中取大，即 $\max(\min D_i)$。

3. 步骤：①选出每一方案的最小收益；②再从这些最小收益中选出最大值，其对应的方案即为最优方案。

三、冒险法

冒险法也称乐观决策法。其思路是，决策者不知道各种自然状态中，任一种可能发生的概率，决策准则是选择各行动的最大效用最大化，即极大化极大准则。符号表示如下：

1. 标记：$\max(\max D_i)$——收益，或 $\min(\min D_i)$——损失

2. 决策准则：大中取大，即 $\max(\max D_i)$。

3. 步骤：①选出每一方案的最大收益；②再从这些最大收益中选出最大值，其对应的方案即为最优方案。

四、乐观系数法

乐观系数法也称赫威斯决策准则。其思路是，现实生活中，决策者既很少采用极小化极大准则，也很少采用极大化极大准则，多数是根据这两个准则的加权平均值，来排列行动的优劣次序，其中的权称为乐观系数，由决策者根据面临的决策问题给出。符号表示如下：

1. 标记：$\max\{E(D_i)\}$

其中 $E(D_i)$ 为估计收益值，α 为乐观系数，则有：

$$E(D_i)=\alpha\times(\text{最大收益值})+(1-\alpha)\times(\text{最小收益值})$$

2. 决策准则：选 $\max\{E(D_i)\}$ 的对应方案为最优方案。

五、最小最大后悔值法

最小最大后悔值法也称萨凡奇决策准则。其基本思想是，真实的自然状态

是决策者所无法控制的，决策目标是避免较大的机会损失。运用该方法时，首先要将决策矩阵从利润矩阵转变为机会损失矩阵；然后确定每一可选方案的最大机会损失；在这些方案的最大机会损失中，选出一个最小值，与该最小值对应的可选方案便是决策选择的方案。符号表示如下：

1. 标记：$\min(\max a_i)$

后悔（机会损失）值（a_i）＝某自然条件下最大收益值－该状态下其他收益值

2. 决策准则：在各方案的最大后悔值中选最小值，其对应的方案就是最优方案。

六、简评

综上可知，对于不确定型决策问题，采用不同的决策方法所得的结果有所不同，而且也难以判断各方法的优劣。因为这些方法间并没有一个统一的评比标准，所以，究竟采用何种方法，并无客观标准作为依据。另一方面，不确定型决策方法的暗含假设条件是，最大收益值或最小收益值是可以准确预测的，但实际情况并非如此，也就是说，不确定型决策方法仍存在"假数真算"问题。

第四节　建设项目投资决策方法

一、建设项目经济分析的主要方法

投资建设是国民经济活动的重要组成部分，也是经济增长的基本推动力。投资建设项目在满足技术先进性、技术适用性、技术可靠性、技术安全性及资源利用评价、环境影响评价和社会评价要求基础上，还要符合经济分析要求。费用效益分析法（CBA）是建设项目经济分析的核心方法，一般通过编制经济效益费用流量表，计算经济内部收益率和经济净现值等指标，分析项目的经济赢利能力。[①] 经济分析指标含义是：

1. 经济净现值

经济净现值（*ENPV*）是建设项目按照社会折现率将计算期内各年的经济净效益流量折现到建设期初的现值之和，是经济分析的主要评价指标。计算公式为：

$$ENPV = \sum_{i=1}^{n}(B-C)_t(1+i_s)^{-t} \qquad (5\text{-}4\text{-}1)$$

---

① 参见刘家林等《投资建设项目决策》，中国计划出版社 2006 年版，第 110 页。

式中：B 为建设项目经济效益流量；C 为建设项目经济费用流量；$(B-C)_t$ 为建设项目第 t 年的经济净效益流量；i_s 为社会折现率；n 为项目计算期。

经济分析中，如果经济净现值等于或大于零，说明建设项目可以达到符合社会折现率要求的效率水平，认为该项目从经济资源配置的角度可以被接受。

2. 经济内部收益率

经济内部效益率（$EIRR$）是建设项目在计算期内经济净效益流量的现值累计等于零时的折现率，是经济分析的重要评价指标之一。计算公式为：

$$\sum_{t=1}^{n}(B-C)_t(1+EIRR)^{-t}=0 \qquad (5\text{-}4\text{-}2)$$

如果经济内部收益率等于或者大于社会折现率，表明建设项目资源配置的经济效益率达到了可接受的水平。

费用效益分析法的基本假设条件是：第一，能够精确估计或预期项目在寿命期内各年所产生的净现金流量，并能够确定相应的风险调整贴现率；第二，项目是独立的，即其价值以项目所预期产生的各期现金流量大小为基础，按给定的贴现率计算，不存在其他关联效应；第三，在项目寿命期内，投资环境不会发生预期以外的变化。该方法在短期、低风险、较低不确定性情形下实际应用效果较好。随着世界经济的国际化、市场化和科学技术的飞速发展，经济活动中的不确定性因素逐渐增大，实践中暴露出的主要问题有：

（1）分析指标是建立在预测基础之上，计算中采用的任何数据只是预测估计值。未来情况存在不确定性，同时预测方法的局限性以及掌握信息资料的有限性，使得估算数据不可避免地存在与实际情况的误差，这些都会给项目投资带来潜在风险。如投资费用、设计生产能力、销售价格、经营成本、项目寿命期，技术进步和技术装备的更新，国家政策尤其是财政、税收、金融和产业政策法规的变化和调整，不仅会影响项目的经济效益，还可能给项目带来较大风险。

（2）分析指标没有涉及项目本身的组织结构、经营管理、人员素质及其他非经济因素，这些因素对市场经济条件下投资决策的作用至关重要，忽略了它们将直接影响决策效果。

（3）净现值和内部收益率之决策标准是项目计算指标与基准指标相比较，市场经济条件下企业是投资主体，投资基准指标与利率、税率、汇率、通货膨胀率、折旧率、资金结构和企业发展目标等因素有关，因此投资基准收益率指标因投资主体不同而异；此外，只有在投资项目终结后，才可以确定其实际净现值和内部收益率，而在项目实施过程中缺乏检验性。

（4）折现现金流量（DCF）法将投资项目看成是静态的和一次性的，而实际上随着市场因素条件的变化，当某些不确定因素成为确定性因素时，决策者会作出推迟生产经营、扩大或缩小生产经营规模等决策，而 DCF 法无法反映这些因素的变化。

(5)不能体现投资所创造的未来机会价值。DCF 法实际上考虑的仅是资金的时间价值问题，如 R&D、产品市场占有率、组织经验等投资的直接成果并不表现在企业经营资金流上，而是能为企业未来创造资金流的一种潜在能力。因此投资项目其价值不仅表现为项目的净现值(NPV)，更重要的是其所提供战略适应性的价值，所以，用 DCF 法评估显然会低估其价值，不能正确反映投资活动所具有的不确定性机会。

(6)实物期权分析法提供了一种新的投资项目经济分析方法。[①] 实物期权分析法是企业或者个人在进行投资决策时拥有的、能根据决策时尚不确定的因素，改变行为的权利(期权)进行投资可行性分析的方法。将实物期权法引入投资项目经济分析，它改变了决策者对风险的态度，在 DCF 法下，不确定性的提高增加了项目的风险，降低了项目的吸引力，但如果将该项目视为一个期权，不确定性的增加反而会增加期权的价值。引入实物期权之后的投资决策模型应为项目寿命周期内净现值与实物期权价值之和，即 $NPV+OP$。实物期权分析法也仅是一个理念，原因是投资项目之项目寿命周期内净现值与实物期权价值无法准确估计。因此，投资项目经济分析的实质是主要依靠决策者的主观判断。

二、投资项目的不确定性分析与评价

投资项目在建设和运营过程中，存在诸多不确定因素。投资项目的不确定性分析，就是通过测算、分析各种不确定性因素的变化对项目经济效果的影响程度，尽早认识到不确定性因素可能给项目效益带来的不利后果，预测项目抵抗风险的能力。用于投资项目的不确定性分析的主要方法有盈亏平衡分析、敏感性分析、概率分析等方法。[②] 同样，这些分析方法也存在着对风险和不确定性难以度量的问题。

1. 盈亏平衡分析方法及其存在的问题

盈亏平衡分析是最常用的一种不确定性分析方法。盈亏平衡分析也称量、本、利分析，是一种在一定的市场条件、生产能力和经营环境下，研究分析项目成本费用与收益平衡关系的一种方法。随着某些因素的变化，企业的盈利与亏损会有个转折点，称为盈亏平衡点(BEP)。在这一点上，营业收入减去营业税金

① 参见[美]阿维纳什·迪克斯特、罗伯特·平迪克《不确定条件下的投资》，朱勇等译，中国人民大学出版社 2002 年版，第 170 页。

② 参见刘家林等《投资建设项目决策》，中国计划出版社 2006 年版，第 110 页。

及附加等于总成本费用。盈亏平衡分析就是要找出盈亏平衡点，考察项目对市场的适应能力和抗风险能力。

项目评价中，最常用的是以产量和生产能力利用率表示的盈亏平衡点。盈亏平衡点越低，表示项目对市场的适应能力和抗风险能力越强。

进行线性盈亏平衡分析有以下四个前提条件：

(1)当年产量等于当年销售量。

(2)产量变化，单位可变成本不变。

(3)产量变化，产品售价不变。

(4)只生产单一产品，或者生产多种产品，但可以换算为单一产品计算。

盈亏平衡点计算公式为：

$$BEP_{\text{生产能力利用率}}=\frac{\text{年固定成本}}{\text{年营业收入}-\text{年可变成本}-\text{年营业税金及附加}}\times 100\% \tag{5-4-3}$$

$$BEP_{\text{产量}}=\frac{\text{年固定成本}}{\text{单位产品价格}-\text{单位产品可变成本}-\text{年营业税金及附加}} \tag{5-4-4}$$

如营业收入采用含增值税价格，应再减去增值税。

盈亏平衡分析法的缺点是，若干假设前提条件远离客观实际，如销售量等于生产量、销售收入和总成本费用是销售量的线性函数以及没有考虑资金的时间价值等。因此，该方法只能从整体上反映项目的抗风险能力，无法反映各个不确定因素的影响程度，尤其对投资项目寿命期较长的情况所进行的分析会产生较大的误差。

2.敏感性分析方法及其存在的问题

敏感性分析是分析、预测项目主要不确定因素的变化对项目效益的影响，找出敏感因素，估计项目效益对它们的敏感程度，粗略预测项目可能承担的风险。

敏感性分析通常是改变一种不确定因素，计算其对项目效益指标的影响，通过计算敏感度系数和临界点，估计项目效益指标对它们的敏感程度，进而确定关键的敏感因素。

敏感度系数是项目效益指标变化率与不确定因素变化率之比，敏感度系数高，表示项目效益对该不确定因素敏感程度就高。

临界点是指不确定因素的变化，使项目由可行变为不可行的临界数值，即该不确定因素使内部收益率等于基准收益率时的变化百分率。当不确定因素的变化超过了临界点所表示的不确定因素的临界数值时，内部收益率指标将会转而低于基准收益率，项目将由可行变为不可行。

敏感性分析的内容主要有投资额、产品价格、主要原材料价格、成本、产品产量、建设期以及汇率等不确定因素，根据项目的具体情况加以选择。

敏感性分析方法的局限性在于：

(1)敏感性的大小只是根据分析者的主观判断预先假定波动范围来计算，而没有具体考虑到各个因素真实的波动范围，而实际上各个因素的波动范围不尽相同。

(2)敏感性分析虽然可以找出不确定因素对项目效益指标的影响程度，但却不能得知这些影响发生的可能性的大小。

(3)敏感性分析只分析一个变量，锁定其他变量以求此变量对项目的敏感系数，此法忽略了较高不确定性条件下项目的不同时期有许多不同的主要影响变量，同一变量在项目的不同时期其影响作用也不相同，以及许多变量一起变化时会有相互影响和相互作用等问题。

3. 概率分析法及其存在的问题

概率分析法是投资项目风险分析的主要方法。其做法是：首先，预测风险因素发生各种变化的概率，将风险因素作为自变量，预测其取值范围和概率分布；其次，选定经济评价指标，如内部收益率、净现值，作为因变量，测算评价指标的相应取值范围和概率分布，计算评价指标的期望值以及项目成功的概率。

评价指标的概率分布可采用理论计算方法或模拟计算方法。当随机变量的风险因素较多，或不能用理论法计算时，可采用模拟计算方法，其中应用较多的是蒙特卡罗(Monte-Carlo)模拟法。若风险因素有限，且风险变量分布是离散型的时候，一般采用概率树进行分析。

风险分析假设风险因素的概率分布是可预测或测定的。实践和理论研究表明，能够准确预测或测定风险因素的概率分布是个别、偶然现象；相反，不能够准确预测或测定风险因素的概率分布则是多数、普遍现象。这是风险分析存在问题所在。此外，盈亏平衡分析法、敏感性分析法和概率分析法都假定各个不确定性(风险)因素之间是相互独立的，人为割裂了不同不确定性(风险)因素之间的相互联系和相互影响。

投资建设项目通过信息收集，可以对设计的各个方案的技术先进性、技术适用性、技术可靠性、技术安全性以及资源利用、环境影响和社会效益等，可以作出较为准确的评价。对投资建设项目的经济评价、不确定性分析与风险分析，由于方法理论上存在的局限性，实践中仍主要依靠决策者的主观判断。

第五节 西方决策理论的发展

西方决策理论的主要特点是，把预测结果作为决策的主要依据，不同方法的差异，体现在预测结果的可靠程度上。以上分析表明，确定型决策预测结果的可靠程度最高，风险型决策方法预测结果的可靠程度次之，不确定型决策方法预测结果的可靠程度又次之。

决策问题的本质在很大程度上是信息问题。确定型决策和风险型决策方法，暗含决策者具有作出最优决策所需要的完全信息的假设。这意味着每个决策者都具有有序偏好、完备信息和精确计算能力，能够利用掌握的信息来预估行为所产生的各种可能后果，以期望效用最大化，作出最佳的、满足自己偏好的决策。不确定型决策方法假设决策者能够确定每一个方案的最大收益值，或最大损失值。实践和理论证明，准确预测决策后果是个别、偶然现象，不能准确预测决策后果则是多数、普遍现象。因此，现代西方决策理论，特别是风险型决策方法和不确定型决策方法，对实践缺乏普遍性的指导意义。

现代西方决策理论发展的两个主要特征是：由重视决策结果向重视决策过程转变；由分析决策后果绝对量向分析决策后果变化量转变。

诺贝尔经济学奖获得者赫伯特·西蒙(Herbert Simon)的“有限理性”理论，是由重视决策后果向重视决策过程转变的典型代表。[①] 该理论认为，在现实中，由于环境的不确定性和复杂性、信息的不完全性以及人类认识能力的有限性等，决策者的认知能力和“理性”程度就不可能是“无限”的，而只能是“有限”的。不可能实现效用最大化，只能在决策过程中，实现程序最优；只要对结果满意，就算实现了决策目的。他用备选方案的决策过程代替了既定选择方案的假设；用备选方案实施过程的概率预期，即对不确定性的处理过程代替了决策者对决策结果具有确定性结果的假设；用满意程度代替了最大化假设。但是，用满意程度代替最大化假设，会出现很多问题，因为满意程度是很难用一种量化的指标来度量的。满意程度是一个区间，而不是一个定点。而区间内可以作无限的微分，定量是比较困难的。因此，人追求效用最大化假设不能用满意程度假设代替。[②]

“前景理论”的突出特点是，由分析决策后果绝对量转向分析决策后果变化量。对预期效用理论最具挑战性的是 Kahneman 和 Tversky 于 1979 年提出的

---

① 参见[美]赫伯特·西蒙《管理行为》，詹正茂译，机械工业出版社 2004 年版。

② 参见何大安《理性选择向非理性选择转化的行为分析》，载《经济研究》2005 年第 2 期。

"前景理论"[①],与预期效用理论的公理性形式不同,前景理论是描述式的。在一系列心理实验结果的基础上提出的主要观点是:人们更加看重财富的变化量而不是最终量;人们面临条件相当的损失时倾向于冒险赌博,而面临条件相当的盈利时倾向于接受确定性盈利;盈利带来的快乐与等量的损失带来的痛苦不相等,后者大于前者等等。综合这些结果和观点,给出了解释决策者在不确定条件下的决策行为的模型。该理论改变了传统理论评估总效用的做法,转而衡量一个"前景"的总价值 V,它主要通过价值函数 $v(\cdot)$ 和决策权重函数 $\pi(\cdot)$ 的结合来决定。$v(\cdot)$ 反映了结果的主观价值,与传统效用函数 $u(\cdot)$ 度量结果的最终财富不一样的是,将价值的载体落实在财富的改变而非最终状态上。[②] $\pi(\cdot)$ 表示与该结果概率 p 相对应的决策权重,它和客观概率有着本质的区别,反映的是 p 对整个"前景"价值的影响力。

前景理论同样存在着理论上的缺陷。[③] 尽管前景理论打破了传统预期效用的霸主地位,解释了不少预期效用无法解释的现象,但是仍有许多理论问题没有解决,比如没有给出任何确定价值函数的方法,也没有给出决策权重函数的具体形式。这些缺陷导致该理论在实际应用中的可操作性较差,从而极大阻碍了前景理论的进一步发展。

博弈论关注的是,相互之间的行为将影响决策者的行为选择。20 世纪 80 年代,博弈论迅速成为主流经济学的重要组成部分,几乎涉及整个微观经济学。到 2009 年,三年中有八人次获得诺贝尔经济学奖,这就足以证明博弈论在社会科学中的地位。然而也有不同的声音,如张五常先生就说:

> 我认为在七十年代兴起的机会主义分析与八十年代再兴起的博弈理论,主要是因为考查真实世界的交易费用过于困难。知道是有交易费用的存在,但不知其性质及在不同的情况下会怎样转变,新的理论就容易出现了。但因为这些理论漠视了真实世界的局限,可以被事实验证的假说就推不出来。机会主义或博弈理论有新意,言之成理,也有假说,但就是不能验证,因而没有解释力。[④]

---

① Daniel Kahneman and Amos Tversky, "Prospect Theory: An Analysis of Decision under Risk," *Econometrica*, 1979 (47).

② 经济学中的需求和消费者行为理论具有相近观点:经济学家用总效用的概念和边际效用递减规律来解释消费者的需求;市场价格取决于边际效用而非总效用这一事实,可以通过消费者剩余这一概念而突出地表现出来。正是边际效用这条尾巴在摆动市场价格和数量这只狗。参见[美]保罗·萨缪尔森《经济学》(第 14 版)上,胡代光等译,北京经济学院出版社 1996 年版,第 172~173 页。

③ 参见李心丹《行为金融学——理论及中国的证据》,上海三联书店 2004 年版,第 210 页。

④ 张五常:《经济解释》(卷三),花千树出版有限公司(香港)2001 年版,第 170 页。

如何评价博弈论在决策论中的作用，首先要了解其基本定义主要内容：

一个博弈中必不可少的要素包括：参与人(players)、行动(actions)、信息(information)、策略(strategies)、支付(payoffs)、结果(outcome)和均衡(equilibrium)。对一个博弈的描述至少必须包括参与人、策略和支付；而行动与信息则是建筑材料。参与人、行动和结果合起来称为博弈的规则(rules of the game)，建模者的目的即在于运用博弈规则来确定均衡。主要术语解释是：

参与人是指作决策的个体。每一个参与人的目标都是通过选择行动来最大化自身的效用。

有时，模型可以引入被称为虚拟参与人(pseudo-players)的个体，它们以一种纯机械般的方式来采取行动。

自然是一种虚拟参与人，它在博弈的特定时点上以特定的概率随机选择行动。

参与人 i 的策略(strategies) s_i 是如下一项规则：给定信息集，该策略决定在博弈的每一个时点他选择何种行动。

参与人 i 的支付(payoffs) $\pi_i(s_1, s_2, \cdots, s_n)$ 来表达这样的意思：

(1)在所有的参与人和自然都选择了各自策略且博弈已经完成之后，参与人 i 获得的效用。

(2)参与人 i 获得的期望效用，是参与人 i 以及其他参与人所选择的策略的函数。①

从定义内容至少可以看出两个问题：第一，"自然是一种虚拟参与人，它在博弈的特定时点上以特定的概率随机选择行动"，此处"概率"是稳定的，也就是可预测的。"概率"的稳定性取决于试验的条件和次数，社会科学的决策所面临的实验条件多是异质的，试验次数也是很少的，有的甚至只有一次。因此，此处所选取的"概率"具有高度的不确定性。第二，"参与人获得的期望效用"是确定的。第三章第二节已经证明：确定性是个别、偶然现象，不确定性则是多数、普遍现象。因此结论是：博弈论应用于决策论中的条件是，至少"自然是一种虚拟参与人，它在博弈的特定时点上以特定的概率随机选择行动"及"参与人获得的期望效用"是确定的。然而，现实情况是，"自然是一种虚拟参与人，它在博弈的特定时点上以特定的概率随机选择行动"及"参与人获得的期望效用"，多数情况下是不确定的。这也许就是博弈论对现实多数情况缺乏解释力的原因吧。

---

① [美]艾里克·拉斯缪森：《博弈与信息——博弈论概论》，王晖等译，北京大学出版社 2003 年版，第 4～7 页。

综上分析可以看出，现代西方决策理论，主要适用于确定性决策，不确定性决策理论则有待深入研究。古代中国形成的决策方法，更适用于不确定条件下的决策，这是下一章要讨论的问题。

第六章　古代中国决策方法简析

第一节　古代中国决策方法理论基础

东西方思维模式的不同，形成了对决策的认识、方法和行为准则的差异。有什么样的认识论，就决定了什么样的方法论，认识论和方法论指导着人们的实践。本节讨论中国思维模式形成的决策方法理论基础。

一、一阴一阳之谓道：中华文化认识论特征之一

“一阴一阳之谓道”，与唯物辩证法之对立统一范畴意近而名异。大约在公元前8世纪，中国先哲就认识到，宇宙一切现象都是由性质相反（阴、阳）两个原则、两种力量的相互作用而产生。“阴”、“阳”是中华文化中常见的两个概念，宇宙一切现象中性质相反的两个原则、两种力量，就分别以“阴”、“阳”两个符号来代表。《易传·系辞》说：“一阴一阳之谓道。”

“道”是中国哲学的重要观念，整个哲学系统许多重要范畴都是由预设的“道”而展开的。老子认为，“道”是一切存在的根源（“万物之宗”），也是一切存在的起始点。《老子》第四章说：“道冲而用之，或不盈。渊兮似万物之宗。”《老子》第四十二章又说：“道生一，一生二，二生三，三生万物。”这里所说的“一”、“二”、“三”，即形容“道”的创生万物的历程。多数学者认为，此处的“二”是指阴气、阳气。“无”和“有”是老子哲学的重要范畴，老子说：“‘无’，名天地之始；‘有’，名万物之母。”[①]又说：“天下万物生于‘有’，‘有’生于‘无’。”[②]可见“无”和“有”是指称“道”的。“无”、“有”似对立，而又相连续。“无”含藏着无限未显现的生机，蕴涵

---

① 陈鼓应：《老子注释及评价》，中华书局1984年版，第442页。

② 陈鼓应：《老子注释及评价》，中华书局1984年版，第458页。

着无限的“有”。

《孙子兵法》中，关于“利害”，《九变篇》指出：“是故智者之虑，必杂于利害；杂于利而务可信也，杂于害而患可解也。”关于“奇和正”，《势篇》说：“三军之众，可使必受敌而无败，奇正是也。凡战者，以正合，以奇胜。故善出奇者，无穷如天地，不竭如江河。终而复始，日月是也。战势不过奇正，奇正之变，不可胜穷之也。奇正相生，如环之无端，孰能穷之？”关于“虚和实”，《势篇》说：“兵之所加，如以碫投卵者，虚实是也。”《虚实篇》又道：“夫兵形象水，水之形，避高而趋下；兵之形，避实而击虚。水因地而制流，兵因敌而制胜。”关于“胜和败”，《形篇》说：“故胜兵先胜，而后求战；败兵求战而后求胜。”关于“迂与直”，《军争篇》说：“军争之难者，以迂为直，以患为利。故迂其途，而诱之以利，后人发，先人至，此知迂直之计者也。”这些都是“一阴一阳之谓道”的具体应用。

二、“反者道之动”：中华文化认识论特征之二

“反者道之动”有三方面的意义：

第一，对立转化。冯友兰先生认为，对立转化是儒道两家共同的一种理论思想，两家都认识到，万物都是变动不居的，但决定万物变动的法则却是不变的，换句话说，就是无论在自然和人生的领域里，任何事物发展到极端，就有一种趋向，朝相反的另一端移动。[①] 这与黑格尔观点极为相近，即“任何事物都包含了对它自己的否定”。这是老子的哲学思想的一个主题，也是儒家阐发《易经》时的主题。《易传·系辞》中，从现象上观察到“寒往则暑来，暑往则寒来”。《易传·系辞》从本质上又总结为：“易穷则变，变则通，通则久。是以自天祐之，吉无不利。”

“反者道之动”是《老子》第四十章中的原话。老子认为，一切现象都是在相反、对立的状态下形成的。例如《老子》第二章说：“有无相生，难易相成，长短相形，高下相倾，音声相和，前后相随。”老子认为，任何事物都有它的对立面，同时因着它的对立面而形成，并认为“相反相成”的作用是推动事物变化发展的力量。老子进一步说明，相反对立的状况是经常相互转化的。《老子》第五十八章写道：“祸兮，福之所倚。福兮，祸之所伏。”对立转化的规律，老子说得很多，再如《老子》第二十二章：“曲则全，枉则直，洼则盈，敝则新，少则得，多则惑。”

第二，“和为贵”是“反者道之动”的另一个重要应用。老子认为，事物是在对立关系中形成的。因此观察事物不仅要观看它的正面，也应注视它的反面（对立面），两方面都能兼顾到，才能算是对于一项事物作了全盘的了解。老子从反面的关系中来观看正面，以显示正面的深刻含义；同时也大为重视相反对立面的作

---

① 参见冯友兰《中国哲学简史》，新世纪出版社 2004 年版，第 17 页。

用，甚至认为如能执守事物对立面所产生的作用，当更胜于正面所显示的作用。由此推知，一个人如果要想成就某件事，就要把自己放在成就事情的对面；如果他想保持任何事情，就要承认事情之中已经有了它自身的对立面。

这里的另一个理论依据是“先天《易》范式”的“先天六十四卦方圆图”。该图的原理表明，做任何事，都要兼顾对方的核心利益，否则就构不成该事物。这样做的好处是，对立双方都利大弊小，用经济学解释就是收入大于成本。这也是现代合作博弈的观点。

在这一点上，儒家的观点则是“仁”的具体应用，推己及人，想自己利益的时候，也替别人的利益着想。扩而充之，就是想到天下人的利益。所以《论语·雍也》有：“夫仁者，己欲立而立人，己欲达而达人。”你自己不愿意做的事情，就要想到别人也不愿意做。《论语·颜渊》指出，要使事业发展，就要“己所不欲，勿施于人”，否则就“攻乎异端，斯害也已”（《论语·为政》）。

“和”在儒家的思想系统当中是一个非常重要的概念。[①]《论语·子路》写道：“君子和而不同，小人同而不和。”如何才能“协和万邦”？儒家提出的观点是，国家和国家、黎民百姓之间，要协和、和谐相处。所以中国的思维就从源头上开创了多元的、包容的、没有独断的这样一种思维方式。

“和为贵”对决策的启示是，合作胜过对抗。就是决策时，在追求自身利益的同时，要兼顾相关利益方的利益，尤其是竞争对手的核心利益。否则，决策的事情就没有实施的可能。

第三，中庸之道。“反者道之动”是儒、道两家都主张的中庸之道的主要理论依据。“不为已甚”、“毋太过”、“过犹不及”成为儒、道两家的共同格言。冯友兰对中庸之道作了如下解释：《中庸》对于“中”的意义作了充分的发挥。“中”和古希腊亚里士多德所主张的“中道为贵”颇为相近。“中”的真正含义是“恰如其分”、“恰到好处”。在“中”这个概念里，时间是个重要的组成部分。儒家往往把“时”与“中”联系起来，如“时中”，含义是懂得“恰当其时”、“恰如其分”地行使。

这一思想适用于人的感情，也同样适用于人的欲望。个人的行为或人的社会关系中，都有一个中点，使人在表达感情和满足欲望时，知乎所止。当人的感情和满足都表现得合乎分寸，他内心便达到一种平衡。对整个社会也是如此，各种人都懂得对自己的欲望和感情得到适度的满足，这样，社会便达到和谐安定，秩序井然。

《中庸》另一个重要思想以“庸”来表示，意思是“普通”和“寻常”。“庸，用也。”（《庄子·齐物论》）即“道”是人人每天生活所不能离开的。“道也者，不可须

---

① 参见张立文《和合思想的现代意义》，载《国家图书馆学刊》2006年第1期。

臾离也，可离，非道也。”（《中庸》第一章）[①]

总之，“中庸”就是用中，就是抓住矛盾的“两端”。只有抓住矛盾的两端，才能做到不偏废任何一端，使事情做得“恰如其分”。此处的“两端”、“恰如其分”近于唯物辩证法的“临界点”和“度”的含义。

“反者道之动”原理对决策者尤其是投资决策者的启示是：第一，把握好决策时机，事情无“好”、“坏”之分，时机得当则是“好”，不合时宜则为“坏”。“好”与“坏”是对立、转化的。第二，投资者在追求一己之利的同时，要兼顾竞争对手、消费者的利益，才能更有利于自身的长远发展。第三，投资者追求目标要“恰当其时”、“恰如其分”、“恰到好处”，否则就会“过犹不及”。美国金融危机就是一个很好的例证。

三、“道生一，一生二，二生三，三生万物”——中华文化方法论主要特征

《老子》第四十二章说：“道生一，一生二，二生三，三生万物。万物负阴而抱阳，冲气以为和。”陈鼓应对此的解释是：这里所说的“一”、“二”、“三”，即形容“道”的创生万物的历程，“道”一层层向下落实，而创生万物。“道”是绝对无偶的，用数来表示为“一”。“二”，指阴气、阳气。“三”，有两种说法：其一，阴阳相合所形成的一个均调和谐的状态；其二，阴阳相合而形成的“和气”。[②]

《易传》是中华文化最为重要的“活水源头”。钱穆认为：“易之为书，本于八卦，八卦之用，尽为古代之文字。”[③]“八卦图象”（《易传》中称为“经卦”）是中华文化分析问题的最基本单位，每个“八卦图象”由三个变量（《易传》中称为“三爻”）构成，每一个变量的性质隶属于性质相反的两个原则、两种力量的一方（《易传》中称为“阳爻”和“阴爻”），以符号“⚊”（阳爻）和“⚋”（阴爻）表示，由此形成八个“二元三维”“八卦图象”，分别是☰乾一、☱兑二、☲离三、☳震四、☴巽五、☵坎六、☶艮七、☷坤八。“八卦图象”再以一定规则，排列组合成六十四个“二元六维”“六十四卦图象”。图 2-2-1“六十四卦方圆图”就是“六十四卦图象”的一种组合方式。“六十四卦图象”中下面“三爻”代表分析问题的内因（《易传》中称为“内卦”），上面“三爻”代表分析问题的外因（《易传》中称为“外卦”）。“八卦图象”和“六十四卦图象”所表述的是宇宙万物的抽象现象，依此演绎宇宙、社会和人生的无穷变化。这就是《易传》表示“道生一，一生二，二生三，三生万物”的思维方式，是符号化的、演绎逻辑的思维方式，是可以同时分析六个变量的模型，是解说宇

---

① 参见冯友兰《中国哲学简史》，新世纪出版社 2004 年版，第 151～153 页。

② 参见陈鼓应《老子注释及评价》，中华书局 1984 年版，第 232 页。

③ 参见钱穆《国学概论》，商务印书馆 1997 年版，第 3 页。

宙结构和解释世界来源的表达方式。这是中华文化了不起的一个贡献，但长期以来没有引起科学界的足够重视。

四、周期变化：中华文化认识论特征之三

周期变化也可称为循环运动，是宇宙万物发展变化的结构特性，是中华文化认识论重要特征之一。

老子重视事物相反对立关系和事物向对立面转化的作用，但其哲学的归结点，却是返本复初的思想。[①]《老子》第十六章中说："万物并作，吾以观复。夫物芸芸，各复归其根。"第二十五章又说："有物混成先天地生。寂兮寥兮独立不改，周行而不殆，可以为天下母。吾不知其名，强字之曰道。"

冯友兰也有相近的见解：

> 《庄子·齐物论》中说："是亦彼也，彼亦是也；彼亦一是非，此亦一是非。果且有彼是乎哉？果且无彼是乎哉？彼是莫得其偶，谓之道枢，枢是始得其环中，以应无穷。是亦一无穷，非亦一无穷也。"换句话说，有"此"就有"彼"，它们之间孰是孰非，往复循环，如同一个圆圈。人若站在道的观点看问题，就如同站在圆圈的中心，他看得到圆圈上的每一点的运动，而他自己则站在运动以外。接下去，《齐物论》又说："其分也，成也；其成也，毁也。凡物无成与毁，复通为一。"意思是说，从道的观点看，则建造与破坏都是相对的，都没有绝对的意义，因此无成也无毁。《庄子·大宗师》也有"反复始终，不知端倪"的观念。[②]

周期变化也是《易传》的重要思想。《易传·系辞》说："易与天地准，故能弥纶天地之道。与天地相似，故不违。"刘大钧等对此的诠释是，《易》道与天地等同，所以能包罗天地之道。[③]（易）与天地相似，所以不违背天地的规律。"先天《易》范式"新诠[④]用符号、演绎逻辑证明了周期变化是事物发展变化的结构特征。

五、初难知、终易知：中华文化认识论特征之四

《易传·系辞》中说："《易》之为书也，原始要终，以为质也。六爻相杂，唯其时物也。其初难知，其上易知，本末也。初辞拟之，卒成之终。"刘大钧等是这样

---

① 参见陈鼓应《老子注释及评价》，中华书局1984年版，第10页。

② 冯友兰：《中国哲学简史》，新世纪出版社2004年版，第98～99页。

③ 参见刘大钧、林忠军《易传全译》，四川出版集团巴蜀书社2006年版，第93页。

④ 参见肖洪生《先天〈易〉范式预测与决策方法探究——以金融投资为例》，载《周易研究》2009年第6期。

诠释的:《周易》这部书,推原求末,以为体。六爻(阴阳)错杂,代表不同时间的事物,其初爻(象征事物之始)难以知晓,其上爻(象征事物的终结,事情已经明显)容易知晓,(因为初爻、上爻)是卦的本末。初爻之辞拟成(事物开端),(上爻之辞象征)事物最后形成。[①] 老子也有相近观点,《老子》第六十四章说:“慎终如始,则无败事。”肖洪生应用数学方法证明这一观点符合数学逻辑规律。[②]

六、遵道而行——行为准则

“遵道而行”就是按客观规律办事,这是中华文化中“君子”的行为准则。为什么要“遵道而行”? 中国先哲早就认识到这个问题,冯友兰先生给出的诠释是:左右事物变化的法则,老子称之为“常”。[③]《老子》第十六章说:“知常曰明。”接下去又说:“知常容,容乃公,公乃全,全乃天,天乃道,道乃久,没身不殆。”这就是说,知道事物变化的常理,人的思想就明智,明智的人就得以避免偏见;没有偏见,人的思想才能全面;思想全面才能胸怀广阔;胸怀广阔的人得见真理;得到真理的人将持续不败,终生也不会跌到。

“天命”是中华文化的重要观念,是对不以人的意志为转移的时代趋势的一种诠释。刘大钧先生认为儒家观念的“天”主要有两层含义:一是命运之天,孔子认为,天是万物的主宰,有意志,赏善罚恶。故《论语・八佾》说:“获罪于天,无所祷也。”二是指自然的天,儒家观念中,天生万物,而不主宰万物,四时自己变化,万物自己生长。《论语・阳货》说:“天何言哉? 四时行焉,百物生焉,天何言哉?”[④]

道家也有相同的观点,老子所说的“天”是指自然而言,是宇宙万物的自生自长、纯任自然。《老子》第二十五章说:“人法地,地法天,天法道,道法自然。”儒家观念的“命”是指宇宙的运行、人事、事理、历史等等的状态,在时间和空间的叠加而形成的人无法转变的时代趋势。

孔子反复强调要知“天命”,目的是明时通变,上顺天时,下应地理,中徇物情,通尽人事,唯变所适而不失其正。《论语・宪问》说:“道之将行也与,命也;道之将废也与,命也。”《论语・尧曰》又说:“不知命,无以为君子也。”这就是说,一个人不知道时代的趋势,对于环境没有了解,不能有先知之明,就无法为君子。《易传・系辞》说:“祐者,助也;天之所助者,顺也。人之所助者,信也。履信思乎

---

① 参见刘大钧、林忠军《易传全译》,四川出版集团巴蜀书社 2006 年版,第 114 页。

② 参见肖洪生《先天〈易〉范式预测与决策方法探究——以金融投资为例》,载《周易研究》2009 年第 6 期。

③ 参见冯友兰《中国哲学简史》,新世纪出版社 2004 年版,第 85～86 页。

④ 参见刘大钧、林忠军《易传全译》,四川出版集团巴蜀书社 2006 年版,第 19 页。

顺，又以尚贤也，是以自天祐之，吉无不利也。”又说：“乐天知命，故不忧。”

“自然无为”是老子的重要思想，是人类行为所依循的“道”的基本特性和基本精神。这里是指按事物自身发展规律去发展，而不要施加外在的强制力量去约束它。陈鼓应先生认为，形而上的“道”，作用于人生，便是“德”。“道”和“德”的关系是二而一的。“德”是“道”的作用，也是“道”的显现。[①]《老子》第五十一章说：“道生之，德畜之，物形之，势成之。是以万物莫不尊道，而贵德。道之尊，德之贵，夫莫之命而常自然。生而不有，为而不恃，长而不宰。是谓玄德。”《老子》第四十八章说：“为学日益。为道日损。损之又损，以至于无为。无为而无不为。”

陈鼓应先生的观点是：

> 老子倡导“生而不有”、“为而不恃”、“长而不宰”、“功成而不有”、“衣养万物而不为主”、“为而不争”、“利万物而不争”。可见他仍然要人去“为”，去创生，去养育，去贡献自己力量（“衣养万物”、“利万物”）。……事实上，老子的“无为”，并不是什么不做，并不是不为，而是含有不妄为的意思。[②]

“无为”是一种处世的态度和方法。“无为而无不为”是说，不妄为，就没有什么事情做不成的。《老子》第六十三章的“为无为，事无事，味无味。是以圣人终不为大，故能成其大”，《老子》第三章的“为无为，则无不治”，其意思是相通的。老子认为，人类社会冲突的根源，在于人的占有欲的肆意扩张，人的活动也如其他东西一样，过多就反而有害。因此，《老子》第四十六章说：“祸莫大于不知足。咎莫大于欲得。”

冯友兰先生总结道：

> “无为而治”是政治学一个学派的基础理论。庄子和老子都主张“无为而治”，但所持理由却不完全相同。老子的理论依据是“反者道之动”，即统治者越是坚强统治，就越是达不到预期的结果。庄子则强调天然和人为的不同，统治者愈是靠人为的手段来统治，其效果就愈差。一切制度、法律、道德，所求目标是强求一律和压制差异。庄子认为，把自己认为好的东西强加给别人，其结果是适得其反。《庄子·骈至乐》说：“鱼处水而生，人处水而死。彼必相与异，其好恶故异也。故先圣不一其能，不同其事。”[③]

七、自知者明——信息经济学视角

中华文化很早就认识到信息对决策或行为的重要性，主要体现在如下几个

---

① 参见陈鼓应《老子注释及评价》，中华书局 1984 年版，第 12 页。

② 陈鼓应：《老子注释及评价》，中华书局 1984 年版，第 34、45 页。

③ 冯友兰：《中国哲学简史》，新世纪出版社 2004 年版，第 94 页。

方面：

第一，信息对决策是至关重要的。《论语·为政》中说："汝知之乎，知之为知之，不知为不知，是知也。"老子也有相同观点，《老子》第二十四章说："自见者不明；自是者不彰。"第七十一章接着又说："知不知，尚矣；不知知，病也。圣人不病，以其病病。夫唯病病，是以不病。"《大学》也持有相近的观念，认为："物有本末，事有终始，知所先后，则近道矣。"《孙子兵法·地形篇》则给出在竞争环境中信息的重要意义，即："知己知彼，胜乃不殆；知天知地，胜乃不穷。"

第二，非对称信息是普遍存在的。庄子认为，人们的是非概念是根据他们的局限性观点建立起来的。所有这些观点都是相对的，《庄子·齐物论》说："方可方不可，方不可方可。因是因非，因非因是。"事物总是在不断变化中，自然有许多方面。于是对同一事物，可以有各种不同的观点。《庄子·齐物论》中又说："吹万不同"，"咸其自取"。《易传》亦有相同的观点，《易传·系辞》说："一阴一阳之谓道。仁者见之谓之仁，知者见之谓之知。"《孙子兵法》给出了非对称信息的结果，《孙子兵法·谋攻篇》中说："知己知彼，百战不殆；不知彼而知己，一胜一负；不知彼，不知己，每战必败。"

第三，建立解决不完美信息的方法。①修身为本。不断学习、加强自身修养是解决不完美信息的根本方法。《大学》第一章说："物格而后知至，知至而后诚意，诚意而后心正，心正而后身修，身修而后家齐，家齐而后国治，国治而后天下平。自天子以至庶人，壹是皆以修身为本。"第十章接着又说："是故君子有诸己而后求诸人，无诸己而后非诸人。"《易传》也有相近的观念，《易传·系辞》说："是以自天祐之，吉无不利也。"②"用间"。即用间谍方法掌握敌方信息，引用于决策论中，就是应用"用间"原理，缩小或扩大信息的非对称性。《孙子兵法》特别重视敌方（竞争对手）信息的重要性，《孙子兵法·用间篇》中说："故明君贤将，所以动而胜人，成功出于众者，先知也。先知者，不可取于鬼神，不可象于事，不可验于度。必取于人，知敌之情者也。"重视收集竞争对手信息的投入，接着又说："故三军之事，莫亲于间，赏莫厚于间，事莫密于间。"缩小信息的非对称性方法有"因间"、"内间"和"生间"。扩大信息的非对称性方法有"反间"和"死间"。所谓"因间"，是指利用敌方乡里的普通人做间谍；"内间"就是指收买敌方官员做间谍；"生间"是派往敌方收集信息后，亲自返回报告敌方信息的人；"反间"是收买或利用敌方派来的间谍为我方效力；"死间"是故意散布虚假信息，通过间谍传给敌方，让对方蒙受损失的人。因此，《用间篇》中说："故用间有五：有因间，有内间，有反间，有死间，有生间。五间俱起，莫知其道，是谓神纪，人君之宝也。"接着又说："五间之事，主必知之，知之必在于反间，故反间不可不厚也。"

第二节 《周易》决策方法

一、概述

《周易》是中华文化的决策论的理论基础。《易传·系辞》说："子曰：夫《易》何为者也？夫《易》开物成务，冒天下之道，如斯而已者也。"是故圣人以通天下之志，以定天下之业，以断天下之疑。是故蓍之德圆而神，卦之德方以知，六爻之义易以贡。圣人以此洗心，退藏于密，吉凶与民同患。神以知来，知以藏往，其孰能与于此哉！古之聪明睿知、神武而不杀者夫！是以明于天之道，而察于民之故，是兴神物以前民用。圣人以此斋戒，以神明其德夫。是故阖户谓之坤，辟户谓之乾。一阖一辟谓之变，往来不穷谓之通，见乃谓之象，形乃谓之器，制而用之谓之法，利用出入，民咸用之谓之神。

今译：孔子说："这《周易》为何而作？这《周易》揭示事物（本质）而成就事业，概括天下事物的规律，如此而已。"所以圣人可以通达天下人的心志，完成天下大业，决断天下的疑惑。因此著占的所得在于（效法天）圜故能神妙，易卦的所得在于（效法地）方故能隐藏智慧，六爻之义在于以其变化而告（吉凶）。圣人以此自娱其心，退藏于隐秘之处，吉凶与庶民共济，其神妙可以预知未来，其智慧可以蕴藏过去。谁能达到如此地步？（只有古代）聪明智慧武功至神而又不假杀伐的人（才能做到）。所以明了天道而察访民事，因而兴创神物（占筮）而先于民用之。圣人以此斋戒身心，以神化明示他的品德。所以闭户叫做坤，开户叫做乾，一闭一开叫做变，往来不穷叫做通。显现的为象，成形的是器，裁制而用的叫做法，利用（门户）出入，民众都用之称它为神。①

刘大钧先生认为，《周易》古经本为占筮之书，当时功用就是示人以吉凶悔吝，决断天下之疑，为人们行动提供指南。② 孔子实现了由卜筮《易》向人文《易》的转化，以此建立的整体性原则、阴阳变化理论、时中学说等，规定并影响了中国古代辩证法思维，是中国哲学的源头活水。开启了具有中华文化特色的决策学模式，主要特点是：

第一，符号化。《周易》通过"观天文，察时变，徇物情，通人事"的手段，将宇宙万物无数信号浓缩转化为八卦（或六十四卦）符号或称卦象（图象），这样宇宙

① 刘大钧、林忠军：《易传全译》，四川出版集团巴蜀书社 2006 年版，第 102 页。

② 参见刘大钧、林忠军《易传全译》，四川出版集团巴蜀书社 2006 年版，第 9 页。

万物就与八卦(或六十四卦)符号(图象)建立了一一对应关系。《周易》的卦象，含有象征、形象意义，乃自然的形象，以比喻宇宙万物的变化现象与发展规律。因此，八卦(或六十四卦)符号就是中华文化特色的决策论的数学模型。

第二，整体性。整体观念是《周易》最重要的观念之一，八卦、六十四卦为两级全息系统，后者上面二爻意为天道，中间二爻设为人道，下面二爻定义为地道，天、地、人三才融为一体。整体性的另一个含义是分析的全面性。八卦以及六十四卦模式最重要的是时空的关系，时间不同，时空不同，位置不同，结果也不同。《周易》的六十四卦，是卦卦相通，而三百八十四爻也是爻爻相应。一卦六爻，通过阴与阳的对立、上与下的区别、时与位的不同、内在的变化，来征象事物在复杂的环境中变化，或利或弊的外在条件，以及在一定条件制约之下的某种规律。

第三，变易性。变易是《周易》的最基本观念。张其成先生认为，“周”、“易”二字可理解为“周环、循环”与“变化、运动”。[①]《周易》可看成是专论宇宙万物周环变易规律的著作。天下之事，物极必反，往复循环。一个过程的终止乃是另一阶段的开始，生生不息，永无休止。盖穷极则变，变则通。《周易》决策模式的精华在过程，而不是看结果、那些判词。[②]

第四，“中庸”。《周易》的“时中”观念，植根于中华文化对世界对立统一矛盾运动的深刻认识和把握。“中庸”就是用中，就是使事情做得“恰如其分”，作为一种道德，对决策者的行为偏好选择具有重要影响作用，敬慎戒惧，励志力行，秉持中庸之道。

二、演卦方法

“卦象”是《周易》决策模式的基础，是对宇宙的一种总体把握和简化概括。取得“卦象”的方法，称为演卦方法，有“蓍草演卦法”和“金钱演卦法”。[③] 春秋时代，以五十根蓍草，经过一百零八道手续，才能画成一个六爻的重卦。[④] 隋唐以后，改五十根蓍草为三枚铜钱，化繁为简，方法是：

第一，定义“阴”、“阳”。以铜钱有字之面定义为“阴”，无字之面定义为“阳”。

第二，定义“阴爻”、“阳爻”。以铜钱三枚扣于两手中摇动，然后掷开，看几枚为“阴”或“阳”，然后决定爻的性质，规则是：

(1)一“阴”，为“阴爻”，画作“--”。

---

① 参见张其成《象数思维方式的特征及其影响》，载《安徽教育学院学报》2000 年第 1 期。

② 参见殷旵、殷珍泉《易经的智慧》，甘肃文化出版社 2004 年版，第 14 页。

③ 参见刘大钧《纳甲筮法讲座》，广西师范大学出版社 2006 年版，第 17 页。

④ 参见费秉勋《八卦占卜新解》，陕西旅游出版社 1990 年版，第 56 页。

(2)二“阴”,为“阳爻”,画作“—”。

(3)三“阴”,为动爻,为“老阴”,画作“--”,而给一端作“+”记号。

(4)三“阳”,为动爻,为“老阳”,画作“—”,而给一端作“。”记号。

(5)若占得之卦中,有“老阴”、“老阳”,则“老阴”“--”变为“阳爻”“—”,“老阳”“—”变为“阴爻”“--”。原来之卦变化为另外一个卦,原来之卦称为“本卦”,另外变出之卦称为“变卦”。

第三,演卦顺序由下而上,依次排列。

南怀瑾先生认为,画八卦是从下面画起,第一个道理,天下的事情发生变动,都是从下面开始,换言之是从基层变起;第二个道理,自下面开始画卦,亦说明了宇宙事物的变,是内在开始变,如人的变,是内在的思想先变,一个公司机构出问题,必然是内部先出了问题,亦是我们中国人说的:“物必自腐,然后虫生。”一切东西都是从内变开始,所以画卦是由下往上,由内而外。①

《周易》演卦方法所依据的是随机信息,但演卦过程显现了“变化”、“发展”、“穷则变”的思想。如:定义“阴爻”规则是,三枚铜钱中二“阳”一“阴”,此时是“阳”多于“阴”,《周易》基本理念是,事物发展基本规则是“对立统一”或“对立转换”,从变化和发展角度看,未来则具有“阳”弱“阴”强的趋势。所以定义为“阴爻”。同理,三枚铜钱中二“阴”一“阳”时,此时是“阳”弱多“阴”强,从变化和发展角度看,未来则具有“阴”弱“阳”强的趋势。故定义为“阳爻”。三枚铜钱中都是“阴”时,此时是“阴”之极,未来具有“阴”转“阳”的趋势,所以“老阴”变“阳爻”。当三枚铜钱中皆是“阳”时,此时则是“阳”之极,未来具有“阳”变“阴”的趋势,所以“老阳”变“阴爻”。

这是《易传·系辞》“易穷则变,变则通,通则久”和“阳卦多阴,阴卦多阳”思想的体现。

《周易》演卦方法的“卦象”由随机信息获得,“卦象”与被分析事物是否具有必然联系,就现有科学认识而言,这是一个无法证实的问题。但对“阳爻”、“阴爻”的定义、演卦顺序排列规则,却显现了辩证法的思想,是科学的。

三、决策方法

《周易》决策方法,也就是《周易》占筮方法。如果说,演卦成易是将宇宙概括归纳为一个坐标图式的话,占筮就是在这个图式中,寻找万事万物的坐标点,从而推断具体事物的位置、性质、前景及事物之间的相互关系。《周易》占筮方法主要有春秋筮法和“纳甲”筮法。下面作简要介绍,以窥其要意。

① 参见南怀瑾《易经杂说、易经系传别讲》,复旦大学出版社 2000 年版,第 25 页。

1. 春秋筮法

春秋筮法也称古典占筮法。费秉勋先生认为，古典占筮并无定则，占筮者的占断主要是在卦中，寻找与所占事物有联系的所有因素，然后再根据对事物发展前途的预感和判断，把这些因素附会上去。① 他又写道："所以占卦所把握的大原则，一个是综合性，不执于一端，使最后的判断能够考虑到各方面因素的综合结论；一个是灵活性，不生搬硬套卦理教条，要善于敏感地发现所占事物与卦中的各种因素（卦辞、爻辞、卦象、爻象、方位、易数、五行等）的联系。这种联系越多，所占事物在易的宇宙图式中的坐标点就越清晰越明确。"②占断在卦中是寻找与所占事物有联系的主要因素，简要介绍如下：

(1)卦象的运用

卦象在"易"的构成和发挥上都是一个带有根本性的因素，在占筮中是用处最大、运用率最高的一个因素。其核心思想是，寻找"卦象"与所占事物的联系、内外卦的联系等。《系辞》写道："《易》者，象也；象也者，像也。"又道："八卦以象告。"李尚信先生的观点是：易是关于象的思维；象其实就是像，也就是取象比类，或者更直白地说，就是比喻。就是以一种显象连类比喻相关类相的隐在的事情，本质上就是一种隐喻。八卦是通过象来告诉我们某种信息。③

"象变"是一种分析问题的方法，主要有四种情况：

第一，"倒象"。含义是，将一重卦颠倒过来，就成为另一个新的重卦；引申意义是，宇宙间事物都是相对的，立场不同，观念就完全两样。

第二，"换象"。定义是，将一重卦的内卦和外卦相互交换位置，而变为另一个新的重卦；引申意义是，对立双方换位思考，在关注自身利益的同时，也要考虑对方的核心利益，这是合作博弈的思想。

第三，"错象"。含义是，将一重卦的每个爻阴阳交错，就变为另一个新的重卦；引申意义是，立场相同，目标一致，当看问题的角度不同时，就有不同认识。

第四，"互象"。定义是，在一重卦中，由二、三、四爻组成新的内卦，三、四、五爻组成新的外卦，而构成新的重卦，就是原来重卦的"互象"；引申意义是，分析问题不仅要从正面、反面、侧面，而且也要分析事物的内在变化。

(2)卦辞的运用

卦辞就是断定某一卦的意义。刘大钧先生曾总结了《周易》专释卦辞的

---

① 参见费秉勋《八卦占卜新解》，陕西旅游出版社 1990 年版，第 84 页。

② 费秉勋：《八卦占卜新解》，陕西旅游出版社 1990 年版，第 123 页。

③ 参见李尚信《卦序与解卦理路》，四川出版集团巴蜀书社 2008 年版，第 158 页。

方法①：

第一，以八卦之象释卦辞。八卦最基本的象是八种自然物：乾为天，坤为地，震为雷，巽为风，艮为山，兑为泽，坎为水，离为火。

第二，以义理释卦辞。八卦皆含有义理，即含有一个最基本的意义。如乾为刚，坤为柔，震为动，巽为入为风，坎为险，离为丽，艮为止，兑为说（悦）。

第三，以爻位说释卦辞。所谓爻位说，是指爻所处的位置及与其他爻的关系。它主要包括："中位"、"得位"、"失位"、"乘"、"应"、"承"等。内卦中的第二爻，及外卦中的第五爻，就是"中位"。《周易》中，爻所居的位置叫爻位，对爻位性质有定义规则：初爻为阳位，二爻为阴位，三爻为阳位，四爻为阴位，五爻为阳位，上爻为阴位，即奇为阳位，偶为阴位，初、三、五为阳位，二、四、上为阴位。在《周易》中，阴阳位与阴阳爻并非一一对应，即阴爻并非居阴位，阳爻亦并非居阳位。而多为阴阳杂居，如阳居阴位，阴居阳位，故《周易》中有"得位"、"失位"问题。定义规则是：阳居阳位，阴居阴位为"得位"；阳居阴位，阴居阳位为"失位"。"应"是指爻与爻之间相呼应的一种关系。所谓"承乘"，即一卦邻近的两爻，在下者为"承"，在上者为"乘"。《周易》定义规则是：阴"承"阳，阳"乘"阴，此种关系为顺，为吉。反之，如阳"承"阴，阴"乘"阳，此种关系为逆，为凶。

第四，以卦变说释卦辞。卦变是指由于阴阳爻的变动，而使一卦变成另一卦，它反映了卦与卦之间存在着一种相互变化的关系。

第五，以自然之道、人伦之理解释卦辞。

其他因素应用较少，不再逐一介绍。

2."纳甲"筮法

"纳甲"筮法最大的特点是，给卦中的各种因素都配以"五行"，充分发挥"五行"的相互关系对占筮的作用。"纳甲"筮法对事物属性及相互关系，建立了更加细致具体的定义，随意性比春秋筮法小得多，使人感到有章可循。

(1)"纳甲"原理

所谓"纳甲"，系指将甲、乙、丙、丁、戊、己、庚、辛、壬、癸十天干分纳于八卦中。

在"纳甲"筮法中，不仅将天干纳于八卦之中，子、丑、寅、卯、辰、巳、午、未、申、酉、戌、亥十二地支也配合天干而纳入八卦中。

天干、地支排列有严格的规则，不是本书讨论重点内容，有兴趣者可参阅《纳甲筮法讲座》。② 通过"纳甲"规则，六十四卦每一爻都得到了确定的"干"、"支"

---

① 参见刘大钧、林忠军《易传全译》，四川出版集团巴蜀书社 2006 年版，第 23～26 页。

② 参见刘大钧《纳甲筮法讲座》，广西师范大学出版社 2006 年版，第 4～5 页。

分配。

(2)定“六亲”法则

所谓“六亲”，就是父母、兄弟、妻财、子孙、官鬼。如果要知道定“六亲”法则，首先要知道如下规则：

①五行生克关系。五行相生关系是：金生水，水生木，木生火，火生土，土生金。五行相克关系是：金克木，木克土，土克水，水克火，火克金。

②“八卦的五行属性”、“六十四卦分宫”、“干支的五行属性”等专门术语，都有明确定义，是定“六亲”的基础。这些专门术语和定“六亲”法则，不是本书讨论重点内容，可参阅《纳甲筮法讲座》。[①]

③“用爻”是一个重要概念，是占断时的一个核心基准。所谓“用爻”，就是代表所占事物的一爻。“用爻”的确定有明确定义，可参阅《纳甲筮法讲座》。[②]

(3)占断原则

主要占断原则有三：

第一，时机。又可进一步分为“月建”和“日辰”。“月建”就是占筮时的农历月份，“月建”所属五行与“用爻”所属五行之“生”、“克”关系，决定了“月份”这个因素，对占筮事物的“吉”或“凶”的影响。“月建”代表中长期“时机”。“日辰”就是占筮这日“地支”所属五行与“用爻”所属五行之“生”、“克”关系，对占筮事物的“吉”或“凶”的影响。“日辰”代表短期“时机”。

第二，变化。也有两种情况，一是“用爻”之外其他爻变动，对“用爻”的影响。演卦时有“老阳”或“老阴”时，就存在“动爻”情况，“动爻”所属五行与“用爻”所属五行之“生”、“克”关系，是判断“动爻”变化对占筮事物“吉”或“凶”的基础。二是“用爻”自身的变化。如果“用爻”本身是“老阳”或“老阴”，就有“用爻”自身变化问题，“用爻”在“变卦”中的所属五行与“本卦”中所属五行之“生”、“克”关系，是判断“用爻”变化对占筮事物“吉”或“凶”的依据。

第三，综合判断。影响占筮的多个因素中，有的是“生”，有的是“克”，这时就要审度总效果，进行综合判断。关于《周易》占筮的思想方法，此处不作细论。

四、评价

对《周易》决策模式评价，主要集中在两点上，即《周易》占筮是否科学？是否应验？

刘大钧先生认为：

---

① 参见刘大钧《纳甲筮法讲座》，广西师范大学出版社 2006 年版，第 10～12 页。

② 参见刘大钧《纳甲筮法讲座》，广西师范大学出版社 2006 年版，第 14～15 页。

《周易》通过“观天文，察时变”的手段，将无数信号浓缩转化为八卦符号。人们试图通过各种外显的八卦符号与内隐的无行生克机理，以便寻找出能够确切再现人类活动场面的动态公式，并依据这些公式，推断未来活动场面的吉凶。①

费秉勋先生的观点是：

从理论分析和实践验证，可以得出这样结论：占筮有其科学性的一面，也有其不科学性的一面。在占筮高手那里，科学性的一面多一些；在流俗占筮者那里，不科学性的一面是主要的。易卦构创的大思路，具有极大的哲理启发意义，循着这条大思路对易卦占筮进行大胆谨慎的探索改造，很可能创造出世界先进的横跨诸学科的高层学科。②

笔者认为，春秋筮法中，“象变”说是一种分析问题的方法；“纳甲”筮法中，时机、变化和综合判断等占断原则可以用于一般决策问题。这些思想都是科学的，对建立新的不确定条件下的决策方法具有借鉴意义。

《周易》决策模式也存在一些问题：

首先，随机信息与必然性的关系问题。刘大钧先生写道：

“纳甲”筮法是否严密、完备？合理成分有多少？

对于这个问题，笔者思之很久，但不敢妄下结论。……

古人以干支纪年、月、日、时，“纳甲”筮法再以干支分配于八卦，并以其所属五行的生克关系，作为纳时空为一体而推断事物吉凶的重要依据，这是“纳甲”筮法的核心。但这种机械刻板地分配五行于十二地支的做法，是否严密周全？③

古人这套运算机制，本身就有不严密、不完备与不准确的地方。④

《周易》决策模式是通过“卦象”预测、推断事物未来发展的趋势。这个“卦象”一般由随机信息（如“蓍草演算”、“金钱演算”）获得，而“卦象”与被分析事物这两端之间的一系列分析链条（卦辞、爻辞、卦象、爻象、方位、易数、五行等）；“纳甲”筮法中，天干和地支纳入八卦规则、定“六亲”法则、五行生克关系、“八卦的五行属性”、“干支的五行属性”、“用爻”等专门术语，都有明确定义。这些大多带有脱离实证的虚幻性，是否具备《周易》模式所规定的那些品性，实在是一个谜。

其次，灵活性问题。刘大钧先生认为，高明断卦者的经验与秘诀，由其学识、

---

① 刘大钧：《纳甲筮法讲座》，广西师范大学出版社 2006 年版，初版前言第 1 页。

② 费秉勋：《八卦占卜新解》，陕西旅游出版社 1990 年版，第 76 页。

③ 刘大钧：《纳甲筮法讲座》，广西师范大学出版社 2006 年版，第 128 页。

④ 刘大钧：《纳甲筮法讲座》，广西师范大学出版社 2006 年版，第 134 页。

对《周易》模式规律的认识、本身德性修养、先天宿根中的悟性和一时灵感的闪光等因素相关。[①] 费秉勋先生则说："分析历史上占筮高手的神奇筮案，所奏效的并不是单纯的占筮技术，他们精通的术数是多方面的。总的来说，在天人合一中国哲学大体系中，他们对事物性质、处境及发展前景，具有广博高深的体认，从阴阳消长、四时代谢、地理分野、天象变化等宏观环境中，确定具体事物的微观变化。这样便无形中强化了占断的科学性。又因为他们精通多方面的术数，诸术参互运用，保证了占筮的准确性。"[②]一方面，说明《周易》模式是一个不完美信息的方法；另一方面，也说明该模式具有灵活性，难以掌握。

再次，理解存在困难。《周易》经传是先哲集体创作成果，由于历史悠久，文字上古奥简约，一字多义。关于语义问题，李尚信先生认为："《周易》古经是包含了取象与比类两个方面的，是在表层的取象结构之下包含深层的意义结构的，而且正是这个深层的意义结构才是作者要表达的真切意图。"[③]由于时间远久，当代人很难准确理解"这个深层的意义结构要表达的真切意图"，而且历来的易占著作都玄秘而晦涩，现代人难以正确了解。

最后，借用费秉勋先生的话作为本节的结语：

> 外国也有占卜术，但任何一个国家和地区的占卜，也不会像中国的易占这样具有胸容宇宙的气象和瞻顾八面的细密精神，更不像中国易占这样融积了如此丰富的文化内容。这中间虽然有着脱离科学的虚幻冥证成分，却也具备着不无文化价值的逻辑框架。对于这一笔看不透的渊源似的文化遗产，我们初步只能做这样的客观描述，其中的理论分析和评价是异常谨慎而有节制的。[④]

第三节　《老子》决策思想

与《周易》决策方法相比，《老子》只提供了对决策有益的思想，而无具体方法。其主要思想是：第一，"有无相生"，主要强调的是对世界本原的认识论问题。第二，"反者道之动"这一原理对决策时机的选择具有重要意义。第三，"无为而为"，其实质是"道法自然"，这是对决策者提出的要求，即按客观规律办事，不要妄为。这些思想在上文中多有论及，此处不再赘述。

---

① 参见刘大钧《纳甲筮法讲座》，广西师范大学出版社 2006 年版，第 127 页。

② 费秉勋：《八卦占卜新解》，陕西旅游出版社 1990 年版，第 73 页。

③ 李尚信：《卦序与解卦理路》，四川出版集团巴蜀书社 2008 年版，第 159 页。

④ 费秉勋：《八卦占卜新解》，陕西旅游出版社 1990 年版，第 178 页。

第四节 《孙子兵法》决策方法

《孙子兵法》中的战争、战略决策方法，对其他决策也有借鉴意义。与《周易》决策方法、《老子》决策思想相比较，《孙子兵法》所蕴涵的决策方法更为具体，与西方思维方式更相近。《孙子兵法》决策方法有如下特点：

第一，慎重。《孙子兵法》对待战争的态度是非常慎重、认真和严肃的。《计篇》开宗明义地指出："兵者，国之大事；死生之地，存亡之道，不可不察也。"这一点对其他决策同样适用，重大的决策更是如此。

第二，建立决策基本因素模型。《孙子兵法》强调，在用兵之前，首先要探究决定战争胜负的基本条件，并建立一个基本模型，这就是《计篇》所说的："故经之以五事，校之以计，而索其情；一曰道，二曰天，三曰地，四曰将，五曰法。"这个模型对其他决策也有借鉴的意义。简单地讲，这里"道"的含义就是决策的事项要符合社会发展规律，对人、自然和社会要利而不害。"天"是与时间、时机有关的因素，既包括气象，如昼夜、晴雨、寒暑、四季更替等，也包括事物发展所处周期的相对位置，如"扩张期"、"峰"、"衰退期"、"谷"等。"地"是与位置相关的因素，如交通、电、水、物资、劳动力供应等。"将"是与实施决策相关的人才因素，如指挥员、科技人才、士兵或员工等。"法"则是与管理制度和经济基础相关的因素。由此得到的启示是，决策只有对诸因素，如经济、政治、外交、天文气象、地理位置、科技、文化等问题综合分析，才能取得预期的成果。《谋攻篇》中的"上兵伐谋，其次伐交，其次伐兵，其下攻城"便是这一思想的体现。

第三，建立综合分析方法。《孙子兵法》在分析决定战争胜负的基本因素基础上，建立了综合判断战争胜负的方法。也就是在详细剖析五个基本因素基础上，还要从七计中去推断。《计篇》说："凡此五者，将莫不闻，知之者胜，不知者不胜。故校之以计，而索其情，曰：主孰有道，将孰有能，天地孰得，法令孰行，兵众孰强，士卒孰练，赏罚孰明，吾以此知胜负矣。"接着又概括地总结道："夫未战而庙算胜者，得算多也；未战而庙算不胜者，得算少也；多算胜，少算不胜，而况无算乎？吾以此观之，胜负见矣。"关于战争胜负的判断，《军形篇》有这样的论述："昔之善战者，先为不可胜，以待敌之可胜；不可胜在已，可胜在敌。"又说："故胜兵先胜而后求战，败兵先战而后求胜。善用兵者，修道而保法，故能为胜败之政。"这些思想对其他决策的启示是，一个决策实施前，计算周密，有利条件多，取得成功的可能性就大；反之，取得成功的可能性就小。决策结果的"成败"不仅取决于主观条件，客观条件也是至关重要的。由此可推断，决策的"成败"是"胜可知而不可为"[①]。

第四,"攻其所必救"。此语出自《虚实篇》,主旨是抓主要矛盾。世间事物,所谓优劣、利害,是辩证的,在一定条件下是可转化的。决策时,应根据其首要条件,抓住关键问题,避免沉溺于错综复杂的次要矛盾之中。

第五,"知己知彼,百战不殆"。《孙子兵法》特别重视信息对决策的重要性。《谋攻篇》说:"知己知彼,百战不殆;不知彼而知己,一胜一负;不知彼,不知己,每战必败。"《地形篇》又说:"知己知彼,胜乃不殆;知天知地,胜乃不穷。"《九地篇》进一步指出:"故不知诸侯之谋者,不能豫交;不知山林、险阻、沮泽之形者,不能行军;不用乡导者,不能得地利。"《用间篇》则论述了用间谍方法缩小或扩大敌我双方信息的非对称性,上文已有述及,不再赘述。

第五节　东西方决策方法比较

决策是在分析研究对象的规律的基础上,选择和实现目标的行为方案的思维过程。可见,不同的认识方法,会形成不同的决策方法论。东西方的认识方法、世界观存在较大差异,所形成的决策方法论必然有所区别,可概括为如下几方面:

第一,认识基础不同。西方决策方法论的思想基础是完美信息假设,也就是假定决策的后果是可以预知的,分析问题基本方法是均衡分析法。因此,西方决策方法重结果,适用于确定型决策,对不确定条件下决策尚未建立有效的方法。中华文化所形成的决策方法,是以不完美信息作为认识基础,周期循环、联系发展、对立统一是其主要分析方法。所以,东方决策方法重过程,对解决不确定型决策问题更为有效。半个多世纪以来,西方决策理论的发展方向是,由重视决策后果向重视决策过程转变,由分析决策后果绝对量向分析决策对象变化量转变。东西方决策理论呈现殊途同归的趋向。

第二,行为偏好有差异。西方决策方法以人的"理性"作为基本假设。所谓"理性",主要含义有二:一是人是自私的;二是以"利益最大化"(或损失最小)作为人的行为选择准则。中华文化在承认人的自利性的同时,特别强调的是"推己及人"。也就是说,在追求自身利益的同时,也要关注对方的利益,尤其是其核心利益。"己所不欲,勿施于人"、"己欲立而立人,己欲达而达人"就是这一思想的体现。中华文化的行为选择准则是"中庸",即抓住利益的"两端",不偏废任何一

---

① 陶汉章:《孙子兵法概论》,解放军出版社 1985 年版,第 88 页。对此的解释是:"胜利是可以预知的,但敌人有无可乘之隙,被我战胜,则不能由我而定。"此处只是借鉴这一原理和思想,以便为决策服务。

方,“恰如其分”。以上两点,是中华文化“和”思想的理论基础。中华文化之所以能够成为世界唯一没有中断的文化,可能与此有关,这是值得思考的问题。

第三,难易有别。中西文化有差异,这是学界的共识。冯友兰先生认为,西方哲学从不证自明的“公设的概念”开始,而中国哲学则从“直觉的概念”开始。[①]李尚信先生认为,中西文化的差异与它们思维方式有关,中国是象思维,西方是形式逻辑思维。[②]因此,西方文化产生的决策方法,使用概念意义相对固定,学习者易于掌握;中华文化强调灵活性,《易传·系辞》说:“《易》之为书也不可远,为道也屡迁。变动不居,周流六虚,上下无常,刚柔相易。不可为典要,唯变所适。”由此所产生的现象就是“运用之妙,存乎一心”。《老子》第七十章感慨地说:“吾言甚易知,甚易行。天下莫能知,莫能行。”

决策方法形成的时代不同,也是影响其难易的一个因素。西方决策方法形成于近现代,语言的相通性较好,现代人易于理解。与此相比,中华文化的决策方法形成于两千多年以前,其语言的可通约性、可交流性相对较差,现代人难以准确掌握。此外,古汉语具有使用语言简短、表达内容丰富的特点,常有“书不尽言,言不尽意”之感,这也是现代人感到困难的地方。总之,西方决策方法易于学习,东方决策方法较难掌握。

① 参见冯友兰《中国哲学简史》,新世纪出版社2004年版,第300页。

② 参见李尚信《卦序与解卦理路》,四川出版集团巴蜀书社2008年版,第157页。

第七章 不确定条件下的决策方法：综合模糊理论

第一节 不确定条件下的决策的认识论基础

本书建立的不确定条件下的决策方法,可称为“综合模糊理论”。其“认识论基础”是:

1. 人的本质是生存与发展。换言之,人行为选择具有“趋利避害”性。人“趋利避害”的过程,如:水,避高而趋下,因地而制流;又如:兵,避实而击虚,因敌而制胜。这是推测人在不同条件下行为选择的依据。

2. 信息是决策的核心。完全和对称信息、准确预测是个别、偶然现象,不完全和非对称信息、不能准确预测则是多数、普遍现象。

3. 在不确定条件下,可预测对象是事物未来一段时间变化趋势的可能性。

4. 对立统一规律是事物发展变化的根本规律。宇宙一切现象都是由性质相反(以“阴”、“阳”两个符号代表)的两个原则、两种力量的相互作用而产生,且“阴”、“阳”相互对立、相互转化。“阴”、“阳”的存在、不同事物在同一时刻之矛盾(差异)以及同一事物不同时刻之间的矛盾(差异),是事物发展的动力和源泉。内因中最重要因素(主要矛盾)是事物变化的根据或第一位的原因,是一事物区别于他事物的内在本质,不仅提供事物自己运动的源泉,而且规定着事物发展的方向。外因是事物存在和发展的必要条件,影响着事物的发展速度和具体过程。

5. 质量互变规律。“质”和“量”是事物的两个属性,量变是质变的前提和准备,质变是量变的必然结果,量变与质变相互渗透。质变巩固着量变的成果,质变又引起新的量变。事物变化从量变开始,经过质变,再到新的量变,引起新的质变,如此交替,不断推动事物向前发展。

6. 周期变化规律。任何事物的内部都包含着肯定和否定两个既对立又统一的方面或因素。

肯定和否定是相互排斥的。当肯定的方面处于优势时，事物就处于上升阶段；当否定的方面在发展过程中取得了支配地位时，事物就位于下降阶段。肯定和否定是相互渗透的。肯定中包含着否定，否定中又包含着肯定。肯定和否定又是相互转化的。

辩证否定，首先是对事物内因中最重要因素的性质的否定，即事物的自我否定；其次是“扬弃”，即克服和保留的统一；再次，由肯定阶段到否定阶段，构成事物发展、变化的重要环节，体现了事物发展的过程具有“曲折性”的特征。事物由否定阶段到肯定阶段，构成事物发展、变化的重要环节，体现了事物发展过程具有“否极泰来”的特点。

事物发展的周期性，即每一个周期的终点，同时也就是下一个周期的开端。事物的前进发展，就是一个周期接着一个周期，循环往复，以至无穷，形成由无数“圆圈”衔接起来的链条。

事物发展的上升性，即每一次否定，都是一次“扬弃”，把事物推向更高的发展水平或阶段。

第二节　不确定性量度方法比较：概率与隶属度

现实和可能性反映事物现在和未来之间的关系。现实是标志当前存在着的事物或现象，现实和必然性相联系。唯物辩证法因果关系原理认为，在因果关系中，有因必有果，有果必有因。但某种原因引起何种结果，某种结果由何种原因引起，又是不确定的。因果联系既有必然性，又有偶然性。必然性是事物联系和发展过程中确定不移、一定如此的趋势，由事物内部的根本矛盾引起，反映事物内部稳定、一般的联系，只有通过思维才能把握。偶然性是事物联系和发展过程中的个别特征、特性，由事物内部非本质或外部矛盾引起，在事物联系和发展过程中不居支配地位，只能加速或延缓事物的发展进程。必然性就是可能性向现实转化的过程。

事物联系和发展中的种种趋势变化的可能性，在量上也是不同的，有的可能性比较大，有的可能性比较小。概率是决策论量度不确定性常用的方法，实践应用效果不佳。本书采用“隶属度”，即模糊数学方法度量不确定性，由两者定义和特性的比较，可窥其合理性。

一、概率度量不确定性的理论依据

概率度量不确定性的理论依据是“概率定义”和“贝努利定理”。分析这两个概念，就可知概率度量不确定性的使用条件。

1. 概率定义

在相同的条件下，进行了 n 次试验，在这 n 次试验中，事件 A 发生的次数 n_A 称为事件发生的频数。比值 $f_n(A)=n_A/n$ 称为事件的频率。设 E 是随机试验，S 是它的样本空间。对于 E 的每一事件 A 赋予一个实数 $P(A)$，称为事件 A 的概率，如果集合函数 $P(\cdot)$ 满足下列条件：

(1)对于一个事件 A，有 $P(A)\geqslant 0$；

(2)$P(S)=1$；

(3)设 $A_1,A_2,\cdots$ 是两两互不相容的事件，即对于 $i\neq j$，$A_iA_j=\emptyset$，$i,j=1,2,\cdots$ 则有 $P(A_1\cup A_2\cup\cdots)=P(A_1)+P(A_2)+\cdots$[①]

2. 贝努利定理

设 n_A 是 n 次独立重复试验中事件 A 发生的次数，$P(A)$ 是事件 A 在每次试验中发生的概率，则对于任意 $\varepsilon>0$，有：

$$\lim_{n\to\infty}P\{|\frac{n_A}{n}-P(A)|<\varepsilon\}=1$$

$$\text{或 }\lim_{n\to\infty}P\{|\frac{n_A}{n}-P(A)|\geqslant\varepsilon\}=0$$[②]

3. 概率度量不确定性的理论依据

贝努利定理表明，事件 A 发生的频率 $f_n(A)=n_A/n$，依概率收敛于事件的概率 $P(A)$。这个定理以严格的数学形式表达了频率的稳定性，就是说，当试验次数 $n\to\infty$ 时，事件发生的频率与概率有较大偏差的可能性很小。基于这样的事实，在实际应用中，当试验次数很大时，可用事件发生的频率来代替事件的概率。[③]

二、模糊集合度量不确定性

模糊集合定义：所谓 A 是论域 X 上的一个模糊集合，对于 $\forall x\in X$，给定一个从 X 到闭区间$[0,1]$的映射，即：

$$\mu_A: X\xrightarrow{x\to\mu_A(x)}[0,1] \tag{7-2-1}$$

则称 μ_A 为 A 的隶属函数，$\mu_A(x)\in[0,1]$为 $x\in X$ 的隶属度。[④] 建立隶属函数的原则是：

---

① 参见盛骤等《概率论与数理统计》，高等教育出版社 1989 年版，第 10 页。

② 参见盛骤等《概率论与数理统计》，高等教育出版社 1989 年版，第 133 页。

③ 参见盛骤等《概率论与数理统计》，高等教育出版社 1989 年版，第 134 页。

④ 参见李洪兴等《工程模糊数学方法及应用》，天津科学技术出版社 1993 年版，第 52 页。

1. 当分析因素 x 与其他因素的相互联系处于非常有利于事物未来发展时，隶属度则趋近于 1，即 $\mu_A(x)\rightarrow 1$。

2. 当分析因素与其他因素相互联系，处于非常不利于事物未来发展时，隶属度则趋近于 0，即 $\mu_A(x)\rightarrow 0$。

3. 当分析因素 x 与其他因素的相互联系时对事物未来发展的影响处于不确定状态，或决策者在决策时对该因素性质不了解时，隶属度取值 0.5，即 $\mu_A(x)\rightarrow 0.5$。

4. 当分析因素 x 与其他因素的相互联系时对事物未来发展的影响处于上述三个关键点之间者，其隶属度界于[1,0.5]和[0.5,0]两区间，由隶属函数决定。

根据数学映射的定义，模糊集合映射的值域[0,1]为数集，而映射的定义域 X，既可是可量化的数集，也可是不可量化的非数集，因此模糊集合映射是泛函。正是采用模糊集合之思想，将可量化和不可量化的研究对象（或因素）与[0,1]集合中的一个数字建立一一对应的映射关系，实现了研究对象（或因素）的完全量化分析。

三、概率与隶属度特性比较

概率与隶属度都可度量不确定性问题，其度量值皆为[0,1]，逻辑上皆缺乏排中律，但两者有本质区别。主要体现在：

1. 概率是随机性信息，是由于条件提供的不充分或偶然因素的干扰，使得几种可能结果的出现呈现偶然性；模糊性信息描述的则是客观对象中差异的中间过渡的边界不分明性。

2. 概率必须含有时间意义，模糊概念则主要反映事物的空间结构意义。

3. 模糊关系是客观世界事物间普遍存在的一种具有相对稳定性的结构关系，其度量只能是[0,1]；随机关系的产生则不完全是自然的，可人为改变，可把问题转化成为确定性问题{0,1}。

4. 概率是一个本属于更高维的确定性问题，只是出于无能为力，才不得不将其作为低维的随机问题来解决，本质上是一种处理技巧，并非客观的本原性存在；模糊结构则不然，它是客观世界的本原性存在。

5. 稳定性不同。用概率量度不确定性，暗含试验条件相同和试验次数很大。现实世界条件是，试验条件不完全相同和试验次数较少，此时概率具有不稳定性；相反，隶属度是空间性的、本原性的不确定信息，具有相对稳定性。①

---

① 参见高隆昌《数学及其认识》，高等教育出版社 2001 年版，第 243 页。

总之，在“未来高度不确定性”的世界里，使用模糊数学之隶属度量度事物发展的不确定性，比使用概率更适合客观实际。

第三节 不完美信息描述方法:灰色数学法

现行分析不完美信息主要方法是博弈论和特定市场模型。概率(先验概率、条件概率)，是博弈论的主要参数。[①] 特定市场模型法的共同特征就是效用最大化假设与均衡分析[②]，它们皆暗含未来概率可预知假设条件。上文已经证明:准确预测事物未来概率或效用，是个别、偶然现象。这实质上意味着不完美信息问题没有从根本上解决。

一、不完美信息的描述方法

本书分析不完美信息，即不完全知识(信息)和非对称信息问题的方法可称为灰色数学法，目的是建立具有普遍应用价值的不完美信息分析方法。

灰色数学思想是:所谓 G 是论域 X 上的一个灰集合，是指给定了从 X 到闭区间$[0,1]$的两个映射:

$$\overline{G} \quad \overline{G}: X \to [0,1],\ x \to \overline{G}(x) \in [0,1] \tag{7-3-1}$$

$$\underline{G} \quad \underline{G}: X \to [0,1],\ x \to \underline{G}(x) \in [0,1] \tag{7-3-2}$$

式中，$\overline{G}$ 与 $\underline{G}$ 分别称为 G 的上隶属函数和下隶属函数；$\overline{G}(x)$ 与 $\underline{G}(x)$ 分别称为因素 x 相对于 G 的上隶属度和下隶属度。两者由分析(或决策)者给出，可视为已知。信息量由上、下隶属度刻画，两者之间是灰区间，即“部分已知，部分未知”(见图 7-3-1)。[③]

---

① 参见[美]艾里克·拉斯缪森《博弈与信息》，王晖等译，北京大学出版社 2003 年版，第 55 页。

② 斯蒂格利茨的研究表明，信息不完美的程度即便非常小，也会极大地改变标准的竞争市场均衡模型的所有结论。信息经济学解决信息不完美的方法是特定市场模型法。参见《斯蒂格利茨经济学文集》第 1 卷，纪沫等译，中国金融出版社 2007 年版，第 4 页。

③ 参见王清印等《灰色数学基础》，华中理工大学出版社 1996 年版，第 10 页。

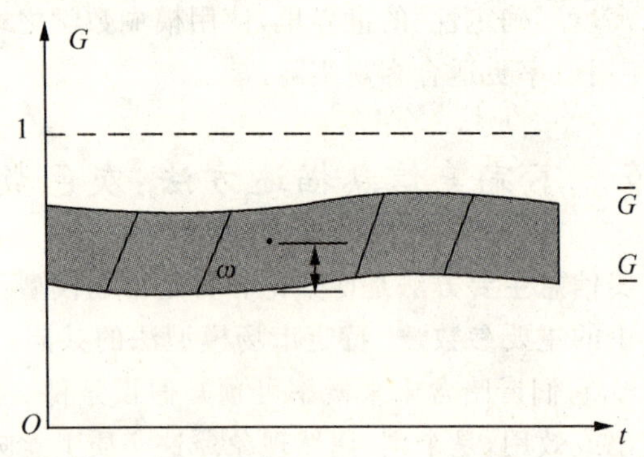

图 7-3-1 信息灰集合

设立灰度上、下隶属函数的原则是：当研究的对象信息上界完全已知时，取$\overline{G}(x)\to 1$；反之，则取$\overline{G}(x)\to 0$。当研究的对象信息下界完全已知时，取$\underline{G}(x)\to 1$；反之，取$\underline{G}(x)\to 0$。

决策者掌握的信息是一个灰区间，该区间具有无数个点，仍无法具体量化。灰色数学分析方法是，在灰区间内找出"权"最大点的隶属度，作为决策者掌握信息的量度$G(x)$。由于$\overline{G}(x)$，$\underline{G}(x)\in[0,1]$，且要求$[0,1]$是凸集。因此，可得如下关系：

$$G(x)=\omega\overline{G}(x)+(1-\omega)\underline{G}(x)\in[0,1] \tag{7-3-3}$$

式中ω是"权"系数。实践中ω很难准确度量，一般取$\omega=1/3$，$\omega=1/2$，$\omega=2/3$。不同决策者由于遗传因素、个人偏好、学习背景和实践经验的不同，对同一问题给$\overline{G}(x)$、$\underline{G}(x)$赋值不同，由此可实现知识不完全性和信息非对称性的量化分析。

二、不完美信息的不确定性量度

式(7-2-1)是模糊数学的隶属度量度不确定性的方法，暗含假设条件是，决策者拥有完全知识，不同决策者具有相同信息。现实情况是，决策者不可能拥有决策所需的完全知识，不同决策者对同一事物具有不同的信息，因而形成不同的认识和判断。由式(7-3-3)可见，当决策者拥有决策所需完全知识(或信息)时，信息度$G(x)=1$；当决策者完全不拥有决策所需知识(或信息)时，信息度$G(x)=0$；更一般的情况是，既不完全已知，也不完全未知，而是知道部分信息，即$0<G(x)<1$。信息不完全性的结果降低了决策者的主观预期；信息非对称性的结果是，不同决策者对同一研究对象的认识不同。考虑知识不完全性和信息非对称性后，设决策者对研究对象x性质的认识由原来的$\mu_A(x)$变为$\mu(x)$。由于

$\mu_A(x)$是决策者对 x 性质的认识，$G(x)$表示决策者对 x 性质认识所拥有的信息量的度量，两者性质不同，且 $\mu_A(x),G(x)\in[0,1]$。因此，在不完全知识（信息）和非对称信息条件下，不确定性量度定义为：

$$\mu(x)=\mu_A(x)\cdot G(x)\in[0,1] \tag{7-3-4}$$

第四节　单一因素模糊分析法

影响决策的单一因素性质的分析是多因素综合分析的基础，所用方法称为单因素模糊分析法。其中"笛卡儿坐标周期分析法"和"不确定条件下决策认识基础"是"单因素模糊分析法"的基础。

一、完美信息条件下"因素 x 未来一段时间变化趋势的可能性"

由"不确定条件下决策认识基础"可知，"在不确定条件下，可预测对象是事物未来一段时间变化趋势的可能性"。当只有一个因素影响决策时，分析思路是：

第一，设 x 是影响决策中多因素中的一个因素，它是时间 t 的函数，且有如下映射关系：

$$x=x(t) \tag{7-4-1}$$

第二，确定"因素 x 在未来一段时间变化趋势"。设"因素 x 在未来一段时间的变化趋势"，由其现在时刻在笛卡儿坐标周期图中的"位置"、"趋势"、"加趋势"共同决定。此处有两个时间概念，现在时刻 t，和"未来一段时间$(t+\Delta t)$"。"未来一段时间"的含义是，从现在 t 到$(t+\Delta t)$期限内；现在时刻用 t 而不使用 t_0，主要强调"现在"是个动态发展的概念。根据"笛卡儿坐标周期分析法"思想，为方便起见，如下符号意义与数学导数标准符号含义稍作区别。定义如下：

因素 x 在时刻 t，在笛卡儿坐标周期图中：

"位置"为：　$x=x(t)$

"趋势"为：
$$\frac{\mathrm{d}x(t)}{\mathrm{d}}=\lim_{\Delta t\to 0}\frac{x(t)-x(t-\Delta t)}{\Delta t} \tag{7-4-2}$$

"加趋势"为：
$$\frac{\mathrm{d}^2x(t)}{\mathrm{d}t^2}=\lim_{\Delta t\to 0}\Delta\left[\frac{\mathrm{d}x(t)}{\mathrm{d}t}\right]/\Delta t \tag{7-4-3}$$

"位置"、"趋势"、"加趋势"，由时间序列模型求得，可视为已知。

"因素 x 未来一段时间的变化趋势"是：

$$\frac{\mathrm{d}x(t+\Delta t)}{\mathrm{d}t}=\lim_{\Delta t\to 0}\frac{x(t+\Delta t)-x(t)}{\Delta t} \tag{7-4-4}$$

第三，量度"因素 x 未来一段时间变化趋势的可能性"。根据模糊数学隶属度定义，以隶属度 $\mu\left[\frac{dx(t+\Delta t)}{dt}\right]$ 表示“因素 x 未来一段时间变化趋势 $\left[\frac{dx(t+\Delta t)}{dt}\right]$ 的可能性”。设现在时刻 t，因素 x 在笛卡儿坐标周期图中的“位置”、“趋势”、“加趋势”，对“因素 x 未来一段时间变化趋势的可能性”的影响分别是 $\mu[x(t)]$、$\mu\left[\frac{dx(t)}{dt}\right]$ 和 $\mu\left[\frac{d^2x(t)}{dt^2}\right]$，重要性贡献（权重）分别设为 α、β、γ，则有如下逻辑关系：

$$\mu\left[\frac{dx(t+\Delta t)}{dt}\right]=\alpha\cdot\mu[x(t)]+\beta\cdot\mu\left[\frac{dx(t)}{dt}\right]+\gamma\cdot\mu\left[\frac{d^2x(t)}{dt^2}\right] \quad (7\text{-}4\text{-}5)$$

式(7-4-5)中各参数说明如下：

1. 定义 $\mu(x)$、$\mu\left(\frac{dx}{dt}\right)$、$\mu\left(\frac{d^2x}{dt^2}\right)$

这就是将一般空间结构，转化为[0,1]数集的过程。定义依据是，“不确定条件下决策认识基础”及“设立隶属函数原则”。以因素 x 处于周期上升阶段，有利于事物未来上升为条件（若因素处于周期下降阶段，有利于事物发展，其结论则相反）。“趋势”隶属度定义是（见图 2-3-1）：

$$\mu\left(\frac{dx}{dt}\right)\begin{cases}=1\leftrightarrow 0<\\ =0.5\leftrightarrow 0=\\ =0\leftrightarrow 0>\end{cases}\frac{dx}{dt} \quad (7\text{-}4\text{-}6)$$

“加趋势”隶属度定义为：

$$\mu\left(\frac{d^2x}{dt^2}\right)=\begin{cases}[0.5,1]\\ 1\\ [0,0.5]\end{cases}\leftrightarrow\frac{d^2x}{dt^2}\begin{cases}>0\leftrightarrow\text{加速上升}\\ =0\leftrightarrow\text{趋势不变}\\ <0\leftrightarrow\text{减速上升}\end{cases}0<\frac{dx}{dt} \quad (7\text{-}4\text{-}7)$$

$$\mu\left(\frac{d^2x}{dt^2}\right)=\begin{cases}[0.5,1]\\ 0\\ [0,0.5]\end{cases}\leftrightarrow\frac{d^2x}{dt^2}\begin{cases}>0\leftrightarrow\text{减速下降}\\ =0\leftrightarrow\text{趋势下降}\\ <0\leftrightarrow\text{加速下降}\end{cases}0>\frac{dx}{dt} \quad (7\text{-}4\text{-}8)$$

定义 $\mu(x)$ 的原则，就是“设立隶属函数原则”，根据质量互变规律、周期变化规律，具体情况，灵活掌握。如：当事物变化、发展保持原有状态的“惯性”，对事物有利时，定义 $\mu(x)$ 原则是，当 x 趋近于笛卡儿坐标周期图中顶部位时，$\mu(x)\rightarrow 1$；当 x 趋近于笛卡儿坐标周期图中底部位时，$\mu(x)\rightarrow 0$。一人、一组织、一国家在其发展过程中，适用此类情况。又如：当事物变化、发展保持原有状态的“惯性”，对事物不利时，定义 $\mu(x)$ 原则是，当 x 趋近于笛卡儿坐标周期图中顶部位时，$\mu(x)\rightarrow 0$；当 x 趋近于笛卡儿坐标周期图中底部位时，$\mu(x)\rightarrow 1$。经济学中的价格等则符合此类情况。

2. 量度 α、β、γ

分析方法是：在图 2-3-1 中，$O\rightarrow A$ 是周期的上升初始阶段，此阶段 x 因素无论质和量都没有发生变化，从现在(t)到“未来一段时间”($t+\Delta t$)内，继续保持上升趋势可能性极大，即 $\mu\left[\frac{\mathrm{d}x(t+\Delta t)}{\mathrm{d}t}\right]\rightarrow 1$。根据式(7-4-6)、(7-4-7)定义，此时有 $\mu\left[\frac{\mathrm{d}x(t)}{\mathrm{d}t}\right]=1$，$\mu\left[\frac{\mathrm{d}^2x(t)}{\mathrm{d}t^2}\right]=1$，取 $\mu[x(t)]\approx 0$，代入式(7-4-5)，可得：

$$\beta+\gamma=1 \tag{7-4-9}$$

$B\rightarrow C$ 是周期的减速上升阶段，在趋近 C 点处，因素从现在(t)到“未来一段时间”($t+\Delta t$)内，发展方向存在不确定性，取 $\mu\left[\frac{\mathrm{d}x(t+\Delta t)}{\mathrm{d}t}\right]\approx 0.5$。根据式(7-4-6)、(7-4-7)定义，此时有 $\mu\left[\frac{\mathrm{d}x(t)}{\mathrm{d}t}\right]=1$，$\mu\left[\frac{\mathrm{d}^2x(t)}{\mathrm{d}t^2}\right]=0$（稳健取值），取 $\mu[x(t)]\approx 1$，代入式(7-4-5)，可得：

$$\alpha+\beta=0.5 \tag{7-4-10}$$

$C\rightarrow D$ 为周期的初期下降阶段，此阶段因素 x 无论质和量都没有发生变化，从现在(t)到“未来一段时间”($t+\Delta t$)内，继续保持下降趋势可能性极大，即 $\mu\left[\frac{\mathrm{d}x(t+\Delta t)}{\mathrm{d}t}\right]\approx 0$。根据式(7-4-6)、(7-4-8)式，此时有 $\mu\left[\frac{\mathrm{d}x(t)}{\mathrm{d}t}\right]=0$，$\mu\left[\frac{\mathrm{d}^2x(t)}{\mathrm{d}t^2}\right]=0$，取 $\mu[x(t)]\rightarrow 1$，代入式(7-4-5)，可得：

$$\alpha=0 \tag{7-4-11}$$

综合上述三阶段分析，由式(7-4-9)、(7-4-10)和(7-4-11)，解得：

$$\alpha=0,\beta=0.5,\gamma=0.5 \tag{7-4-12}$$

以上分析表明：在时刻 t，因素所处周期相对位置对未来变化趋势没有影响，变化“趋势”和“加趋势”对未来变化趋势具有相同影响作用。由于变化发展具有某种惯性，一般情况下，因素 x 现在所处周期相对位置，对未来变化趋势仍具有一定影响作用，根据实践经验取 $\alpha=[0.1\sim 0.2]$，$\beta=\gamma=(1-\alpha)/2=[0.4\sim 0.45]$为宜。也有 α 取值较大特殊情况，甚至 $\alpha=1,\beta=0,\gamma=0$，需根据实际情况灵活掌握。

二、不完美信息条件下的“因素未来一段时间变化趋势的可能性”

式(7-4-5)暗含完全知识和对称信息的假设，根据式(7-3-4)的定义，设 $\mu[x(t)]$、$\mu\left[\frac{\mathrm{d}x(t)}{\mathrm{d}t}\right]$、$\mu\left[\frac{\mathrm{d}^2x(t)}{\mathrm{d}t^2}\right]$对应信息量分别是 $G[x(t)]$、$G\left[\frac{\mathrm{d}x(t)}{\mathrm{d}t}\right]$和

$G\left[\frac{d^2x(t)}{dt^2}\right]$。在不完美信息条件下，“因素 x 未来一段时间变化趋势可能性”的一般函数式是：

$$\mu\left[\frac{dx(t+\Delta t)}{dt}\right]=\alpha\cdot\mu[x(t)]\cdot G[x(t)]+\beta\cdot\mu\left[\frac{dx(t)}{dt}\right]\cdot G\left[\frac{dx(t)}{dt}\right]+\gamma\cdot\mu\left[\frac{d^2x(t)}{dt^2}\right]\cdot G\left[\frac{d^2x(t)}{dt^2}\right] \quad (7\text{-}4\text{-}12)$$

式(7-4-12)称为单因素模糊分析的“一般函数式”。根据模糊数学隶属度定义：

1. $\mu\left[\frac{dx(t+\Delta t)}{dt}\right]=0.5$，表示“因素 x 未来一段时间变化趋势”，可能上升，也可能下降，方向不明。

2. $\mu\left[\frac{dx(t+\Delta t)}{dt}\right]>0.5$，表示“因素 x 未来一段时间变化趋势”，上升可能性大于下降可能性。

3. $\mu\left[\frac{dx(t+\Delta t)}{dt}\right]<0.5$，表示“因素 x 未来一段时间变化趋势”，下降可能性大于上升可能性。

第五节　综合模糊决策方法研究

一、中华文化方法论是综合模糊决策方法的重要基础

1.“先天《易》周期分析法”的核心思想是，借用“先天《易》六十四卦方圆图”的符号体系，通过对其六爻(因素)内涵与排列顺序作出新的定义，用符号化、演绎逻辑方法和辩证逻辑方法解释事物发展基本规律，即对立统一规律、质量互变规律、周期变化规律。近现代数学的发展，是近现代科技革命的基础，而笛卡儿坐标系是近现代数学的第一个根本性突破，其重要意义在于，人类对“数”的本质认识得到了深化，数量变成了变量，因变量与自变量间的函数关系也变得十分直观。笛卡儿坐标系最大维数是三维空间，自变量最大数是二。“先天《易》六十四卦方圆图”是一个多维的坐标系，描述因变量变化趋势的规律，其自变量数是六。笛卡儿坐标系要求信息是完美的(完全信息和对称信息)，而“先天《易》周期分析法”则可分析不完美信息问题。如果说笛卡儿坐标系是自然科学分析的基础，那么“先天《易》周期分析法”则更适合分析社会科学问题。

2."道生一,一生二,二生三,三生万物"是中华传统文化方法论的重要结构特征。这是老子的重要观点,源自《老子》第四十二章。《易传》是中华文化最为重要的"活水源头"。钱穆认为:"易之为书,本于八卦,八卦之用,尽为古代之文字。"[①]"八卦图象"(《易传》中称为"经卦")是中华传统文化分析问题的最基本单位,每个"八卦图象"由三个变量(《易传》中称为"三爻")构成,每一个变量之性质隶属于性质相反的两个原则、两种力量的一方(《易传》中称为"阳爻"和"阴爻"),以符号"⚊"(阳爻)和"⚋"(阴爻)表示,由此形成八个"二元三维""八卦图象",分别是:☰乾一、☱兑二、☲离三、☳震四、☴巽五、☵坎六、☶艮七、☷坤八。"八卦图象"再以一定规则,排列组合成六十四个"二元六维""六十四卦图象"。"先天《易》六十四卦方圆图"就是"六十四卦图象"的一种组合方式。"六十四卦图象"中下面三个变量("三爻")代表分析问题的内因(《易传》中称为"内卦"),上面三个变量("三爻")代表分析问题的外因(《易传》中称为"外卦")。用"八卦图象"和"六十四卦图象"作为一个整体一,描述宇宙万物的抽象现象,依此演绎宇宙、社会和人生的无穷变化。这是《易传》表示"道生一,一生二,二生三,三生万物"的一种思维方法,是符号化的、演绎逻辑和辩证逻辑的思维方式,是可以同时分析六个变量的模型。

对"道生一,一生二,二生三,三生万物"也有不同解释,都很有启发意义。

陈鼓应先生的观点是:

"一":"道"是绝对无偶的,用数来表示为"一"。"二":指阴气、阳气。"三":有两种说法,一、阴阳相合所形成的一个均调和谐的状态。二、阴阳相合而形成的"和气"。"道"是独一无偶的,独一无偶的"道"禀赋阴阳两气,阴阳两气相交而成一种适均的状态,万物都是在这种状态中产生的。[②]

庞朴先生也有相近观点:

而老子的宇宙生成论和易传的宇宙生成论,是大不相同的。老子主张"道生一,一生二,二生三,三生万物",呈一二三的等差数列。易传主张"易有太极,是生即仪,两仪生四象,四象生八卦",乃一二四八数列。

老子所说的"生",是化生,不是派生;是蛋生鸡式的生,不是鸡生蛋式的生。老子认为,那无声无臭的道,变化自己而为有形有象的一,是为道生一;一复发挥潜能,变化而为二或对立;二或对立,又进一步合成而为新的一,含二于自身的一,是为二生三;这个三,体现为万物,也就是万物。

至于易传所说的"生",则是分生,分裂自己而生新;太极生两仪就是分为两

---

① 钱穆:《国学概论》,商务印书馆 1997 年版,第 3 页。

② 陈鼓应:《老子注释及评价》,中华书局 1984 年版,第 233 页。

仪，两仪生四象就是分为四象，是一种剖瓜式的生。这种“生”，与其叫做生，毋宁叫做“分”。后来邵雍解释易传时，便曾干脆用“分”替代“生”，说宇宙生成图象为“一分为二，二分为四，四分为八，八分为十六，十六分为三十二，三十二分为六十四。十分为百，百分为千，千分为万。犹根之有干，干之有枝，枝之有叶。愈大则愈少，愈细则愈繁”。程颢称邵雍的这种方法为“加一倍”法，朱熹则标之为“一分为二”法。一分为二之作为哲学术语，正是这样从邵雍那里开始的。①

庞朴又说：

中庸的所谓中，就是第三者，承认二分又承认中庸，也就在事实上承认了一分为三。世界本来便是三分的。由于二分法的先入为主，人们总习惯于称“中”为“中介”，视之为两极之间起联系作用的居间环节，或者是事物变化过程的中间阶段还相信中介环节是暂时的，必将向两极分化而最终归结为二元的天下。待到二分法不足以解释一切现象时，亦有人主张一分为多。其实三就是多，多必归于三。三分法有一维、二维、三维的形态。②

二、综合模糊决策方法

以上是建立新的决策方法——“综合模糊决策方法”的重要思想基础。所谓“综合模糊决策方法”，其思想是，根据影响决策事物（或称决策对象）的因素现在时刻(t)在周期中的“相对位置”、“趋势”、“加趋势”，使用模糊数学方法，推测事物“未来一段时间变化趋势的可能性”。有两种表达形式，即“函数式”分析法和“图象式”分析法。“图象式”的实质是定性分析，而“函数式”则是“图象式”的定量分析。

1.“函数式”分析法

其思路是，设现在时刻(t)，决策事物（或称决策对象）为$Y(t)$，其影响因素之内因为$X_N(t)$，外因为$X_W(t)$，则$Y(t)$可表示为：

$$Y(t)=f[X_N(t),X_W(t)]=f(t)\text{③} \tag{7-5-1}$$

按“先天《易》范式新诠”的定义④，内因和外因所有因素，按照重要性程度分为三个等级（类或集合），内因第一、第二、第三重要等级因素，分别用$x_1(t)$、$x_2(t)$、$x_3(t)$表示；外因第一、第二、第三重要等级因素，分别用$x_4(t)$、$x_5(t)$、$x_6(t)$表示。则有：

---

① 庞朴：《“一分为二”说》，载《开放时代》2000年第9期。

② 庞朴：《中庸与三分》，载《文史哲》2000年第4期。

③ 实际应用中不要式(7-5-1)连续、可导，只是借鉴其导数几何意义。

④ 参见肖洪生《先天〈易〉范式预测与决策方法探究——以金融投资为例》，载《周易研究》2009年第6期。

$$X_N(t)=x_1(t)+x_2(t)+x_3(t) \tag{7-5-2}$$

$$X_W(t)=x_4(t)+x_5(t)+x_6(t) \tag{7-5-3}$$

又设决策事物（或称决策对象）$Y(t)$“未来一段时间变化趋势的可能性”$\mu\left[\frac{dY(t+\Delta t)}{dt}\right]$，由影响因素 $x_i(t)(i=1,2,\cdots,6)$ 的“未来一段时间变化趋势可能性”$\mu\left[\frac{dx_i(t+\Delta t)}{dt}\right]$共同决定。再设因素 $x_i(t)$ 对 $Y(t)$ 在“未来一段时间变化趋势的可能性”的重要性权重（贡献）为 λ_i。因此，可得“不确定条件下，决策事物未来一段时间变化趋势的可能性”定义式：

$$\mu\left[\frac{dY(t+\Delta t)}{dt}\right]=\sum_{i=1}^{6}\lambda_i\cdot\mu\left[\frac{dY(t+\Delta t)}{dt}\right]\leqslant[0,1] \tag{7-5-4}$$

λ_1 由“先天《易》范式新诠”决定，其结论是：

$$\text{外因重要性范围：}\quad w_W=\begin{cases}\lambda_6=0.1666-0.03\\ \lambda_5=0.1666-0.04\\ \lambda_4=0.1666-0.08\end{cases}=0.5-0.15 \tag{7-5-5}$$

$$\text{内因重要性范围：}\quad w_N=\begin{cases}\lambda_3=0.1666-0.16\\ \lambda_2=0.1666-0.32\\ \lambda_1=0.1666-0.37\end{cases}=0.5-0.85 \tag{7-5-6}$$

根据模糊数学隶属度定义，有：

(1)$\mu\left[\frac{dY(t+\Delta t)}{dt}\right]=0.5$，表示决策（分析）者判断，决策事物未来一段时间变化趋势可能上升，也可能下降，方向不明。

(2)$\mu\left[\frac{dY(t+\Delta t)}{dt}\right]>0.5$，表示决策（分析）者判断，决策事物未来一段时间变化趋势，上升可能性大于下降可能性。

(3)$\mu\left[\frac{dY(t+\Delta t)}{dt}\right]<0.5$，表示决策（分析）者判断，决策事物未来一段时间变化趋势，下降可能性大于上升可能性。

(4)实践经验是，当 $\mu\left[\frac{dY(\Delta t)}{dt}\right]\geqslant 0.7$ 时，可有效控制风险，是建议的决策标准。

(5)理论上讲，$\mu\left[\frac{dY(t+\Delta t)}{dt}\right]\to 1$，意味着决策事物未来一段时间，上升可能性远远大于下降可能性；$\mu\left[\frac{dY(t+\Delta t)}{dt}\right]\to 0$，意味着决策事物未来一段时间，下降可能性远远大于上升可能性。然而，实际情况并非如此。“图象式”分析法可很好地解释这个问题。

2."图象式"分析法

依据"先天《易》范式新诠"的定义,把"函数式"分析结论,以图象方式表现出来。"先天《易》周期分析法"既是"图象式"表示法的理论依据,也是其分析结论的表示方法。"图象式"表示法规则是,按照《易传》的传统,内因("内卦")三因素("三爻")在下,外因("外卦")三因素在上,采用纵向排列,从下到上,依次是$x_1(t)$、$x_2(t)$、$x_3(t)$和$x_4(t)$、$x_5(t)$、$x_6(t)$。每一个因素,对决策事物未来一段时间变化趋势的可能性的影响性质,由式(7-4-12)决定:

(1)当$\mu\left[\frac{\mathrm{d}x_i(t+\Delta t)}{\mathrm{d}t}\right]>0.5$时,表明其性质隶属于积极、肯定、建设性力量是主要方面,则以实线"—"符号表示。

(2)$\mu\left[\frac{\mathrm{d}x_i(t+\Delta t)}{\mathrm{d}t}\right]\leqslant 0.5$时,则意味其性质隶属于消极、否定、破坏性力量是主要方面,以虚线"--"符号表示。

这样由"函数式"分析的结论,就可以表示为一个"二元六维"的图象,在"先天《易》六十四卦方圆图"坐标系中就有其对应位置。

依据"先天《易》范式新诠"的定义和"六十四卦方圆图"定义规则,就可以判断决策对象所处周期中的相对位置和未来发展趋势。具体方法如下:

第一,内因中最重要因素的性质("—"或"--"),决定了决策事物的变化趋势。当$x_1(t)$的性质隶属于"—"时,表明决策事物未来一段时间变化趋势是,上升可能性大于下降可能性;反之,则下降可能性大于上升可能性。

第二,内因中各因素性质("—"或"--")的组合,决定了决策事物所处周期中的相对位置。如:☳表示决策事物现在周期变化上升的初始阶段,未来发展趋势是上升可能性大于下降可能性;☲表示决策事物现在周期变化上升的初中期阶段,未来发展趋势是继续上升可能性大于下降可能性;☱表示决策事物现在周期变化上升的中期阶段,未来发展趋势是继续上升可能性大于下降可能性;☰表示决策事物现在周期变化上升的后期阶段,未来发展趋势逐渐向不确定性方向发展;☴表示决策事物现在周期变化下降的初始阶段,未来发展趋势是继续下降可能性大于上升可能性;☵表示决策事物现在周期变化下降的初中期阶段,未来发展趋势是继续下降可能性大于上升可能性;☶表示决策事物现在周期变化下降的中后期阶段,未来发展趋势是继续下降可能性大于上升可能性;☷表示决策事物现在周期变化下降的后期阶段,未来发展趋势逐渐向不确定性方向发展。

上文提到,当$\mu\left[\frac{\mathrm{d}Y(t+\Delta t)}{\mathrm{d}t}\right]\rightarrow 1$且$x_1(t)$的性质隶属于"—"时,"函数式"理论上分析的结论与实践情况多数相悖,这是"函数式"方法无法解释的现象。对此种情况，“图象式”解释是，此时趋近于上升周期的末端，继续变化，进入决策事物下降周期的可能性较大。这就是当 $\mu\left[\frac{\mathrm{d}Y(t+\Delta t)}{\mathrm{d}t}\right]\to 1$ 时“函数式”理论与实际，在多数情况下相悖的原因。另一个极端情况是 $\mu\left[\frac{\mathrm{d}Y(t+\Delta t)}{\mathrm{d}t}\right]\to 0$，从“函数式”来看，此时决策事物未来一段时间下降可能性远远大于上升可能性；而“图象式”的解释则是，此时是“下降周期的末端、新的上升周期伊始”的可能性较大。同一现象，两种方法解释迥异。另一方面，“图象式”对影响决策事物因素的性质的划分是二分法，即“—”的性质的区间是 $\mu\left[\frac{\mathrm{d}x_i(t+\Delta t)}{\mathrm{d}t}\right]=(0.5,1]$，而“--”的性质的区间则是 $\mu\left[\frac{\mathrm{d}x_i(t+\Delta t)}{\mathrm{d}t}\right]=[0,0.5]$，与“函数式”比较，定义范围宽泛，准确性稍差。这就是分别采用“图象式”和“函数式”研究决策事物未来一段时间变化趋势的可能性的原因所在，两者必须结合使用，缺一不可。

三、影响因素综合模糊分析方法研究

式(7-5-2)、(7-5-3)中，$x_i(t)(i=1,2,\cdots,6)$是影响决策事物变化多因素中的一个因素，每一个因素中，还可能包含多个次一级的子因素。就是说，在一个因素 $x_i(t)(i=1,2,\cdots,6)$中也存在综合分析的问题。设因素 $x_i(t)(i=1,2,\cdots,6)$包含 n 个次一级的子因素，即：

$$x_i(t)=x_{i1}+x_{i2}+\cdots+x_{in} \tag{7-5-7}$$

与式(7-4-12)分析方法相同，可得次一级子因素 $x_{ik}(k=1,2,\cdots,n)$“未来一段时间变化趋势可能性”的函数式：

$$\mu\left[\frac{\mathrm{d}x_{ik}(t+\Delta t)}{\mathrm{d}t}\right]=\alpha\cdot\mu[x_{ik}(t)]\cdot G[x_{ik}(t)]+\beta\cdot\mu\left[\frac{\mathrm{d}x_{ik}(t)}{\mathrm{d}t}\right]\cdot G\left[\frac{\mathrm{d}x_{ik}(t)}{\mathrm{d}t}\right]+\gamma\cdot\mu\left[\frac{\mathrm{d}^2x_{ik}(t)}{\mathrm{d}t^2}\right]\cdot G\left[\frac{\mathrm{d}^2x_{ik}(t)}{\mathrm{d}t^2}\right] \tag{7-5-8}$$

设次一级子因素 x_{ik} 重要性权重为 w_{ik}，依照式(7-5-4)定义，因素 $x_i(t)(i=1,2,\cdots,6)$，在包含多个次一级子因素 $x_i(t)=x_{i1}+x_{i2}+\cdots+x_{in}$ 情况下，“未来一段时间变化趋势的可能性”为：

$$\mu\left[\frac{\mathrm{d}x_i(t+\Delta t)}{\mathrm{d}t}\right]=\sum_{k=1}^{n}w_{ik}\cdot\mu\left[\frac{\mathrm{d}x_{ik}(t+\Delta t)}{\mathrm{d}t}\right] \tag{7-5-9}$$

现在需要解决的是次一级子因素 x_{ik} 重要性权重 w_{ik} 如何确定的问题。首先

采用“择优比较法”①。具体方法是：

1. 给出重要性排序

在次一级因素 $x_{ik}(k=1,2,\cdots,n)$ 中，决策者根据其偏好、学识、实践经验，给出次一级因素重要性排列顺序。

2. 建立二元相对比较级

设因素 $x_{ik},x_{il}(k,l=1,2,\cdots,n)$ 重要性程度分别为 $f(x_{ik}),f(x_{il})$，且满足：

$$0\leqslant f(x_{ik}),f(x_{il})\leqslant 1 \tag{7-5-10}$$

建立相应矩阵，记为：

$$f(x_{ik}/x_{il})\triangleq\frac{f(x_{ik})}{\max[f(x_{ik}),f(x_{il})]} \tag{7-5-11}$$

易见：

$$f(x_{ik}/x_{il})=\begin{cases}1,\text{若 } f(x_{ik})\geqslant f(x_{il})\\ f(x_{ik})/f(x_{il})(\text{或}=0),\text{若 } f(x_{ik})<f(x_{il})\end{cases}$$

3. 做“排序表”

把次一级因素按顺序排列，以 $f(x_{ik}/x_{il})$ 为元素做排序表，如表 7-5-1 所示。

表 7-5-1 因素排序表

	x_{i1}	x_{i2}	…	x_{in}	$\sum\sum$
x_{i1}	1	$f(x_{i1}/x_{i2})$	…	$f(x_{i1}/x_{in})$	
x_{i2}	$f(x_{i2}/x_{i1})$	1	…	$f(x_{i2}/x_{in})$	
…	…	…	…	…	…
x_{in}	$f(x_{in}/x_{i1})$	$f(x_{in}/x_{i2})$	…	1	
$\sum$	$\sum_{k=1}^{n}f(x_{ik}/x_{i1})$	$\sum_{k=1}^{n}f(x_{ik}/x_{i2})$	…	$\sum_{k=1}^{n}f(x_{ik}/x_{in})$	$\sum_{k=1}^{n}\sum_{l=1}^{n}f(x_{ik}/x_{il})$
权重	α_{i1}	α_{i2}	…	α_{in}	1

4. 求次一级因素重要性权重

首先，满足归一化条件，则 $x_{il}(l=1,2,\cdots,n)$，其因素重要性权重为：

$$\alpha_{il}=\sum_{k=1}^{n}f(x_{ik}/x_{il})/\sum_{k=1}^{n}\sum_{l=1}^{n}f(x_{ik}/x_{il}) \tag{7-5-12}$$

“择优比较法”的优点是，只要决策者给出次一级因素重要性排列顺序，则次一级因素重要性权重就可以确定出来，能反映因素之间的差异。但因素之间差

---

① 参见李洪兴等编著《工程模糊数学方法及应用》，天津科学技术出版社 1993 年版，第 149～154 页。

距较大。

其次，采用“同等重要法”。次一级因素 $x_{ik}(k=1,2,\cdots,n)$中，当各因素重要性程度相同时，其重要性权重则为：

$$\beta_{ik}=\frac{1}{n} \tag{7-5-13}$$

这种方法优点、缺点是显而易见的，虽然简单、易操作，但不能反映因素之间的差异。

再次，对“择优比较法”和“同等重要法”确定的重要性权重进行平化。根据实践经验，采用简单平化，就可达到使用要求，即：

$$w_{ik}=(\alpha_{ik}+\beta_{ik})/2 \tag{7-5-14}$$

则权重矩阵为：

$$w=(w_{i1},w_{i2},\cdots,w_{in}),\sum_{k=1}^{n}w_{ik}=1 \tag{7-5-15}$$

综上所述，通过式(7-4-12)、(7-5-1)、(7-5-4)、(7-5-8)和(7-5-9)，两次综合分析，即可实现决策事物多因素的完全量化分析。

四、综合模糊对策方法

决策是一个过程，综合模糊分析结果，即式(7-4-12)、(7-5-4)，“图象式”表示法，以及图 2-2-1“六十四卦方圆图”，是综合模糊对策方法的理论基础。其总原则是：

首先，对策的主要目标是使事物始终处于上升、扩张阶段，就是，内因中第一重要因素力求始终处于积极建设性为主的状态。

其次，将不利因素变为有利因素。具体讲，首先将权重最大的不利、消极为主的因素转化为积极建设性为主的因素，这是解决主要矛盾；然后将权重次大的不利、消极为主的因素转变为积极建设性为主的因素，这是次一级主要矛盾问题的解决。以此类推。

再次，合作胜过对抗。合作的主要含义是，在关注自身利益的同时，也要关注对方的利益，特别是核心利益。由“先天《易》六十四卦方圆图”可以看出，非合作博弈，双方都要付出较大代价；而合作博弈，从机会、风险方面看，对双方都是有利的。

五、总结与展望

现将上述观点总结如下：

第一，“综合模糊”意义诠释。“综合”的含义是：其一，“用全面、联系、发展的观点分析问题”。“全面”的含义是把影响决策的所有因素都要进行分析；“联系”的含义是影响决策的每个因素既相互独立，又相互联系，构成一个有机整体；“发展”的含义是在分析影响决策的每个因素时，既要看现有水平，更要看其的未来发展趋势。其二，东、西方思维模式的融合。“笛卡儿坐标周期分析法”、导数、泛函分析、模糊数学等是西方科学的思维模式。“道生一，一生二，二生三，三生万物”，“先天《易》六十四卦方圆图”坐标系，符号、演绎逻辑方法和辩证逻辑方法，是典型的中华传统文化的思维模式。“模糊”的含义是，使用模糊数学的“隶属度”，取代随机数学的概率，来描述决策事物之不确定性特征。不确定条件下的决策，是典型的复杂性系统，正如数学家所说：“一个系统愈复杂其数学表述的精确性将愈差，当复杂性超过某一临界值时，其复杂性与描述的精确性将互斥。换言之，科学的复杂性对应于数学描述的难以精确性。”①这意味着，不确定条件下的决策并不是一个精确性结论。

第二，综合模糊决策方法的特点。核心模型是，“决策事物未来一段时间变化趋势的可能性”与其所有影响因素之间的关系，其思想是中华传统文化思维模式与西方现代科学方法的融合。用模糊数学方法，量度不确定性；用灰色数学方法，量度不完全信息和非对称信息问题。

第三，实际应用。理论上讲，综合模糊决策方法适用于所有不确定条件下的决策问题，特别适用于经济学、金融学、管理学、政治学、军事学等。对不同决策对象，式(7-5-2)、(7-5-3)中 $x_i(t)(i=1,2,\cdots,6)$ 的选取和式(7-5-5)、(7-5-6)中 λ_1 的确定，各不相同，但其分析问题的思路、方法却是相同的。

第四，有待完善的问题。其一，人们在决策时，所掌握的信息是一个灰区间。用“灰区间内权最大的一点”，量度决策者所掌握的信息量 $G(x)$，其小于决策者掌握信息的上隶属度 $\overline{G}(x)$，大于决策者掌握信息的下隶属度 $\underline{G}(x)$。所以，该分析方法丢失了部分信息量，这是有待深入研究的问题。其二，本章仅是建立了一种新的不确定条件下决策的一般范式，对不同决策对象，式(7-5-2)、(7-5-3)中 $x_i(t)(i=1,2,\cdots,6)$ 的选取和式(7-5-5)、(7-5-6)中 λ_1 的确定，各不相同。因此，不同决策对象的具体模型有待建立、完善和实践检验。

---

① 高隆昌：《数学及其认识》，高等教育出版社 2001 年版，第 236 页。

第六节　应用案例之一：股指涨跌有其道

一、股票投资特点简析

股票是金融投资的主要产品。股票价格指数则是衡量股票市场总体价格水平及其变化趋势的尺度，也是反映一个国家或地区社会政治经济发展状况的灵敏信号。

股票价格指数与股票价格呈正相关性。理论上讲，股票价值等于预期现金流的现值。换言之，影响股票价格的主要因素是估计现金流净值和确定用于计算现值的适用利率。用公式表示即：

$$PV=\sum_{t=0}^{\infty}\frac{F_t}{(1+R_t)^t} \tag{7-6-1}$$

式中，PV 是股票价值。F_t 代表未来第 t 期估计现金流净值，主要由企业经营管理水平、国家及世界政治经济形势等因素决定。理论上讲，t 的范围从现在至未来是无限期的。由第二章第二节研究结论可知："对客观事物能准确预测是个别、偶然现象，不能准确预测则是多数、普遍现象"，推而论之，能准确预测股票价值，是个别、偶然的现象，不能准确预测则是多数、普遍现象。R_t 是用于计算现值的适用利率，也是投资者要求的最低投资收益率。影响 R_t 的主要因素是无风险利率 i_f、通货膨胀率 π_t 和投资者要求的风险补偿 i_R，用公式表示即：

$$R_t=i_f+\pi_t+i_R \tag{7-6-2}$$

在相同经济环境下，不同投资者要求风险补偿各异。尽管股票是客观存在的，但不同投资者，由于要求的最低投资收益率不同，所以，给出的内在价值是不同的。因此，股票价值是主观唯心值，并非客观公允值。

股票价值理论假设市场是完全有效的。市场完全有效的含义是，任何信息都会充分地反映在市场价格之中。这意味着资本市场上股票价格与价值相等。由第二章第二节可知：在市场中，股票价格与价值相等是个别、偶然现象，价格与价值不相等则是常态，是多数、普遍现象。

可见，股票投资的特点是：第一，准确估计股票价值几乎是不可能的事情。第二，股票价值是主观唯心值，而非客观公允值。第三，资本市场完全有效是个别、偶然现象，而不完全有效则是常态，是多数、普遍现象；资本市场是否完全有效无法检验。

二、应用"综合模糊理论"预测股票价格指数趋势

以上分析说明，股票价格具有高度的不确定性。这是否说，股票价格根本不

可预测呢？回答是否定的。“综合模糊理论”预测股票价格指数趋势，就是一个尝试。

1. 影响股票价格指数因素的确定

股票价格指数是一个国家经济、政治和文化发展状况的灵敏信号。经济、政治和文化之间的相互关系，借用毛泽东的话那就是：“一定的文化是一定社会的政治和经济的反映，又给予伟大影响和作用于一定社会的政治和经济；而经济是基础，政治则是经济的最集中的体现。这是我们对于文化和政治、经济的关系及政治和经济的关系的基本观点。”①

股票价值和市场供求关系，是人们对未来经济的预期，也是影响股票价格指数趋势的重要内部因素。同时，国际上经济、政治和文化，也影响到国内经济状况，是影响国内股票价格指数的外部因素。因此，内、外卦(因)和六爻排列顺序是：股票价值、市场供求关系、政治和文化是内因第一、第二、第三重要等级因素，分别置于初爻、二爻、三爻位置；国际上，经济、政治和文化是外因第一、第二、第三重要等级因素，置于四爻、五爻、上爻位置。

2. 影响股票价格指数单因素性质分析

单因素性质分析，就是确定各个因素的性质(“阴”或“阳”)，及其性质的数量表示——隶属度。

(1)股票价值分析。就是分析市场价格与价值的关系，若市场价格大于价值，就没有投资价值，股票指数趋势下降可能性较大，反之，股票指数上升的可能性较大。当股票每期现金流净值以 g 平均增长时，式(7-6-1)就成为：

$$PV_0=\frac{F_0(1+g)}{R-g} \tag{7-6-3}$$

股票市场价格 P_0 小于股票价值 PV_0，即 $\frac{P_0}{PV_0}<1$ 说明其具有投资价值，整理得：

$$\frac{P_0}{F_0}<\frac{1+g}{R-g}=\frac{1+g}{i_f+\pi_t+i_R-g} \tag{7-6-4}$$

国家经济形势决定式(7-6-4)各参数的选取。目前，国内有利于经济发展的条件是：城市化、工业化双加速阶段中继续发展；劳动力和资金供给总体充裕，储蓄率较高；国内市场广阔、发展潜力大，有较大的回旋余地；企业竞争力和活力不断提高，适应市场变化的能力增强；宏观调控的能力也在实践中得到改善和提高。然而，改革发展开始步入“高成本”时代。这主要体现为资源环境的成本加

---

① 《毛泽东选集》第 2 卷，人民出版社 1991 年版，第 663 页。

大、能源原材料价格上涨、劳动力成本上升和经济全球化红利的缩减。以往30年的“低成本、高增长”的路子很难继续走下去，必须依靠改革寻求一条可持续发展的新路子。据此，选取各参数为：无风险利率 i_f，参考长期国债选取，2008年2月27日，财政部发行2008年记账式（二期）国债，期限15年，票面年利率为4.16%，故取 $i_f=4.16\%$；通货膨胀率 π_t，根据其他国家发展经验获得，取 $\pi_i=5\%$；投资者要求的风险补偿 i_R 是经验数据，取 $i_R=2\%$；增长率 g，取GDP增长率，过去30年中国GDP平均增长率是9.8%，参考其他国家发展经验，从稳健考虑，取 $g=7\%$。将以上参数数据代入式（7-6-4），得 $\frac{P_0}{F_0}<25.7$。

$\frac{P_0}{F_0}$ 是市盈率，含义是市场市盈率低于25.7时，就具有投资价值；否则，就没有投资价值。2008年9月4日，上证股票价格综合指数对应市盈率是18，小于25.7，表明上证股票价格综合指数具有投资价值。此时，上证股票价格综合指数，处于“笛卡儿坐标周期分析法”中的 $C\to D\to E$ 阶段（见图2-3-1），随着股票价格指数继续下降，上证股票价格综合指数更显投资价值。

股票价值因素位于初爻位置，式（7-4-12）中，令 $x=x_1=\frac{P_0}{F_0}$，各参数取值及 $\mu\left[\frac{\mathrm{d}x_1(t+\Delta t)}{\mathrm{d}t}\right]$ 计算结果详见表7-6-1。

表7-6-1　　因素 x_1 未来一段时间变化趋势可能性①

$x_1(t+\Delta t)$ 隶属度	$x_1(t)$				$\mathrm{d}x_1(t)/\mathrm{d}t$				$\mathrm{d}^2x_1(t)/\mathrm{d}t^2$			
	权重	隶属度	灰度		权重	隶属度	灰度		权重	隶属度	灰度	
			G_1	G_2			G_1	G_2			G_1	G_2
0.93	0.2	1	0.9	0.95	0.4	1	0.9	0.95	0.4	1	0.9	0.95

$\mu\left[\frac{\mathrm{d}x_1(t+\Delta t)}{\mathrm{d}t}\right]=0.93>0.5$，赋予“阳爻”“—”。

（2）市场供求分析

就是根据当前价格和成交量的变化趋势，分析价格未来变化趋势。一般规律是，当前价格和成交量均呈上升趋势时，则价格未来处于上升趋势可能性较大；当前价格和成交量都是下降趋势时，则价格未来处于下降趋势可能性较大；

① $\omega=0.5$，$G_1=\underline{G}(x)$，$G_2=\overline{G}(x)$ 由决策者依据个人偏好、学习背景和实践经验等主观给出；其他参数按第四节“单一因素模糊分析法”相关原则，由决策者给出。（下同）

若成交量变化趋势趋于稳定时，未来价格向相反方向转化可能性较大。至 2008 年 9 月 4 日，上证股票价格综合指数是 2277 点，位于"笛卡儿坐标周期分析法"中的 $C \to D \to E$ 阶段（见图 2-3-1），指数和成交量都是呈下降趋势，则股票指数未来继续下降可能性较大。本次周期，上证股票价格综合指数上升始点是 998 点，最高点是 6124 点。

市场供求因素位于二爻位置，式(7-4-12)式中，令 $x=x_2$，各参数取值及 $\mu\left[\frac{\mathrm{d}x_2(t+\Delta t)}{\mathrm{d}t}\right]$ 计算结果详见表 7-6-2。

表 7-6-2　　因素 x_2 未来一段时间变化趋势可能性①

$x_2(t+\Delta t)$ 隶属度	$x_2(t)$				$\mathrm{d}x_2(t)/\mathrm{d}t$				$\mathrm{d}^2x_2(t)/\mathrm{d}t^2$			
	权重	隶属度	灰度		权重	隶属度	灰度		权重	隶属度	灰度	
			G_1	G_2			G_1	G_2			G_1	G_2
0.15	0.2	0.75	0.9	0.95	0.4	0	1	1	0.4	0	1	1

$\mu\left[\frac{\mathrm{d}x_2(t+\Delta t)}{\mathrm{d}t}\right]=0.15<0.5$，赋予"阴爻""--"。

(3)国内政治和文化分析

就是分析国内政治和文化环境，对股票价格指数变化趋势的影响。改革开放以来，人们在各个领域的自由有所扩张，个人权利获得政府的尊重和保障，社会自我治理范围不断扩展，文化、精神的自主性不断强化，法律与司法体系趋向完善，政治参与的渠道也日益增加。相对于经济领域成就，这些领域的变革尚有较大发展空间。我国已由生存型社会，步入到发展型社会，改革进入利益关系全面协调阶段，由于利益的多元化和社会结构的分化，现在一项改革措施出台，有的支持有的反对，改革的合力在减弱。总之，政治和文化不断进步趋势不可阻挡，但前进道路可能是曲折的。目前，国内政治和文化形势，处于"笛卡儿坐标周期分析法"中的 $A \to B$ 阶段（见图 2-3-1）。

国内政治和文化因素位于三爻位置，式(7-4-12)中，令 $x=x_3$，各参数取值及 $\mu\left[\frac{\mathrm{d}x_3(t+\Delta t)}{\mathrm{d}t}\right]$ 计算结果详见表 7-6-3。

---

① $\left(1-\frac{2277-998}{6124-998}\right)=0.75$

表 7-6-3　　因素 x_3 未来一段时间变化趋势可能性

$x_3(t+\Delta t)$ 隶属度	$x_3(t)$				$dx_3(t)/dt$				$d^2x_3(t)/dt^2$			
	权重	隶属度	灰度		权重	隶属度	灰度		权重	隶属度	灰度	
			G_1	G_2			G_1	G_2			G_1	G_2
0.70	0.2	0.7	0.8	0.9	0.4	1	0.8	0.9	0.4	0.7	0.8	0.9

$\mu\left[\dfrac{dx_3(t+\Delta t)}{dt}\right]=0.7>0.5$，赋予“阳爻”“—”。

(4)国际经济分析

就是分析国际经济形势，对股票价格指数变化趋势的影响。中国进出口总额约占 GDP 的 50%以上。2003 年以来，以美元计价，出口每年以逾 20%的幅度增长。美国金融危机导致全球经济步入困难之中，欧洲、日本和美国经济 30 年来同时收缩。这对中国出口造成巨大压力，整体经济增长将显著放缓。国际经济对中国经济影响，处于“笛卡儿坐标周期分析法”中的 $C\to D$ 阶段(见图 2-3-1)。

国际经济因素位于四爻位置，式(7-4-12)中，令 $x=x_4$，各参数取值及 $\mu\left[\dfrac{dx_4(t+\Delta t)}{dt}\right]$计算结果详见表 7-6-4。

表 7-6-4　　因素 x_4 未来一段时间变化趋势可能性

$x_4(t+\Delta t)$ 隶属度	$x_4(t)$				$dx_4(t)/dt$				$d^2x_4(t)/dt^2$			
	权重	隶属度	灰度		权重	隶属度	灰度		权重	隶属度	灰度	
			G_1	G_2			G_1	G_2			G_1	G_2
0.19	0.2	1	0.9	0.95	0.4	0	1	1	0.4	0	1	1

$\mu\left[\dfrac{dx_4(t+\Delta t)}{dt}\right]=0.19<0.5$，赋予“阴爻”“--”。

(5)国际政治分析

就是分析国际政治环境，对股票价格指数变化趋势的影响。影响我国经济发展的主要国际政治因素是，中美关系中俄关系、中日关系、中欧关系，以及台湾、西藏问题。现在，国际政治环境对我国经济发展总体是比较有利的，随着我国经济、政治、文化和社会的不断发展，总的判断是，朝着有利于我国的方向发展，但也不排除个别不利事件的发生。国际政治环境对我国经济影响，恰似“笛卡儿坐标周期分析法”中的 $A\to B$ 阶段(见图 2-3-1)。

国际政治因素位于五爻位置，式(7-4-12)中，令 $x=x_5$，各参数取值及

$\mu\left[\frac{\mathrm{d}x_5(t+\Delta t)}{\mathrm{d}t}\right]$计算结果详见表 7-6-5。

表 7-6-5　因素 x_5 未来一段时间变化趋势可能性

$x_5(t+\Delta t)$ 隶属度	$x_5(t)$				$\mathrm{d}x_5(t)/\mathrm{d}t$				$\mathrm{d}^2x_5(t)/\mathrm{d}t^2$			
	权重	隶属度	灰度		权重	隶属度	灰度		权重	隶属度	灰度	
			G_1	G_2			G_1	G_2			G_1	G_2
0.67	0.2	0.8	0.9	0.95	0.4	1	0.7	0.9	0.4	0.5	1	1

$\mu\left[\frac{\mathrm{d}x_5(t+\Delta t)}{\mathrm{d}t}\right]=0.67>0.5$，赋予“阳爻”“—”。

(6)国际科技文化分析

就是分析国际文化环境，对股票价格指数变化趋势的影响。在过去 10 多年里，随着我国国际地位的提升，通过外交、经济、文化和其他非强制性力量，对全球的影响力日益增长。同时，国际科技、文化环境对我国经济发展也更加有利，尤其是北京奥运会顺利举行，为国际社会，全方位、多角度、近距离，了解中国社会，提供了难得的历史契机。随着我国经济、政治、文化和社会的不断发展，总的判断是，国际文化环境，将朝着更加有利于我国的方向发展，但也不排除个别不利事件的发生。国际文化环境对我国经济影响，恰似“笛卡儿坐标周期分析法”中的 $A\rightarrow B$ 阶段(见图 2-3-1)。

国际文化因素位于上爻位置，式(7-4-12)中，令 $x=x_6$，各参数取值及 $\mu\left[\frac{\mathrm{d}x_6(t+\Delta t)}{\mathrm{d}t}\right]$计算结果详见表 7-6-6。

表 7-6-6　因素 x_6 未来一段时间变化趋势可能性

$x_6(t+\Delta t)$ 隶属度	$x_6(t)$				$\mathrm{d}x_6(t)/\mathrm{d}t$				$\mathrm{d}^2x_6(t)/\mathrm{d}t^2$			
	权重	隶属度	灰度		权重	隶属度	灰度		权重	隶属度	灰度	
			G_1	G_2			G_1	G_2			G_1	G_2
0.80	0.2	0.7	0.8	0.9	0.4	1	0.8	0.9	0.4	1	0.8	0.9

$\mu\left[\frac{\mathrm{d}x_6(t+\Delta t)}{\mathrm{d}t}\right]=0.8>0.5$，赋予“阳爻”“—”。

3. 股票价格指数趋势综合分析

以上是单因素分析结论，综合分析时，需根据股票价格指数性质，确定各个单因素重要性权重 λ_1。根据式(7-5-5)、(7-5-6)给出的 λ_1 理论取值区间，结合股票价格指数趋势特点，取 $\lambda_1=0.25$，$\lambda_2=0.22$，$\lambda_3=0.16$，$\lambda_4=0.15$，$\lambda_5=0.14$，$\lambda_6=0.08$。代入式(7-5-4)，得“函数式”综合分析结果为：

$$\mu\left[\frac{\mathrm{d}Y(t+\Delta t)}{\mathrm{d}t}\right]=0.25\times0.93+0.22\times0.15+0.16\times0.7+0.15\times0.19+0.14\times0.67+0.08\times0.8=0.56$$

$\mu\left[\frac{\mathrm{d}Y(t+\Delta t)}{\mathrm{d}t}\right]=0.56>0.5$，表示综合分析结果是，上证股票价格综合指数2008年9月4日的2277点是本周期的相对低点，在此点位附近，上升可能性大于下降可能性；但近期由下降趋势转为上升趋势，条件尚不完全具备。

单因素分析结果还表明：内因之初爻、三爻，及外因的五爻、上爻性质属“阳”，是有利于股票指数上升的积极因素；而二爻和四爻，其性质属“阴”，则是引起股票价格指数下降的主要力量。因此，“图象式”综合分析结果为：当下状态图象是䷤“风火家人”，位于图2-2-1“先天《易》六十四卦方圆图”上升的初中期阶段。

4. 决策建议

对“风险偏好”者来讲，“函数式”综合分析隶属度 $\mu\left[\frac{\mathrm{d}Y(t+\Delta t)}{\mathrm{d}t}\right]=0.56>0.5$；“图象式”综合分析结果是“风火家人”，位于“六十四卦方圆图”上升的初中期阶段。此时，可以适当关注，小规模投资。对“低风险偏好”者而言，“函数式”综合分析隶属度 $\mu\left[\frac{\mathrm{d}Y(t+\Delta t)}{\mathrm{d}t}\right]=0.56<0.7$；“图象式”综合分析结果是“风火家人”，位于“六十四卦方圆图”上升的初中期阶段。这样的预测结果，尚未达到投资的决策标准，应待机而动，察市场投资者信心变化，观国际经济形势的转变。这两个因素好转之时，就是“低风险偏好”者投资之日。

补记：本案例各参数选取及其赋值完成于2008年9月4日，仅代表笔者观点。股票市场的发展，证明了当时的判断是符合实际情况的。[①] 有“上证股票价格综合指数(周)K线图”(图7-6-1)为证。

---

① 参见肖洪生《先天〈易〉范式预测与决策方法探究——以金融投资为例》，载《周易研究》2009年第6期。

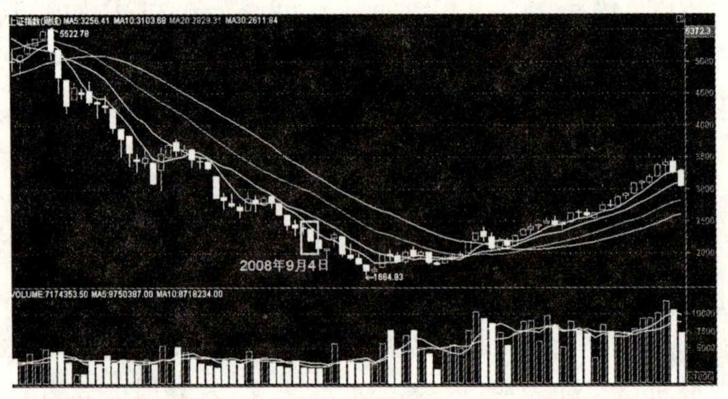

图 7-6-1 上证股票价格综合指数(周)K 线图

第七节 应用案例之二:未来经济六十年

中国经济未来如何?这是人们普遍关心的问题。本节应用"综合模糊理论"来回答这个问题。

决定一国社会发展的主要因素是什么?笔者赞同毛泽东的观点:"一定的文化是一定社会的政治和经济的反映,又给予伟大影响和作用于一定社会的政治和经济;而经济是基础,政治则是经济的最集中的体现。这是我们对于文化和政治、经济的关系及政治和经济的关系的基本观点。"①

依据第七章第五节的有关规定,对式(7-5-1)、(7-5-2)、(7-5-3)中各因素定义如下:$Y(t)$:中国经济整体现状;$x_1(t)$:国内经济;$x_2(t)$:国内政治;$x_3(t)$:国内科技文化;$x_4(t)$:国际经济;$x_5(t)$:国际政治;$x_6(t)$:国际科技文化。

现对各因素对中国社会未来一段时间变化趋势的影响分析如下:

一、国内经济

经济是社会大系统中的一个重要组成部分,经济发展是构建和谐社会的前提和基础。只有在经济充分发展的基础上,才能为社会和谐提供强大的物质条件;也只有保持经济的和谐发展,才能更好地促进和谐社会的建设。中国经济的未来发展,既有有利条件,也面临着挑战。

1. 有利条件

有利条件方面,卢中原等的观点具有一定代表性:

① 《毛泽东选集》第 2 卷,人民出版社 1991 年版,第 663 页。

近30年的经济持续快速增长和改革开放，为中国未来进一步发展奠定了有利的物质技术基础和体制条件。而且，中国正处于城市化和工业化加速发展阶段，城乡居民消费结构由温饱型(以吃穿用的改善为消费热点)向小康型(以改善居住和出行条件为消费热点)升级，由此拉动新一轮的产业结构调整，终端产业、中间产业和基础产业之间正在形成新的产业关联，市场供求关系正在波动中走向新的平衡，这就为中长期经济增长提供了有力的结构支撑。因此，无论是从需求方面，还是从要素供给方面看，中国未来的发展潜力都是巨大的。

(1)国内需求将持续快速增长

中国人均GDP已经超过中低收入国家的平均水平，但仍然是一个发展中的经济体，其工业化和城市化远远没有结束。

从工业化的情况看，虽然中国第二产业增加值占国内生产总值的比重高于世界绝大多数国家，但是，其人均第二产业增加值尚不到世界平均水平的一半，不到高收入国家的1/10。

从城市化的情况来看，中国城镇人口比重低于世界平均水平，更低于高收入国家的水平。因此，未来十几年，中国仍将处于工业化和城市化“双加速”的时期。在这个时期，一方面，城乡基础设施的大规模建设，传统产业的改造升级，新兴产业的扩张，将带来投资需求的增长。另一方面，城市人口规模的扩大，城乡居民收入水平的提高，居民消费结构的升级，将带来消费需求的增长，并拉动产业结构和供给结构与消费结构升级相适应。经济持续快速增长的国内需求拉动力量将十分强劲。

巨大消费市场空间有利于经济的发展。国际经验表明，人均GDP达到2000美元，消费水平将得到一定提升。2008年我国人均GDP已超过3000美元，开始步入消费的加速转型期，消费市场的总体空间进一步扩大。城镇化率不断提高，有利于扩大消费。按照国际惯例，城镇化水平在30%～70%之间，属城镇化快速发展的时期。据测算，城镇化率提高1个百分点，约拉动最终消费增长1.6个百分点。2009年我国城镇化水平约为47%。据世界银行统计，20世纪90年代以来，世界各国平均消费率稳定在73%～79%，一些发展中国家的最终消费率也达到65%～70%。2008年，我国最终消费率为48.6%，其中居民消费率为35.3%，而且与欧洲的58%、日本的55%、美国的70%相差甚远。不仅低于低收入国家74.1%的平均水平，也低于中等收入国家的54.6%。这些表明，我国消费市场的总体空间进一步扩大。

(2)资本由短缺变为相对充裕

改革开放之初，中国发展所需的资本极为短缺。正因为此，引进外资成了对外开放的主要内容之一。现在，资本市场上虽然还存在着资本的结构性短缺现象，但是从总量特征上看，资本供给大于需求的端倪已经呈现。城乡储蓄、外汇储备的快速增长，证券市场的繁荣活跃，都是这种变化的间接反映。到2010年6月末，中国外汇储备达24543亿美元，本外币存款余额68.85万亿元。充裕的资本供给，有利于保持资本价格的低水平，有利于经济规模的扩大，有助于资本的深化和劳动生产率的提高。

(3)劳动者素质有较大提高

改革开放以来，中国的教育事业蓬勃发展，为经济社会发展培养了大量的专门人才和具有较高技能的普通劳动者，较大幅度地提高了劳动者的整体素质。2006年，研究生毕业人数达25.6万，而1978年只毕业9人。同年，普通高等学校毕业生达377.5万，职业中学毕业生达179.5万，分别是1978年的22.9倍和22.7倍。从国际比较来看，中国的劳动者素质也比较高。2006年，中国男性成人识字率为95%，女性成人识字率为87%。同年，世界平均水平分别为87%和77%，中等收入国家平均水平分别为93%和87%。劳动者素质的提高，有助于高新技术产业的成长，有助于经济的内生性增长。

(4)技术创新能力明显增强

2006年，中国科学家和工程师总人数达280万，研究与发展经费支出突破3000亿元，专利申请授权数达26.8万件。自主创新能力进一步增强。技术创新能力的增强，有利于产业结构升级和国际产业分工地位的提高。

(5)基础设施体系明显改善

交通、通信、能源、互联网宽带接入端口等基础设施体系的改善，不仅可以通过降低交通、通信、电力等基础产品的相对价格，直接促进经济的增长，而且还可以通过市场一体化程度的提高，强化地区之间的产业竞争和劳动力市场上的竞争，间接促进经济的增长。

(6)市场经济体制基本建立

与30年前相比，目前，中国资源配置的方式已发生根本性变化。在生产决策方面，生产什么、生产多少、如何生产，基本由生产者自己决定。纳入国家计划管理的产品，已由最多时的100多种减少到几种。在价格形成机制方面，已取消国家定价，只对少数重要产品实行国家指导价，95%以上的商品由市场定价。利率市场化迈出较大步伐。在市场主体培育方面，国有企业、私营和个体企业蓬勃发展，一些重要领域包括垄断行业(如民航、铁路、电信、金融、公共交通等)，已逐步向非公有制经济开放。市场经济体制的建立，有助于提高资源和要素在产业间、地区间的配置效率和企业内部效率，也有助于产品的创新、工艺的革新和新技术的扩散，进而有助于经济的增长。

(7)互利共赢的开放战略深入实施

加入世界贸易组织以来，中国认真履行承诺，在更广领域内和更大程度上，开放了产品市场和服务市场。这有利于获得经济发展所需要的价格更低、质量更高的产品和服务，有利于增强企业的竞争力和国民的创造力，从而激发经济成长的活力。另一方面，作为对中国开放市场的回报，其他国家也将对中国开放其产品、服务市场。这有助于中国制造产品市场的扩大，有助于中国产业获得规模经济效益，扩大资源配置的回旋余地。①

裴长洪从后危机时代经济全球化趋势及其新特点，分析了中国全面参与经济全球化的空间不仅存在，而且机遇大于挑战的观点：

第一，中国经济相对比重上升，为和平发展的时代主题增添了新的活力。2010 年上半年，国内生产总值 172840 亿元；进出口总额 13549 亿美元，其中，出口 7051 亿美元，进口 6498 亿美元；中国外汇储备达 24543 亿美元；城镇居民家庭人均总收入 10699 元；本外币存款余额 68.85 万亿元。经济规模居世界第二位，成为世界第一出口大国。

第二，为中国企业海外投资和跨国经营创造了新机遇。国际金融危机造成了一些外国企业在资金和生产经营的严重困境，这是中国企业加快实施“走出去”战略的有利时机。

第三，为人民币拓展国际业务营造了新空间。由于美元、欧元、英镑和日元在这场国际金融危机中受到不同程度的打击，国际地位受到动摇，美元地位会有所下降，为中国人民币拓展国际业务提供了难得机遇。

第四，世界经济重心转移为亚洲经济合作提供了新契机。在应对国际金融危机冲击中，中国—东盟自由贸易区已显示出活力，中国海外市场多元化取得了实质成效。

第五，世界多极化的各种矛盾为中国开拓各类国际市场提供了回旋余地。在后危机时代，在围绕温室气体排放的原则立场和具体行动上，中国与发展中国家 77 国集团、与基础四国和金砖四国都有明显的共同立场和利益，反映到未来的国际经济合作和经贸关系上，中国与这些国家的贸易投资会有新的利益共同点，即便发生贸易摩擦和经贸纠纷，也易于避开碳排放和绿色贸易壁垒等方面的敏感问题，也易于在反对绿色贸易保护主义方面找到共同语言。

第六，世界多种利益诉求的分化为中国在国际经济竞争中建立统一战线关系提供了新思路。世界多极化和各国、各个国家集团利益诉求多元化的新格局，为中国在国际经济竞争中建立国际经贸合作统一战线带来了新的可能性。②

---

① 参见卢中原、侯永志《中国 2020：发展目标和政策取向》，载《管理世界》2008 年第 5 期。

② 参见裴长洪《后危机时代经济全球化趋势及其新特点、新态势》，载《国际经济评论》2010 年第 4 期。

2. 面临的挑战

中国经济还面临许多挑战。这些挑战,有的是基本国情决定的,有的是工业化、城市化快速推进和经济社会剧烈转型阶段的伴生物,有的则是全球化条件下各国经济社会发展面临的共性问题。卢中原等列出了面临挑战主要问题:

(1)资源环境压力日益增大

中国绝大多数资源的人均占有量低于世界平均水平,生态环境从整体上看也比较脆弱。多年来的粗放式经济发展,削弱了资源环境承载力。经济规模的扩大,消费需求的增长,以及生产结构和消费结构的变化,将继续推动资源消耗总量的扩张。

(2)人口年龄结构过早、过快老化,劳动力供给充裕的优势开始减弱

中国是在2000年人均GDP只有1000美元时进入老龄化社会的,而且未来老龄化速度将快于发达国家。人口老龄化既会影响国民储蓄总水平,也会提高人口赡养负担。与老龄化相伴随,劳动力短缺的现象已在部分行业、部分经济发达地区乃至部分内陆地区的农村显现。劳动力的结构性短缺,业已引发劳动成本的上升。

(3)转变发展方式受到体制政策不完善的制约

转变经济发展方式是缓解资源环境压力、有效应对劳动力成本上升的关键途径。这需要提高自主创新能力和劳动者素质,需要优化产业结构和生产力区域布局,而最根本的,则是需要完善体制保障。目前,仍然存在一些制约发展方式转变的体制缺陷,如:①资源价格形成机制不合理,不能反映资源稀缺性、市场供求关系和环境损失代价;②税收体系不完善,难以抑制浪费资源、污染环境的生产和消费行为;③中央地方财政体制不健全,导致一些地方政府主要关心地区生产总值和财政收入的增长;④金融体制改革滞后,利率和汇率难以有效发挥引导结构调整的杠杆作用,等等。若不能尽快形成有利于发展方式转变的体制和政策,中国经济的持续协调平稳发展将难以实现。

(4)城乡、区域和阶层之间收入差距扩大的趋势短期内难以扭转

改革开放以来,中国的社会财富快速增长,无论是农村还是城市,无论是沿海还是内地,无论是工人、农民还是其他社会成员,都从这种增长中受益良多。但是,不同地区、不同阶层受益的程度不同,致使城乡、区域和阶层之间的差距都有不同程度的扩大。毋庸置疑,构建和谐社会需要抑制这三大差距的扩大。然而,由于中国正处于经济社会转型的过程之中,也正处于经济体制的重构之中,生产要素向城市和发达地区聚集,财富向拥有更多物质资本和人力资本的人群集中,仍然具有一定的客观必然性。这一矛盾,将存在于全面建设小康社会的全过程,将增加相关政策的制定和实施的难度。

(5)利益多元化格局下的利益矛盾日趋复杂

中国的改革在推动社会财富大幅度增长的同时，也引发了社会的进一步分层，促成了利益多元化的格局。有的研究认为，目前中国已形成产业工人、农业劳动者、专业技术人员、私营企业主等十大社会阶层。这对改革方案的设计、改革时机的选择等提出了更高的要求。任何改革措施所产生的损益都不是均匀分布的，都会对不同的社会阶层产生不同的影响，每个阶层对于改革的承受能力也不相同，要使改革能够顺利推进，必须很好地统筹各方面的利益。

(6)开放条件下的不确定和不稳定因素增加

对外开放大大地密切了中国经济与全球经济的联系，使中国经济日益具有开放型经济的特征。中国的开放型经济越是发展，越是容易受到国内外(境内外)各种因素的影响，特别是世界经济的不确定和不稳定因素日益增加，并且会迅速传导到国内。中国对宏观经济的调控效果，既受到各种内在条件的制约，也受到各种外在条件的制约。在这种情况下，只有加快转变粗放的经济发展方式和外贸增长方式，不断完善社会主义市场经济体制，娴熟地运用调控经济运行的各种手段，才能有效应对来自国内外各种不确定和不稳定因素的挑战。[①]

综上分析可知：中国仍然是机遇大于挑战。“机遇前所未有，挑战也前所未有，机遇大于挑战”，这是十七大的判断，在后危机时代，这个判断仍然没有过时。[②] 当下，对中国经济的基本判断是，处于“笛卡儿坐标周期分析法”中的 $A \to B \to C$ 阶段(见图 2-3-1)。式(7-4-12)中各参数取值及 $\mu\left[\frac{\mathrm{d}x_1(t+\Delta t)}{\mathrm{d}t}\right]$ 计算结果详见表 7-7-1。

表 7-7-1　　因素 x_1 未来一段时间变化趋势可能性

$x_1(t+\Delta t)$ 隶属度	$x_1(t)$				$\mathrm{d}x_1(t)/\mathrm{d}t$				$\mathrm{d}^2x_1(t)/\mathrm{d}t^2$			
	权重	隶属度	灰度		权重	隶属度	灰度		权重	隶属度	灰度	
			G_1	G_2			G_1	G_2			G_1	G_2
0.72	0.2	0.8	0.8	0.9	0.4	1	0.8	0.9	0.4	0.75	0.7	0.9

$$\mu\left[\frac{\mathrm{d}x_1(t+\Delta t)}{\mathrm{d}t}\right]=0.72>0.5 \tag{7-7-1}$$

二、国内政治

在社会系统中，政治是上层建筑，是调节社会诸系统关系的主要机制。发展

---

① 参见卢中原、侯永志《中国 2020：发展目标和政策取向》，载《管理世界》2008 年第 5 期。

② 参见裴长洪《后危机时代经济全球化趋势及其新特点、新态势》，载《国际经济评论》2010 年第 4 期。

社会主义民主政治，建设社会主义政治文明，既是构建和谐社会的重要任务，也是实现社会和谐的政治保障。

政治是经济的最集中的体现。政治如何为经济基础服务，这是古今中外仁人志士不断探求的问题。早在1945年抗日战争胜利前夕，针对黄炎培先生提出的如何打破历史周期率的疑问，毛泽东的回答是："我们已经找到了新路，我们能跳出这历史的周期率。这条新路，就是民主。只有让人民起来监督政府，政府才不敢松懈；只有人人起来负责，才不会人亡政息。"[①]新中国建立以后，根据中国的具体情况，设计了具有中国特色的社会主义政治制度，包括人民代表大会制度、共产党领导的多党合作制度、民族区域自治制度以及基层群众自治制度，奠定了中国社会主义民主政治的制度基础。

中国民主道路的探索，"由于历史的局限以及后来党在指导思想上的失误，在探索进程中走过一条曲折道路，甚至付出很大代价，直至发生'文化大革命'这种全局性背离民主、践踏法制的错误"[②]。

李良栋先生总结了改革开放三十年来的民主政治建设的一些基本经验，并回答了国内外、党内外普遍关心的一些问题，主要观点是：

第一，中国的民主政治建设必须坚持党的领导。中国的政党制度同西方政党制度产生历史过程存在巨大差异。西方国家是在资产阶级革命胜利以后先建立了议会制度，后来由于政治发展的需要在议会活动基础上产生了政党。因此，西方的政党要想获得组建政府的机会，必须遵守议会规则，通过竞争获得执政资格。而中国则情况完全不同。在中国，是先有了一个按照科学理论组织起来的先进的中国共产党，领导人民通过武装斗争赢得政权，进而在新中国的人民政权中成为执政党。因此，中国共产党在中国的执政地位是有着历史合法性的。同时，中国是一个幅员辽阔、人口众多、由56个民族组成的国家。在这样一个历史悠久、现实情况错综复杂的国度里进行社会主义现代化建设，没有一个能够代表最广大人民利益、善于总揽全局、有效协调各方的政治核心作为社会生活的中坚力量，社会的稳定发展和不断进步是不可能的。事实证明，这个政治领导核心还是中国共产党。

第二，从国情实际出发推进民主，不照抄照搬西方的政治模式。西方的"三权分立"和"多党政治"是他们的历史、文化和国情的产物，与中国国情有着区别。如果简单地照搬西方的"三权分立"，实行立法、行政、司法平行设置，人民代表大会一院制政体就会改变，人民权力高于一切就会发生变化。我国的共产党领导

---

① 转引自朱地《整风反右实录》，山西人民出版社1995年版，第10页。

② 李良栋：《新中国成立以来我国民主政治建设的理论与实践》，载《科学社会主义》2009年第5期。

的多党合作和政治协商制度，既是中国历史发展的合乎规律的结果，也是当代中国现实发展的必然要求，有着自己特有的优势，应当在实践中坚持和完善，而不能简单地仿效西方的多党制。其实，即使是在西方国家，由于国情不同，政体和政党制度的形式也是不同的。同样是代议制国家，英国就是君主立宪制，美国就是民主共和制；同样是民主共和制，美国是总统制，法国是总统内阁制，瑞士是委员会制。“三权分立”只是在美国最为典型，而其他国家并非都是美国式的“三权分立”。国外的政党制度也不是完全一样的，有的是两党制，有的是多党制，还有的是一党制。所以，在中国发展民主必须从自己的国情出发，坚持符合中国国情的社会主义政治制度。

第三，寻找适合自己国情的民主发展目标模式和实现道路。首先，作为国家政治制度层面的民主，它的进步程度和发展水平，离不开一定社会的生产力发展状况。在我国，由于社会主义初级阶段社会生产力的发展水平不高，不可避免地制约着社会成员的受教育水平和民主素质以及民主运行机制的完善程度。其次，社会主义市场经济的不成熟直接影响民主的发展。人类民主形成和发展的历史表明，商品经济的发展程度直接影响着民主的成长。在我国，社会主义市场经济还不可能一下子就成熟和完善起来。由于现阶段市场经济的不发达和不完善，影响着社会成员民主意识的增强和民主机制的健全。在这种情况下，发展社会主义民主只能从国情出发，不断探索中国民主发展的客观规律，实事求是地制定建设有中国特色社会主义民主的目标模式。

第四，实事求是地吸收西方民主的合理做法。在坚持中国特色社会主义民主道路的同时，我们也必须看到，民主作为一种与封建专制相对立的政治制度，具有一些基本的要素，这些要素是社会主义和资本主义都共同具有的。在经济文化比较落后的国家建设社会主义，一般都没有经历资本主义发达阶段，同在经济上应当学习资本主义某些合理经验一样，在政治上我们也应当学习资本主义民主中某些具有全人类文明的共同成果。从政体的层面看，我们的人民代表大会制度和西方的议会民主在性质、内容上有很大不同，但它们都是代议制却是相同的，因而，代议制中的某些做法是可以互相借鉴的。譬如选举制度中某些行之有效的做法，权力设置和权力监督中的某些有益成果。从民主的运行机制和操作程序上看，恐怕共性就更多了。资本主义在几百年的时间里，创造了一整套现代民主运行机制和操作程序，其中有许多人类文明共同成果。譬如法治的原则及其成果、新闻监督的某些形式，有许多是值得我们参考和借鉴的。

第五，政治体制改革必须以经济体制改革作为基础，始终注意维护政治稳定。我国新时期的改革实践昭示，要顺利推进社会主义全面改革，必须遵循经济决定政治、政治反作用于经济的发展规律，先在经济体制改革上有大的突破，再不失时机地展开政治体制改革；在进行各项政治体制改革的时候，必须继续加大经济体制改革的力度，并使之与政治体制改革相配套，为政治体制改革的顺利推进创造坚实的基础。同时，在发展民主过程中应当注意维护稳定。一般而言，高度发展的社会主义民主最终有利于社会稳定。但是，民主作为政治上层建筑，它总是涉及一些敏感的问题。如果在推进民主的过程中操作不慎，就有可能影响社会稳定。这种错综复杂的情况，要求推进政治体制改革既要解放思想、大胆突破，又要实事求是、谨慎从事，坚持在党的领导下有计划有步骤地、循序渐进地进行。①

与此同时，也必须看到，同经济体制改革的进程与民主法制建设的目标相比，同社会主义现代化政治发展的要求相比，我们的民主法制建设确实还存在着不很相适应的地方，主要表现在：

政治体制改革相对滞后，不很适应经济体制改革的深入发展，特别是不很适应社会主义市场经济发展的新要求；改革与完善党的领导方式、执政方式的任务虽然提了出来，但还缺乏研究和探索，远远没有破题；在民主的制度化、法制化建设上，还有很多需要完善的地方，譬如人民代表大会制度、共产党领导下的多党合作和政治协商制度、基层民主政治制度等还很不完善、很不健全；干部人事制度改革、政治监督的改革还缺乏力度，从而使腐败猖狂、吏治失范、权威流失等问题没有得到很好解决。②

《老子》第二十四章说："自见者不明，自是者不彰。"第七十一章接着又说："知不知，尚矣；不知知，病也。圣人不病，以其病病。夫唯病病，是以不病。"在一个幅员辽阔、历史悠久、经济社会发展不平衡、现实情况错综复杂、人口众多、由56个民族组成的国家，建设符合本国国情的政治制度，历史上、国际上都没有现成经验可供借鉴。中国共产党作为执政党，历史赋予其担当这个使命。在建设符合国情的政治制度道路上不断探索，及时纠正前进过程中出现的新问题，是政治制度不断完善、民主政治不断进步的基础。

"人民民主是社会主义的生命。"③这充分表明了中国共产党对发展社会主义民主重要性的深刻认识和坚定不移地领导人民发展民主政治的决心。

"党要总揽全局、协调各方的领导核心作用，提高党科学执政、民主执政、依

---

① 参见李良栋《新中国成立以来我国民主政治建设的理论与实践》，载《科学社会主义》2009年第5期。

② 参见李良栋《新中国成立以来我国民主政治建设的理论与实践》，载《科学社会主义》2009年第5期。

③ 胡锦涛：《高举中国特色社会主义伟大旗帜　为夺取全面建设小康社会新胜利而奋斗》，人民出版社2007年版，第28页。

法执政水平，保证党领导人民有效治理国家。”[①]这体现了党的领导方式和执政方式将进一步适应民主法治的要求。

“扩大人民民主，保证人民当家作主。人民当家作主是社会主义民主政治的本质和核心。要健全民主制度，丰富民主形式，拓宽民主渠道，依法实行民主选举、民主决策、民主管理、民主监督，保障人民的知情权、参与权、表达权、监督权。”[②]这说明，社会主义民主将不断扩大。

综上所述，我国政治制度建设和民主政治，还需不断发展、完善；但政治制度和民主政治不断进步、完善，这是不争的事实，是历史的、不以任何利益集团和个人意志为转移的发展趋势。对我国政治制度建设和民主政治所处阶段的基本认识是，处于“笛卡儿坐标周期分析法”中的 $O \to A \to B$ 阶段（见图 2-3-1）。式（7-4-12）中各参数取值及 $\mu\left[\frac{\mathrm{d}x_2(t+\Delta t)}{\mathrm{d}t}\right]$ 计算结果详见表 7-7-2。

表 7-7-2　因素 x_2 未来一段时间变化趋势可能性

$x_2(t+\Delta t)$ 隶属度	$x_2(t)$				$\mathrm{d}x_2(t)/\mathrm{d}t$				$\mathrm{d}^2x_2(t)/\mathrm{d}t^2$			
	权重	隶属度	灰度		权重	隶属度	灰度		权重	隶属度	灰度	
			G_1	G_2			G_1	G_2			G_1	G_2
0.69	0.2	0.7	0.7	0.9	0.4	1	0.8	0.9	0.4	0.75	0.7	0.9

$$\mu\left[\frac{\mathrm{d}x_2(t+\Delta t)}{\mathrm{d}t}\right]=0.69>0.5 \tag{7-7-2}$$

三、科技文化对本国经济、政治的影响

科技文化对本国经济、政治的影响，既包括本国科技文化对经济、政治的影响，也包括国际上科技文化对本国经济、政治的影响。

1. 科学技术的重要意义

科学技术是推动人类社会进步与文明发展的巨大动力。科学技术是人在实践活动中创造的结果，也是人生存和发展的条件。科学技术在满足人的需要、提升人的能力、拓展人的社会交往、促进人的个性发展方面发挥了举足轻重的作用。主要意义在于：

---

① 胡锦涛：《高举中国特色社会主义伟大旗帜　为夺取全面建设小康社会新胜利而奋斗》，人民出版社 2007 年版，第 29 页。

② 胡锦涛：《高举中国特色社会主义伟大旗帜　为夺取全面建设小康社会新胜利而奋斗》，人民出版社 2007 年版，第 29 页。

(1)科学技术是第一生产力,也是推动经济社会和谐发展的强大动力

科技创新在促进经济增长方式转变、推动产业结构升级、促进全球资源优化配置、保障经济安全等方面发挥着巨大作用。

(2)科学技术与政治之间的关系渐趋密切,是一种客观存在的社会现象

随着“大科学、高技术”时代的到来,科技的发展越来越离不开政治系统的支持,而科技的迅猛发展又使得科技的政治价值日益显现。科学技术不仅通过对社会生产力的影响而变革着社会关系,而且通过渗透和作用于政治制度和社会意识等社会因素,使政治系统的结构—功能发生变化。建设政治文明,就必须充分发挥科技的积极作用,既推进国内政治的发展,又促进国际政治的发展,从而为构建和谐社会提供良好的政治环境。

(3)文化是社会系统的一个子系统,与经济和政治处于同一层次

一个社会是否和谐,一个国家能否实现长治久安,很大程度上取决于其成员的思想道德素质和社会文化的和谐。和谐文化是全体人民团结进步的精神支撑,也是构建和谐社会的思想保证。科学技术作为一种文化形态,包括科学知识、科学思想、科学精神和科学方法等内容,是文化系统的重要组成部分。它在整个人类文化和精神文明发展中所起的重要作用,是别的文化无法替代的。科学技术不仅是一种文化,还是一种建设文化的手段,它通过渗透于经济、政治和社会生活等领域,影响和推动其他文化的发展。

(4)提高人类素质的功能

人的素质包含多方面的内容,其中科学是人的素质的一个重要内涵。人类素质的提高离不开科学技术。人的素质一个根本性标志,就是致力于改造自然、改造社会的能力。人类改造世界的能力的提高,主要依赖于文化科学技术的进步。

(5)体现综合国力,增强政治影响

在当今世界,国家之间的竞争已越来越多地表现在科学技术水平上的竞争。高新技术是衡量一个国家科学技术水平和经济实力的重要标志,体现一个国家的综合国力,因而高新技术既具革命性,又带有战略性。各国都意识到,只有掌握了高新技术的优势,才有可能在经济上、政治上、军事上掌握主动性。哪个国家在科学技术上落后,就有可能在军事上被动挨打,在经济上受制于人,在政治上成为强权政治的附庸。当今世界,衡量一个国家在政治上是否受重视,首先要看这个国家的经济水平、教育程度、科技能否受重视,综合国力的增强程度。而综合国力是以高新技术来支撑的。

中国改革开放三十多年来,社会稳定,国际地位提高,根本原因之一就是依

靠科学技术的引进和综合运用，综合国力增强所致。[①]

2. 创新型国家的经验

(1)创新型国家基本特征

创新型国家具有四个基本特征：

第一，科技创新成为促进国家发展的主导战略，创新综合指数明显高于其他国家，科技进步贡献率一般在70%以上。

第二，创新资金投入达到了一定的标准。目前的创新型国家，研究与发展(R&D)资金投入占GDP的比重都在2%以上。以2002年为例，日本和美国的R&D投入分别占其GDP的3.12%和2.67%，瑞典和芬兰也都超过了3%。根据世界银行统计，在全球R&D投入中，美国、欧盟、日本等发达国家占86%。

第三，具有很强的自我创新能力。目前的创新型国家，对引进技术的依存度均在30%以下。

第四，创新产出高。世界公认的20个创新型国家拥有的发明专利总数占全世界的99%，而仅占全球15%的人口的富国却拥有世界上几乎所有的技术创新成果，科学成果在世界级科技出版物中占的比例高达87%。[②]

(2)主要经验

无论是发达国家、新型工业化国家、转型经济国家还是发展中国家，在建立创新型国家的过程中，既有许多共同的特征，又都根据本国国情，在创新措施上各有侧重，各具特色。这些国家的基本经验可归纳为五个方面：

第一，建设创新型国家是改变国家命运的战略选择。

第二，政府的作用主要体现在对创新路径的选择、创新体制的顶层设计和政策协调机制的建立。

第三，构建有特色的国家创新体系。

第四，卓有成效的创新保障措施。

第五，创新精神与国家创新文化。[③]

3. 我国科技创新概况

2006年初，国务院发布了《国家中长期科学和技术发展规划纲要(2006～2020年)》。《纲要》提出，到2020年，我国科学技术发展的总体目标是：自主创

① 参见江光华《科学技术在构建和谐社会中的作用》，中共中央党校研究生院2008年博士论文，第1～3页；邓家褫《论社会发展的科技化趋势》，载《改革与战略》2001年第5期。

② 参见李元元《若干创新型国家的发展经验及其对我国的启示》，载《华南理工大学学报》(社会科学版)2006年第6期。

③ 参见李元元《若干创新型国家的发展经验及其对我国的启示》，载《华南理工大学学报》(社会科学版)2006年第6期。

新能力显著增强，科技促进经济社会发展和保障国家安全的能力显著增强，为全面建设小康社会提供强有力的支撑；基础科学和前沿技术研究综合实力显著增强，取得一批在世界具有重大影响的科学技术成果，进入创新型国家行列，为在21世纪中叶成为世界科技强国奠定基础。《纲要》还提出：到2020年，全社会研究开发投入占国内生产总值的比重提高到2.5%以上，力争科技进步贡献率达到60%以上，对外技术依存度降低到30%以下，本国人发明专利年度授权量和国际科学论文被引用数均进入世界前5位。

进入21世纪，我国加快科学技术发展，已具有较好的基础和诸多有利条件。具体来说，有八个方面：

第一，我国经济持续快速增长和社会进步，既对科技发展提出了巨大需求，也为科技发展奠定了坚实基础。近年来我国研发投入逐年增加，2005年已超过2300亿元，占当年GDP的1.3%，居世界较前列，而且这种增长势头还会保持下去。

第二，我国科技人力资源总量已达3200万人，研发人员总数达105万人，分别居世界第一位和第二位，这是建设创新型国家的最大优势。随着近年来教育事业已实现跨越式发展，今后还将不断培养出数以千万计的科技创新人才。

第三，我国已经建立起比较完备的学科体系，在生物、纳米、航天等部分重要领域的研究开发能力已跻身世界先进行列，具备了科学技术大发展的基础和能力。

第四，坚持对外开放，日趋活跃的国际科技交流与合作，使我们能分享新科技革命成果，同时对他国优秀的文化能更深入了解。

第五，坚持社会主义制度，能够把集中力量办大事的政治优势和发挥市场机制有效配置资源的基础性作用结合起来，为科技事业的繁荣发展提供重要的制度保证。

第六，中华民族拥有5000年的文明史，中华文化博大精深、兼容并蓄，更有利于形成独特的创新文化。

第七，别国优秀人才的引进。我国经济持续快速增长和社会进步，使得有能力引进别国优秀人才，且他国优秀人才也乐意为我们服务。

第八，国际认同度的日益提高。我国经济持续快速增长和社会进步，也使得别国重视我们的传统文化，了解我们的主张，关注我们的核心利益，更有利于我们的经济发展和政治文明的进步。①

目前我国虽然是一个制造大国，但还不是一个制造强国、经济强国。我国目

---

① 参见李元元《若干创新型国家的发展经验及其对我国的启示》，载《华南理工大学学报》(社会科学版)2006年第6期。

前仍主要以廉价劳动力、资源消耗、环境付出、优惠政策博得在世界中的竞争优势，而在自主创新能力和关键技术自给等方面则相形见绌。这种竞争优势尽管在短时间内还会保持，但是逐步削弱是必然的，必须用自主创新来取代目前的竞争优势。有关资料显示，目前我国科技进步对经济发展的贡献率还不到40%。在建设创新型国家的进程中，我们仍面临以下四大挑战：

第一，发明专利数量少，关键技术自给率低，企业核心竞争力弱，对外技术依存度居高不下，在专利技术和国际标准上明显落后。

目前我国大中型企业中71%没有技术开发机构，三分之二没有技术开发活动。我国拥有自主知识产权核心技术的企业仅为万分之三，有99%的企业没有申请专利。我国对外技术依存度在50%以上（发达国家平均在30%以下，美国和日本在5%左右），近年来，每年形成固定资产的上万亿元设备投资中，60%以上是引进的，特别是航空设备、精密仪器、医疗设备、工程机械等具有战略意义的高技术含量产品80%以上依赖进口。在IT方面，我国自己申请的专利只占8%，92%都是外国申请的。

第二，科技投入不足，科研实力不强，拔尖人才比较匮乏，重大创新成果甚少。我国R&D投入占GDP的比例1995～2000年在0.16%～1%之间，2000年达到1%，2004年和2005年分别达到1.23%和1.3%，但与我国有关法规规定的1.5%仍有差距，更是远低于世界上创新型国家2%～5%的水平。

第三，科技体系结构不合理，体制机制存在弊端，创新资源分散重复，效率不高。

第四，创新制度建设滞后，法治环境有待完善，创新文化急需加强。[①]

4. 国内科技文化对经济、政治影响状况评估

对国内科技文化对经济、政治影响的基本判断是处于“笛卡儿坐标周期分析法”中的$A\rightarrow B$阶段（见图2-3-1）。式(7-4-12)中各参数取值及$\mu\left[\frac{\mathrm{d}x_3(t+\Delta t)}{\mathrm{d}t}\right]$计算结果详见表7-7-3。

表7-7-3　　因素x_3未来一段时间变化趋势可能性

$x_3(t+\Delta t)$隶属度	$x_3(t)$				$\mathrm{d}x_3(t)/\mathrm{d}t$				$\mathrm{d}^2x_3(t)/\mathrm{d}t^2$			
	权重	隶属度	灰度		权重	隶属度	灰度		权重	隶属度	灰度	
			G_1	G_2			G_1	G_2			G_1	G_2
0.79	0.2	0.65	0.8	0.9	0.4	1	0.8	0.9	0.4	1	0.8	0.9

① 参见李元元《若干创新型国家的发展经验及其对我国的启示》，载《华南理工大学学报》（社会科学版）2006年第6期。

$$\mu\left[\frac{\mathrm{d}x_3(t+\Delta t)}{\mathrm{d}t}\right]=0.79>0.5 \tag{7-7-3}$$

5. 国际科技文化对中国经济、政治影响状况评估

对国际科技文化对中国经济、政治影响的基本判断是处于“笛卡儿坐标周期分析法”中的 $A\rightarrow B$ 阶段（见图 2-3-1）。式（7-4-12）中各参数取值，及 $\mu\left[\frac{\mathrm{d}x_6(t+\Delta t)}{\mathrm{d}t}\right]$ 计算结果详见表 7-7-6。

表 7-7-6　因素 x_6 未来一段时间变化趋势可能性

$x_6(t+\Delta t)$ 隶属度	$x_6(t)$				$\mathrm{d}x_6(t)/\mathrm{d}t$				$\mathrm{d}^2x_6(t)/\mathrm{d}t^2$			
	权重	隶属度	灰度		权重	隶属度	灰度		权重	隶属度	灰度	
			G_1	G_2			G_1	G_2			G_1	G_2
0.70	0.2	0.7	0.8	0.9	0.4	1	0.8	0.9	0.4	0.7	0.8	0.9

$$\mu\left[\frac{\mathrm{d}x_6(t+\Delta t)}{\mathrm{d}t}\right]=0.70>0.5 \tag{7-7-6}$$

四、国际经济

1. 国际经济现状

(1)美国之所以处在世界经济协调关系中的主要矛盾地位，主要原因是美元是国际储备货币。

布雷顿森林体系确定了美元作为世界储备货币的地位。布雷顿森林体系确定美元直接与黄金挂钩，并可按每盎司 35 美元的官价向美国兑换黄金。美元成为国际储备货币，意味着美元成为全球市场上重要产品，如石油和黄金的国际定价货币。1971 年美国终止美元和黄金之间的固定兑换比率，布雷顿森林体系解体，金汇兑本位制内容的强制性已失效，自此，浮动汇率登上历史舞台。

金融是现代经济的核心。布雷顿森林体系崩溃后，美元仍然是关键货币，但不再受黄金储备的约束。美国通过美元的特殊地位，控制世界经济命脉。美国经济的主要特征是“去工业化”和经济“虚拟化”。①

在战后的 50～60 年代美国经常项目一直是顺差，金融项目一直是逆差，这个时期美国经济的对外循环方式是：通过资本项目逆差如对外贷出美元和对外美元援助输出美元，得到美元的国家再用美元购买美国制造业生产的产品。从

① 参见张云、刘骏民《从次贷危机到美元危机：根源及趋势》，载《上海经济研究》2009 年第 3 期。

而导致了美国经常项目持续顺差。这种对外的美元循环方式导致对美国实体经济的持续的外部需求，刺激美国实体经济的发展。

1982年以后美国开始了持续经常项目逆差的时代。逆差规模从1982年的55亿美元增加到2007年的8000亿美元，增长了145倍多。经常项目逆差的特殊循环方式是：美国通过经常项目逆差用美元现金买回其他国家的产品和资源，其他国家再用得到的美元现金购买美国的债券和其他金融资产。美元现金通过经常项目逆差流出美国，又通过金融账户流回美国。这个过程中，美国一方面消费了别国的资源、商品、劳务，另一方面又在境外留下了越来越大的美元债券和其他美国的金融资产，美国消费别国的产品和资源越多，美国境外积累的债券和其他美元资产就越大，截至2007年底，美国财政部统计数据表明美国境外资产约为13万亿美元，而美国GDP也才13万亿美元。更为重要的是，通过金融账户不断回流的美元，给美国金融市场提供过多的“流动性”创造了前提，维持了美国国内非常低下的利率水平，推高了包括房地产、股票、债券及其他金融资产价格的不断上涨。这种造成虚拟经济不断膨胀而实体经济却不断衰落的趋势，造成了虚拟经济与实体经济背道而驰的严重失衡。

美国经济的“去工业化”和经济“虚拟化”证据是：

第一，美国在布雷顿森林体系建立之初的1945～1950年，其GDP基本上占世界GDP的一半，其中1945年为53%，1950年为50%；而到2004年美国GDP占世界GDP的比重已经不到30%。

第二，从战后到现在，美国GDP的内部结构发生了重要变化。美国实体经济创造的GDP占其全部GDP的比例从1950年的61.78%，下降到2007年的33.99%，且实体经济中最具代表性的制造业1950年创造的GDP占总GDP的27%，到2007年则只占11.7%；而其虚拟经济创造的GDP占全部GDP的比例则从1950年的11.37%上升到2007年的20.67%。美国战后的三大支柱产业，汽车、钢铁和建筑业早已不再有往日的辉煌了，代之而起的支柱产业是金融服务业和房地产服务业。

第三，在美国经济“去工业化”不断发展的同时，美国经济的“虚拟性”却在不断加深。2007年底美国境内的地产、股票、债券、金融衍生品市值约为400万亿美元，为2007年美国GDP的30倍左右。①

(2)美元汇率的稳定是主要经济大国利益所在。首先，美国主要债权国的出现。② 中国、日本、英国、德国和石油出口国等都是美国的债权国，2009年10月

---

① 参见张云、刘骏民《从次贷危机到美元危机：根源及趋势》，载《上海经济研究》2009年第3期。

② 参见裴长洪《后危机时代经济全球化趋势及其新特点、新态势》，载《国际经济评论》2010年第4期。

份，中国持有美国国债数量为7989亿美元，日本为7465亿美元，英国为2307亿美元，德国为528亿美元，而石油出口国则增至1884亿美元。美元汇率的稳定，关系到这些国家的切身利益。其次，符合我国根本利益。[①] 目前国际贸易中，对整个经济领域的成本有重要影响的许多战略性初级产品与物资仍然以美元标价，美元的价值与这些商品价格呈反向关系，美元坚挺可以导致大宗商品价格的下降，美元疲软就会使大宗商品价格上升。中国作为当前使用能源和其他资源性产品较多的发展中大国，大宗商品价格的低廉是我们的最大利益所在。因此，从这个角度看，我们也需要美元的坚挺。

(3)短期来讲，目前世界4/5以上的外汇交易、60%以上的国际贸易用美元结算，虽然欧元占世界外汇储备的比重从1999年成立时的17.9%慢慢增加到2008年的26.5%，同时美元的比重从2002年开始就逐步下降，但相对于欧元的26.5%、英镑的4.1%和日元的3.3%来讲，2008年美元仍占有64%的比重，作为世界上最为重要的国际储备与清算货币的地位仍然不可动摇。[②]

2. 国际经济发展趋势

(1)美元发展趋势是走向衰落。主要依据是：

第一，经济实力发生变化，尤其是以中国为代表的发展中国家的迅速崛起，改变了世界经济力量的对比。

第二，竞争力的变化。美国制造业大规模的转移和大量低技能劳动者的存在，大大降低了美国国内许多传统产业的竞争力。

第三，宏观结构性问题。美国双赤字现象的长期存在，金融业的发展脱离实体经济，以及金融衍生产品的过度发展。在2008年占全球流动性比重最大的金融衍生品(75%)和证券化债券(11%)中，美国分别占到了40%和42%，是全球流动性的最大来源地之一。[③]

(2)经济全球化的基本趋势没有改变。经济全球化的动力机制既来源于以跨国公司为代表的市场力量，它加速了商品、服务和生产要素的跨国界流动，以及国际化生产经营在全球的扩展；又来源于为跨国垄断资本服务的西方发达国家政府极力推行贸易投资自由化的种种努力，以及为全球资源配置所进行的各种经济合作、协调机制与国际组织的作用。[④]

(3)美国经济的基本国策是鼓励消费。主要原因在于：

---

① 参见袁志刚、邵挺《重构国际货币体系的内在力量来自何处?》，载《世界经济研究》2010年第5期。

② 参见袁志刚、邵挺《重构国际货币体系的内在力量来自何处?》，载《世界经济研究》2010年第5期。

③ 参见袁志刚、邵挺《重构国际货币体系的内在力量来自何处?》，载《世界经济研究》2010年第5期。

④ 参见裴长洪《后危机时代经济全球化趋势及其新特点、新态势》，载《国际经济评论》2010年第4期。

第一，美国消费导向型经济增长模式是长期形成的，历史不可能倒退。居民消费始终是美国经济增长的动力，从美国商务部统计数据来看，2000～2008年，美国私人消费占美国GDP比重一直维持在70%以上，消费支出增长成为惯性。美国消费增长模式得益于两个主要因素：一是放松管制的低利率金融市场使得风险被严重低估，支持了美国负债消费；二是历史形成的美元霸权是维持美国负债消费的另一重要制度因素。

第二，改变经济增长模式不符合美国金融垄断资本的利益。服务经济的发展，使美国生产总值三分之二以上是只以价值量衡量的国民收入，而没有实物产品，美国经济日益虚拟化，这使美国金融资本成为最强大、最有权势的利益集团。美国居民负债消费，正是金融资本借以迅速扩大金融产品生产与市场的最广泛"土壤"，改变美国居民的消费习惯不符合美国金融资本的利益。

第三，工业生产有赖于消费支出增长。美国经济史表明，消费支出与工业生产增长相关性很强，消费支出往往伴随工业生产库存化和去库存化发生周期性调整。

第四，美国产业资本也依赖金融市场。美国制造业具有全世界难以企及的优势：技术、管理、品牌、营销能力和整合资源能力。美国公司难以控制劳动力成本，美国制造业依靠产业资本自身循环来平衡成本与收益的能力愈来愈弱；它需要依靠资本运作的手段，即不断在全球市场上通过重组、兼并、收购等方式来争取在金融领域的利润以弥补和抵消生产成本的不断增加，因此使美国产业资本的生存愈来愈依赖全球金融市场。

第五，美国居民偏好金融交易以获得财富。经济结构的虚拟化，导致国民财富结构的改变，实物财富在经济生活中愈来愈退居次要地位，金融产品交易成为美国居民获得财富的重要来源，1980年美国居民收入中来自金融业和股息等金融性收入占23.2%，1990年上升到37.5%，1999年上升到48.2%，进入新世纪则达到一半以上。可见负债与扩大金融产品交易不仅是美国普通居民的实际经济利益，也是美国独特的时尚文化，回到过去靠工资收入积累财富的传统，既不符合美国人民的利益，也违背美国的时尚文化。[①]

(4)新的科技革命及其产业化正在酝酿之中。历史经验表明，经济危机往往孕育着新的科技革命。面对这场国际金融危机，各国正在进行抢占科技制高点的竞争，全球将进入空前的创新密集和产业振兴时代。美国提出，将研发的投入提高到GDP的3%这一历史最高水平，力图在新能源、基础科学、干细胞研究和航天等领域取得突破；美国科技的主攻方向将包括节能环保、智慧地球等。欧盟

① 参见裴长洪《后危机时代经济全球化趋势及其新特点、新态势》，载《国际经济评论》2010年第4期。

宣布到2013年以前，将投资1050亿欧元发展绿色经济，保持在绿色技术领域的世界领先地位。英国从高新科技特别是生物制药等方面，加强产业竞争的优势。日本重点开发能源和环境技术。俄罗斯提出开发纳米和核能技术。在应对气候变化中，各国都高度重视新能源产业发展，正在加快推进以绿色和低碳技术为标志的能源革命。新能源汽车已成为全球汽车工业发展方向。世界主要国家为保障能源安全，都在加快新能源汽车研发和市场开拓的步伐。21世纪还是生命科学大发展的世纪，生物科技发展将显著提高农业和人口健康水平。信息网络产业是世界经济复苏的重要驱动力。全球互联网正在向下一代升级，传感网和物联网方兴未艾。在这些领域中，突破关键技术并使之产业化将成为后危机时代发达国家产业振兴以及促进新一轮产业转移出现，带动新的国际分工的新现象。

(5)新能源经济将遭到重重阻力。主要依据是：

第一，推行清洁能源和低碳经济在国内外都有阻力。与信息技术经济和房地产金融不同，石油垄断集团是新能源经济的天敌，美国石油垄断资本和石油出口国都是新能源经济的对立面，它们可以容忍新能源在不损害其利益的前提下得到一定发展，一旦出现利益冲突，它们不会任其坐大，必要时会采取各种手段来封杀新能源经济的发展，甚至控制其技术。

第二，替代弹性较高。由于新能源是传统能源的替代品，存在替代弹性问题。新能源革命较之20世纪90年代互联网技术革命存在较多的困难。因为互联网技术没有替代产品，因此其可以在初期确定较高的价格以弥补研发、基础设施的投入，而又由于互联网存在供给和需求的双方面的规模经济，随着用户数量的增多，使用价格逐渐下降，因此整个产业能够形成良性循环。而新能源技术革命则不然，初期研发投入、资本设备投入、基础设施投入均比较高，而由于传统能源替代弹性较高的缘故，又不能定价过高，由此新能源产业初期企业盈利前景并不乐观。再加上新能源产品赢利周期可能并不长，也会打击对新能源产业的持续投入。

第三，对新能源的需求仍然有限。由于同传统能源存在较高的替代关系，因此新能源需求主要是依靠政策扶持的新增容量，市场容量有限。而真正要等到新能源技术成熟，市场竞争力增强，对传统能源替代性增强，对传统能源市场存量的大规模替代将是未来10～20年以后的事情。从新能源技术适应性角度看，新能源技术不仅要面对传统能源低碳化改进技术的威胁，还要面临相互之间的竞争。例如，新能源中的太阳能不仅要与风电、水电、生物物质发电竞争，还要与带有碳捕获和封存技术(CCS)的燃煤和燃气发电相竞争。

第四，美国至今还缺乏使新兴战略性产业成长的机制。这包括风险投资、技术转让、成本补贴、市场规制、大众消费推广、出口促进等一系列经济杠杆手段。

简单地依靠改变排放标准和交易规则，可在一定程度上促进新兴产业发展，但不具有内在的可持续性。而这一经济机制的建立，是一个极其复杂的利益博弈过程。

第五，美国制造业仍然很强大，产业资本对新产业的需求以及美国国家利益对发展新产业的迫切性并非想象得那么强烈。美国制造业优势体现在三个领域：一是航空航天器、汽车、大型计算机、武器、成套设备等技术含量高、附加值高的行业；二是机械、电子产品的核心零部件等，主要为大企业配套，技术含量也较高；三是在附加值低的劳动密集型制造业中控制研发、品牌和营销。这些产业优势将相当长时间存在，决定美国世界创新领导者的地位，另外美国还牢牢掌握着石油价格武器来维持其地位。因此美国战略性产业不可能迅速在短期内取得很大进展。①

(6)21 世纪上半叶，中国经济总量将赶超美国。早在 20 世纪 90 年代中期，西方学者已经预见到中国经济总量迟早会超过美国。例如，世界银行估计，到 2020 年，中国 GDP 将超过美国成为世界最大的经济实体；麦迪逊估计，中国经济总量将在 2030 年之前超过美国，2030 年中美两国 GDP 分别占世界总量的 18.4%和 17.7%。以上两种估计均以购买力平价（PPP）为基础。根据美国高盛公司的研究，即使以保守的汇率法计算，中国经济总量也会在 2040 年超过美国，由于第一次经济普查数据调高了 GDP，这一时间将提前到 2035 年。

以 PPP 衡量，中国目前的经济总量约为美国的 2/3，人均国内生产总值大致相当于美国的 1/6。如果中国经济总量赶上美国，尽管中国的人均经济总量届时只有美国的 1/4，但是由于经济总量和人口规模巨大，中国将在国际政治经济舞台上扮演更为重要的角色。②

3. 中国面临的挑战

2008 年美国金融危机后，中国全面参与经济全球化、发展开放型经济面临许多新挑战：

第一，中国外贸发展方式还不适应后危机时代世界市场的新变化。在危机后的若干年内，由于美国和西方主要发达国家的新兴战略性产业尚不可能迅速成长，新的经济增长点还不足以带动大的市场需求；美国和西方发达国家的消费增长还处于恢复状态，世界经济将呈现低速增长，世界市场需求不可能出现较大的新增容量。因此中国对外贸易发展，特别是出口贸易发展面对的是外部需求

---

① 参见裴长洪《后危机时代经济全球化趋势及其新特点、新态势》，载《国际经济评论》2010 年第 4 期。

② 参见王亚华、胡鞍钢《从五大资本比较看中国经济追赶美国》，载《经济社会体制比较》2007 年第 1 期。

拉动力低于金融危机之前的市场环境。

第二，中国将面临贸易保护主义的长期困扰。首先，客观上存在的经济利益矛盾、西方国家的选票政治因素，以及对中国社会制度的敌视和怀疑，都是贸易保护主义长期存在的原因。其次，美国等西方发达国家，希望通过发展清洁能源和低碳经济，建立起新的战略性产业，形成新的技术与生产供给，成为新兴战略性产业的设计、研发和生产者，创新产品的主要供给者，这种新的国际分工不仅可以增强其制造能力和出口，而且让中国和发展中国家成为这些产品的消费者，从而改变世界经常项目收支的“失衡”格局。在贸易规则上通过征收碳关税，限制中国和发展中国家的出口和相关产业，逼迫中国在高油价、碳关税、高汇率三重压力下永远处在国际分工的不利地位。

第三，在面对国际挑战的同时，中国还面临兑现在2009年12月哥本哈根气候变化峰会上减排目标的承诺，加速经济发展方式的转变已经日益紧迫。

第四，中国国际性资产安全运营的矛盾凸显。随着中国企业走出去和海外资产的增加，以美元和西方货币计算价值的海外资产（实体资产和金融资产）都面临汇率和经营风险的安全考验，规避风险、安全高效已成为中国资产海外运营的现实问题。①

4. 国际经济对中国未来发展影响评估

经济全球化和贸易自由化是跨国垄断资本的根本利益所在，跨国公司主导国际贸易的基本格局决定了贸易保护主义兴风作浪的有限程度。同时，在后危机时代的国际经济竞争中，我国也缺乏取胜的新优势。综合判断，国际经济对中国经济影响处于“笛卡儿坐标周期分析法”中的 $B \to C \to D$ 阶段（见图2-3-1）。式（7-4-12）中，各参数取值及 $\mu\left[\frac{dx_4(t+\Delta t)}{dt}\right]$ 计算结果详见表7-7-4。

表7-8-4　因素 x_4 未来一段时间变化趋势可能性

$x_4(t+\Delta t)$ 隶属度	$x_4(t)$				$dx_4(t)/dt$				$d^2x_4(t)/dt^2$			
	权重	隶属度	灰度		权重	隶属度	灰度		权重	隶属度	灰度	
			G_1	G_2			G_1	G_2			G_1	G_2
0.37	0.2	0.9	0.9	0.95	0.4	0	1	1	0.4	0.5	1	1

$$\mu\left[\frac{dx_4(t+\Delta t)}{dt}\right]=0.37<0.5 \quad (7-7-4)$$

① 参见裴长洪《后危机时代经济全球化趋势及其新特点、新态势》，载《国际经济评论》2010年第4期。

五、国际政治

1. 国际经济的基本估计

经济是政治的基础，对国际经济的基本估计是：

全球经济转型，面临更加激烈的竞争和更多未知的风险。经过全球金融和经济危机的强烈冲击，切实改变全球经济增长方式、反思和限制金融创新、加快改革国际金融体系等已经成为国际社会的普遍共识，并且开始体现到主要国家的发展战略和国际宏观经济政策的协调之中。美、欧、日等发达国家加大经济结构调整力度，加强金融监管、技术创新、出口导向、发展实业，大幅推进“再工业化”，保护主义和经济民族主义上升，反全球化势力与倾向明显走强；他们所主导的经济全球化进程开始进入调整深化的新阶段，以他们为中心的国际生产、贸易与消费结构开始改变。新兴经济体尤其是新兴大国纷纷加快产业结构的调整和升级，经济发展向出口与消费并重的方向转变，优化对外贸易和投资，努力突破发达国家对核心技术的垄断，对全球经济增长拉动作用进一步凸显，在国际经济秩序重建中的话语权增大，逐渐成为全球化的主要“推手”。

在这个转型的过程中，全球金融监管将有所强化，世界银行、国际货币基金组织等机构的监管和调控职能将有所增强，银行、证券和保险等行业的规则可能变得更加严密，美元作为世界中心货币的地位有所削弱，欧元、人民币、卢布等作为地区性货币的作用可能进一步上升，金融经济向实体经济回归。

区域、次区域经济的一体化进程将进一步提速升级。欧盟、北美自贸区、东亚共同体、非盟、南美洲国家联盟等区域整合都将取得一定的成效，世界经济格局中板块鼎立的态势变得更加明朗。

以新能源、新材料、环保、生物工程、信息网络、人工智能等为代表的新一轮科技革命将实现突破并得以大规模应用，这将引发第四次产业革命，推动形成国际分工、贸易、投资新秩序和能源新格局。“绿色经济”理念将成为主流，低碳、节能、环保的可持续发展成为各国经济发展的战略目标。

但所有这些变革、调整和转型都需要克服诸多困难才能实现。发达国家面临高赤字、高通胀和高成本的制约，发展中国家的自主创新依然不足和在全球产业分工位置依然处于低端，各自的经济转型都可能发生曲折和失误。新兴大国在继续发挥低成本优势的同时，将进一步加大研发投入，加速产业结构优化，努力提升在全球产业链条上的位置，缩短与发达国家之间的距离。正由于此，围绕新的产业制高点、产业标准与市场规则制定的国际较量将变得异常复杂，摩擦和博弈激化势必产生新的动荡和风险，整个全球经济的发展将遭遇新的不确定因素。①

2. 国际政治的基本框架

全球化、多极化、信息化等发展趋势，决定了世界政治、经济、社会、军事和安全等各个领域的基本框架。主要特征是：

(1)"一超多强"的国际格局日益呈现多极世界格局的特征。从国际力量对比的变化看，在全球范围内，发达国家与新兴经济体这两个大的国家群体之间的力量此消彼长，差距持续缩小。在主要战略力量之间，美国的综合实力仍然占据"一超"地位，"多强"的整体实力持续增强，彼此之间的力量对比变得更加平衡，"一超"与"多强"的综合实力差距持续缩小，印度、巴西、印尼、土耳其、伊朗、南非等更多国家自主发展意愿、能力和实力都不同程度地走强，世界大国和地区大国的地位排序重新洗牌。中国实力地位和国际影响持续攀升，国际战略格局变动的"中国因素"更加突出。

中美分别作为新兴大国和西方发达国家的代表，两国关系变化既浓缩体现新兴大国和西方发达国家两大板块关系的变化，更是牵动新一轮大国关系重组的重要因素。中美日关系寻求平等化和协作化，中美欧关系寻求战略平衡与互信，中俄印巴寻求合作稳定与深化。这些层面的战略关系变化并行交织，大国关系的竞争与合作同步发展，使整个大国关系呈现越来越多的新气象：积极理性的成分增多，多边主义成为主流，竞争与合作都进一步加强，竞争是和平的、有克制的竞争，合作是务实的、追求双赢的合作，竞争合作的深度和广度不断拓展，多方联动和彼此牵制日益突出。

但竞争不仅依然是大国关系的主导面，而且在多个方面和多个领域变得更加激烈。主要国家将持续加强战略力量建设，诸如加大军费投入、加速调整军事战略、提高武器和人员作战水平，等等。地缘战略角逐向亚太这个新中心转移，主要国家纷纷加大战略投入。海上发展空间和安全保障能力竞争升温。太空开发战略投入增大，军民综合利用保持主导，但军事用途仍属开发主要动力，"武器化"程度不断提高，竞赛危险度增大，有关国际谈判已然升温。信息技术和网络竞争向空间战发展，多国加紧制定和实施网络安全战略和建设网络战备体系，发展中国家大力缩小"数字鸿沟"和维护信息安全，网络领域攻与防、控制与反控制、渗透与反渗透的较量趋于激烈多变。

国际秩序进一步重构，权力博弈持续深入。随着多极世界格局逐步形成，国际秩序从机制到理念再到力量组合，大致沿着上一个十年的轨道继续和平渐变，

---

① 参见高祖贵《未来十年世界四大趋势》，载《人民论坛》2010 年第 5 期。

新旧秩序在相当长时期内交织、并存和竞争，各种机制不断优化重组，权力结构日益多元化、网络化与机制化，呈现比较复杂混乱的局面。

(2)国际安全形势更趋复杂严峻。在高端，大国战略竞争加剧尽管尚不至于引发大规模战争，但因领土领海和资源权益争端处理不当而引发军事冲突的可能性却难以完全排除。同时，核问题在多个方面变得越来越突出。核裁军风生水起，但推进曲折艰难；核军控形势趋于严峻，扩散危险更加突出；对清洁能源的需求上升激起和平利用核能热潮，越来越多的国家加入和平利用核能的行列，核废料污染及民转军用带来的风险巨大；核恐怖主义被美国等西方国家视为"对全球安全最迫切和最极端的威胁"，其危险性仍在上升。

在低端，世界人口不仅总量膨胀，2011 年将达 70 亿，而且发展极不均衡，发达国家老龄化和中东、非洲国家年轻化趋势并行发展，人口分布与资源配置严重失衡；全球人口大规模流动不断变化，导致种族矛盾、文化认同危机和经济利益冲突等问题越来越突出。全球经济结构调整展开，各类国家不同程度承受社会政治转型阵痛，失业率居高不下，社会保障压力持续上升，多国社会政治相继进入不稳定期。同时，涉及各国生存和可持续发展的资源、能源和粮食等自然安全问题，也由于世界人口增长、经济增长模式和气候变化等因素而变得越来越突出。确保能源安全仍将是各国安全战略的核心考量。石油、天然气和水资源等成为激起诸多国际国内矛盾的重要因素。

全球粮食危机、大规模传染病防控、地震、海啸和极端气候等自然灾害以及各种重大突发事件造成的安全威胁不断增大。

此外，恐怖主义作为上一个十年的国际安全首要威胁仍将继续发展。特别是随着金融危机的冲击持续发酵，多国社会政治矛盾加深，治安形势恶化，民族主义抬头，排外情绪蔓延，这就为形形色色的极端主义滋生蔓延提供了肥沃的社会土壤。而恐怖主义与民族分裂主义、宗教极端主义、黑恶势力"合流"的趋势可能进一步发展。这些威胁无论是传统安全类还是非传统安全类，其交织转化都在加深，界限越来越模糊，相互抬升共振效应越来越突出，并可能衍生新的不稳定不确定因素，"泛安全化"趋势凸显。在此背景下，世界多数国家的危机感和不安全感将进一步上升，现有安全模式的局限和缺陷日显突出，运行成本越来越高，急需创新安全理念、机制和能力。①

3. 中美关系

在中国与世界的关系中，中美关系是最为重要的关系。

(1)相互依赖。目前，中国是美国第二大贸易伙伴，美国是中国最大的贸易

---

① 参见高祖贵《未来十年世界四大趋势》，载《人民论坛》2010 年第 5 期。

伙伴(欧盟不作为一个经济体统计)。中国是美国贸易逆差的主要来源,美国是中国贸易顺差的主要来源。中国出口产品的30%输往美国,严重依赖美国市场。2008年9月华尔街金融危机后,美国市场需求下降,中国的出口立刻有了敏感反应。据中国海关统计,2009年上半年中国出口额为5215.3亿美元,同比下降21.8%。中国在从美获取大量贸易顺差后,转身成为美最大的债权国。目前中国持有美国债券高达8015亿美元。[①]

气候变化、能源效率是美国新的经济增长点,中美在这方面具有巨大的互补性。与过去相比,更为明显的是,中国决不希望美国在经济上衰落,美国也不希望中国的经济下滑。难点在于,在希望对方经济持续发展的同时还要求对方在军事实力上不再发展,政治影响不再扩大。朝鲜问题、巴基斯坦与阿富汗问题、海盗问题、核裁军问题等,双方既有合作,也有碰撞。[②]

(2)双边之间潜在的问题与冲突。中美矛盾主要体现在以下几个方面:

第一,社会制度和意识形态不同。在美国看来,社会主义中国未来的发展具有很大的不确定性,如转型中的中国是否会出现社会动荡,动荡是否会颠覆原先的外交框架,崛起的中国是否会挑战美国,等等。虽然随着中美两国交往的不断深入,美国对中国的认识越来越理性,但其对中国的"制度疑虑"依然很深。[③]

绝大多数美国人也不认为美国模式已经走到了尽头。金融危机并不意味着要对美国的发展模式进行根本否定。非常多的美国人,特别是经济界、政府部门的人,不再认为中国可以改变现有的政治制度,也不认为中国的现行秩序是不可持续的。美国从内心深处并不认可中国制度的合法性。对中国的制度有怀疑,加上对自己的制度有信心,决定了美国对中国仍怀有意识形态的偏见。不出事的时候他们不说,出事了他们就会说这是个制度问题。[④]

第二,崛起大国与守成大国的矛盾。奥巴马等大部分领导人对美国仍然很有信心,觉得美国没有出大问题,只是金融监管方面需要加强,现在的这种发展模式仍是可持续的,美国的传统优势还在,如教育水平高,政治体制有优势。欧洲人口是个问题,移民问题比美国要严重;日本的人口是个大问题,而美国人口仍在增长,但不是像中国这种程度的增长。美国的地理位置、资源等基本要素没有变化,金融危机对美国的政治制度也未造成冲击,因此,绝大多数美国人对自己的制度有信心。美国自我调节能力很强,在世界上,特别是在发达国家中的相

---

① 参见牛新春《中美关系:依赖性与脆弱性》,载《现代国际关系》2009年第9期。

② 参见王缉思《中美关系的发展趋势与深层原因》,载《当代亚太》2009年第3期。

③ 参见牛长振、徐刚《战略互信与中美关系》,载《国际论坛》2010年第3期。

④ 参见王缉思《中美关系的发展趋势与深层原因》,载《当代亚太》2009年第3期。

对地位，并未衰落反而上升。[①]

随着中国力量的增长，中国人的自信心肯定会增强，国内爱国主义、民族主义势头会上升，在建造航母、海上安全、扩展海外经济利益、文化软实力等方面都会有所行动，这不可避免。在这些领域，中国非常可能同美产生利益冲突，也可能在某种程度上改变在一些问题上美国占主导地位的现状。美国对此从心理上总是准备不足，而中国必须把美国作为主要对手，加强自己的军事、政治和文化影响力。[②]

第三，台湾问题。其一是军售，其二是两岸军事互信，其三是所谓的"台湾地区国际空间"问题。台湾问题涉及中国的核心利益，始终是中美关系中最重要、最敏感的核心问题。中国一直要求美国妥善处理其对台军售，尊重中国在核心利益上的关切。[③]

第四，涉藏问题和人权问题也是中美间关系的难点。在这两个问题上，中国和以美国为首的西方国家，无法达成一致认识。在欧洲，有一部分人真正地信达赖，并将其作为内心深处的目标，以取代欧洲信仰体系中的一部分，而且他们的自然保护观念比美国更深。因此，欧洲人对达赖的态度与美国相比有所差别。[④]

第五，海上安全方面。在国防上，中国保护本国领土、领海和国家安全利益不受损害的能力在不断加强。中国国防建设发展的新方向包括：在战略牵引上要实现从"国土防御"向"利益维护"转变，在国防结构上要实现由大陆军向海空天电一体化转变，在能力建设上要由重实战向重威慑转变，建设一支同中国国际地位相适应、能够提供有效军事安全保障的强大军队。为了完成"利益维护"使命，中国海军必须从近海走向远洋。中国90%的贸易通过海上运输，在每年通过马六甲海峡的5万艘船只中近六成驶向中国，海上安全成为中国紧迫的问题。[⑤] 这必将引起美国的顾虑，已经出现的南海冲突，根本原因就是，双方从根本上缺乏战略互信。

横向比较，美国比不上中国，但是比别的国家强。中国如果保持现在的发展势头，会超过美国，于是就会变成两大国力量同时上升，或者中国力量上升而美国没有下降的局面。因此，一方面，双方相互依赖，另一方面又互为对手。这种

---

① 参见王缉思《中美关系的发展趋势与深层原因》，载《当代亚太》2009年第3期。

② 参见王缉思《中美关系的发展趋势与深层原因》，载《当代亚太》2009年第3期；牛新春《中美关系：依赖性与脆弱性》，载《现代国际关系》2009年第9期。

③ 参见王缉思《中美关系的发展趋势与深层原因》，载《当代亚太》2009年第3期。

④ 参见王缉思《中美关系的发展趋势与深层原因》，载《当代亚太》2009年第3期。

⑤ 参见牛新春《中美关系：依赖性与脆弱性》，载《现代国际关系》2009年第9期。

趋势是长期存在的。① 在这个相当长的过程中，美国的意识形态仍占主流，中国主张的价值观不断成长，通过国际机构的沟通、协调，双方将不断地竞争、碰撞，最终形成某种形式的共识。②

4. 国际政治对中国未来发展影响评估

综上所述，"斗而不破"将是未来一段时期主要大国斗争的基本策略。国际政治对中国未来发展影响的基本判断是处于"笛卡儿坐标周期分析法"中的 F 点左右(见图 2-3-1)。式(7-4-12)中，各参数取值及 $\mu\left[\frac{\mathrm{d}x_5(t+\Delta t)}{\mathrm{d}t}\right]$ 计算结果详见表 7-7-5。

表 7-7-5　因素 x_5 未来一段时间变化趋势可能性

$x_5(t+\Delta t)$ 隶属度	$x_5(t)$				$\mathrm{d}x_5(t)/\mathrm{d}t$				$\mathrm{d}^2x_5(t)/\mathrm{d}t^2$			
	权重	隶属度	灰度		权重	隶属度	灰度		权重	隶属度	灰度	
			G_1	G_2			G_1	G_2			G_1	G_2
0.5	0.2	0.5	1	1	0.4	0.5	1	1	0.4	0.5	1	1

$$\mu\left[\frac{\mathrm{d}x_5(t+\Delta t)}{\mathrm{d}t}\right]=0.5 \qquad (7\text{-}7\text{-}5)$$

六、综合模糊分析结论

1. "函数式"综合分析结论

综上分析，不完美信息条件下单因素模糊分析结论是：

$$\mu\left[\frac{\mathrm{d}x_1(t+\Delta t)}{\mathrm{d}t}\right]=0.72>0.5 \qquad (7\text{-}7\text{-}1)$$

$$\mu\left[\frac{\mathrm{d}x_2(t+\Delta t)}{\mathrm{d}t}\right]=0.69>0.5 \qquad (7\text{-}7\text{-}2)$$

$$\mu\left[\frac{\mathrm{d}x_3(t+\Delta t)}{\mathrm{d}t}\right]=0.79>0.5 \qquad (7\text{-}7\text{-}3)$$

$$\mu\left[\frac{\mathrm{d}x_4(t+\Delta t)}{\mathrm{d}t}\right]=0.37<0.5 \qquad (7\text{-}7\text{-}4)$$

$$\mu\left[\frac{\mathrm{d}x_5(t+\Delta t)}{\mathrm{d}t}\right]=0.5 \qquad (7\text{-}7\text{-}5)$$

① 参见王缉思《中美关系的发展趋势与深层原因》，载《当代亚太》2009 年第 3 期。

② 参见牛新春《中美关系：依赖性与脆弱性》，载《现代国际关系》2009 年第 9 期。

$$\mu\left[\frac{\mathrm{d}x_6(t+\Delta t)}{\mathrm{d}t}\right]=0.70>0.5 \tag{7-7-6}$$

根据式(7-5-5)、(7-5-6)给出的单因素重要性(λ_1)理论取值区间，结合本案例特点，取 $\lambda_1=0.27$，$\lambda_2=0.22$，$\lambda_3=0.16$，$\lambda_4=0.13$，$\lambda_5=0.12$，$\lambda_6=0.10$。代入式(7-5-4)，得“函数式”综合分析结论：

$$\mu\left[\frac{\mathrm{d}Y(t+\Delta t)}{\mathrm{d}t}\right]=0.65>0.5 \tag{7-7-7}$$

根据模糊数学隶属度定义，式(7-7-7)的含义是：未来一段时间内，中国社会变化趋势，上升可能性为0.65，下降可能性为0.35。

2.“图象式”综合分析结论

根据“图象式”分析法的有关定义，其规则是，采用纵向排列，从下到上，依次是 $x_1(t)$、$x_2(t)$、$x_3(t)$和 $x_4(t)$、$x_5(t)$、$x_6(t)$。在本案例中：

$$\mu\left[\frac{\mathrm{d}x_6(t+\Delta t)}{\mathrm{d}t}\right]=0.70>0.5\text{(赋予“阳爻”“—”)} \tag{7-7-8}$$

$$\mu\left[\frac{\mathrm{d}x_5(t+\Delta t)}{\mathrm{d}t}\right]=0.5\text{(赋予“阴爻”“--”)} \tag{7-7-9}$$

$$\mu\left[\frac{\mathrm{d}x_4(t+\Delta t)}{\mathrm{d}t}\right]=0.37<0.5\text{(赋予“阴爻”“--”)} \tag{7-7-10}$$

$$\mu\left[\frac{\mathrm{d}x_3(t+\Delta t)}{\mathrm{d}t}\right]=0.79>0.5\text{(赋予“阴爻”“—”)} \tag{7-8-11}$$

$$\mu\left[\frac{\mathrm{d}x_2(t+\Delta t)}{\mathrm{d}t}\right]=0.69>0.5\text{(赋予“阴爻”“—”)} \tag{7-8-12}$$

$$\mu\left[\frac{\mathrm{d}x_1(t+\Delta t)}{\mathrm{d}t}\right]=0.72>0.5\text{(赋予“阴爻”“—”)} \tag{7-8-13}$$

由此可以得出，中国经济未来一段时间变化趋势的可能性，“图象式”综合分析结论是：

䷙　(7-7-14)

式(7-7-14)在图2-2-1“先天《易》六十四卦方圆图”中是“大畜”卦图象，位于本轮周期变化上升的“后期”阶段，未来发展趋势是：继续上升可能性大于下降可能性。

3.“未来一段时间”(Δt)的大约估计

“未来一段时间”(Δt)的大约估计，就是估计式(7-7-7)和(7-7-14)的有效时间。

从国际经验看，中国目前的发展水平处于工业化中期阶段。2008年，我国的人均国内生产总值突破了3000美元。从数字上看，我国似乎已经达到20世纪60年代末联邦德国和70年代前期日本的发展水平，进入发达国家行列。但事实上，由于近40年来美元的持续贬值，如今3000美元的实际购买力已不到40年前的一半。

参照世界各国目前同类产品和劳务的平均价格，再考虑恩格尔系数、平均寿命、科技、教育、文化、城市化水平等因素，中国目前的人均GDP应该在3500～4000美元之间，经济总量约5万亿美元，高于日本，居世界第二。另外，根据历年的美元贬值系数和通货膨胀率推算，现在的3000美元相当于第二次世界大战刚结束时的1000美元或20世纪60年代中期的1500美元。也就是说，中国目前的发展水平处于经济学界所说的工业化中期阶段，大致相当于1941年的美国、1958年时的联邦德国、1964年时的日本的发展水平，但地区和城乡之间差别要大于当时的这三个国家。美国、德国沿海大城市和内陆山区的经济发展水平也有差距，但没有中国上海、深圳和贵州、甘肃的差距那么大。日本是个岛国，东京都和北海道的差距就更小了，而发展中的中国地区和城市差距都比较大。①

从产业结构看，当前我国经济发展向全面小康社会进军，新型工业化、城市化及国际化进程加快，劳动密集型的轻纺工业发展已经比较成熟，正在进入大力发展大型船舶、高速铁路、现代汽车、住宅建设、高效化工、新型能源、精密机械、IT产业等重工业发展阶段。②

美国是当代世界综合经济实力最强的国家。美国经济现代史可以分为五个阶段，四次革命。③ 分别是：

第一阶段：启动第一次工业革命。美国独立以后，经过一段时期争论发展经济究竟应该以农业为主还是以工商为主之后，第一代美国企业家以实际行动回答了问题。1790年在美国东北的新英格兰地区，利用水力资源，建立了第一座英国式的水力纺纱厂，成为美国工业化的起点。

第二阶段：工业化迅速发展。但是直到19世纪80年代，农业都是美国财富的主要来源。在此期间，美国工业产值仍然落后于英国、法国，并且也大致落后于德国。

第三阶段：工业进入快速成长和趋于成熟期。1890年制造业产值已经是农业的3倍。据统计，到了1894年，美国工业产值已经超越英国，比世界上其他任何国家都高。一战前夕，美国工业产值进一步发展，已经是其三个竞争对手——英、法、德的总和。根据OECD经济学家麦迪森的估算，美国人均国内生产总值

---

① 参见叶敏华、陈祥生《我国的经济发展目前处于什么水平——与西方发达国家的比较》，载《国家行政学院学报》2009年第4期。

② 参见金柏松《美国经济转型分析与启示》，载《对外经贸实务》2008年第5期。

③ 参见金柏松《美国经济转型分析与启示》，载《对外经贸实务》2008年第5期。

在1905年超过英国。

第四阶段：于20世纪初引领世界发起第二次工业革命。随着第二次工业革命的兴起，美国物质生活日益丰富，并在科学、教育、社会、人文、经济等各个知识领域确立了领先地位。美国政府也在20世纪30年代最早总结出“混合型经济”发展模式，以及战后全球化经济发展模式，继续在世界上发挥典范作用。可以说，这是一次科学创造的革命。

第五阶段：率先进入信息社会。从80年代中期起，掀起以微电子、个人电脑、网络等高新技术为代表的第四次革命。

发达国家的经验对认识我国经济发展阶段的启示是：

第一，当下，我国处于工业化中期、重工业发展阶段。大致相当于1941年的美国、1958年时的联邦德国或1964年时的日本的经济发展水平。

第二，经济处于追赶美国的阶段。20世纪上半叶，中国经济总量超过美国是一个大概率事件，时间在2020～2040年，届时人均经济总量应是美国的1/4左右。[①] 两国人均经济总量相当的时间，将是一个更长的过程。

第三，现代经济大国持续领先时间可达一个世纪。美国在1913年确立了经济总量领先地位，持续到2020年是一个大概率事件。

第四，依国际经济推测，未来60年，我国处于经济总量追赶、超越美国的阶段是一个大概率事件。

综合本国经济发展情况和国际经验，对式(7-7-7)、(7-7-14)综合评估结论的有效时间作如下推测：

第一，国内经济、国内政治和国内科技文化水平，在未来60年保持持续上升是一个大概率事件，可能性分别是72％、69％和79％。

第二，国际经济对中国社会未来发展，有利趋势的可能性是37％，不利趋势的可能性是63％；何时由不利转为有利，当下难以下结论。

第三，国际政治对中国社会未来发展，是有利因素占主导，还是不利因素是主要矛盾，当下处在不确定状态。有利因素何时成为主导力量，主要取决于两个因素：一是中、美两国经济力量的对比变化；二是两国领导人处理危机的艺术。大约30年以后，即2040年前后，国际政治对中国有利因素占主导地位，是一个大概率事件。

第四，国际科技文化，在未来60年对中国社会未来发展保持持续有利状态的可能性是70％。

---

① 参见王亚华、胡鞍钢《从五大资本比较看中国经济追赶美国》，载《经济社会体制比较》2007年第1期。

第八节　应用案例之三：房价涨势各不平

房地产价格是社会普遍关心的话题。房地产价格既影响国家当期经济现状，也关涉国家长远经济、社会的发展；同时，也影响到需求者购买能力和已购房产者财富的多寡。中国房产价格未来一段时间变化趋势如何？本节应用"综合模糊理论"作出回答。

依据第七章第五节的有关规定，结合房地产行业发展规律，对式(7-5-1)、(7-5-2)、(7-5-3)中各因素定义如下：$Y(t)$：房地产目前价格；$x_1(t)$：房地产需求；$x_2(t)$：购房承受能力；$x_3(t)$：房地产"位置"；$x_4(t)$：房地产"国情"；$x_5(t)$：房地产供给；$x_6(t)$：房地产政策。

现对各因素对房地产价格未来一段时间变化趋势的影响分析如下：

一、房地产需求分析

未来一段时间，影响我国房地产需求的主要因素是：

1. 城镇人口住房的刚性需求。中国城镇家庭数约 1.68 亿个，每年有 168 万个新婚家庭，以每户 65 平方米计，就将会增加 1 亿平方米的住房需求。

2. 居住条件的标准提高以及家庭的小型化、农民工的市民化等将催生更大的改善性需求。按照相关规划，未来 10 年中国的人均居住面积将达到 35 平方米，而 2008 年这一数字为 28 平方米左右。这意味着未来 10 年全国城市住宅的改善性需求会达到 42 亿平方米，相当于每年新增 4.2 亿平方米。如果考虑到 2020 年中国总体上的城市化将达到 55%，平均每年提高 1 个百分点，那么，加上这部分新增城市人口，未来每年产生的真实住宅需求将在 8 亿平方米左右。另外，家庭的小型化和农民工的市民化，同样会累积新的市场需求空间。

3. 城市化进程的加速每年都会增加对住房的需求。2008 年中国城市化率为 45.7%，约有 5.94 亿城镇人口，据中国社科院发布的《社会蓝皮书》预测，2010 年城市化率将达到 48%，增加 2.3 个百分点，将有 1600 万人口、40 万家庭城镇化，至少增加 4 千万平方米住房需求。

4. 二、三线城市加速推进的城市化产生的真实需求。整体上，尽管 2009 年中国的城市化率已接近 46.6%，但是中国的城市化进程在区域之间以及各城市之间存在较大的差距，目前仍有 17 个省市的城市化率低于全国水平，甚至还有部分省市的城市化率尚不足 30%。因此，从区域上看未来中西部地区，从城市上看未来二、三线城市将会面临更为广阔的城市化空间。这也将为房地产市场提供相应的发展机会。从国际经验看，英国、美国、日本、韩国等经济发达国家城市化率在40%～70%的几十年期间，房地产价格也是持续上升的，工业化、城市化引致的住房需求和经济的持续增长是推动房价长期增长的基础性因素

5. 一线城市郊区化进程带来对住宅的需求增量。目前，北京、上海、深圳、广州和天津等一线城市的城市化率已经接近发达国家的城市化水平。从国际经验看，这些一线城市将进入郊区化阶段，未来可能将形成以其为中心的城市圈。未来随着郊区化的逐步推进，这些城市中心的人口将不断向郊区分流，同时也将提供潜在的住宅需求。

6. 投资性需求。房地产行业是市场化程度最高、市场竞争最充分的行业，市场需求本身就存在投资和消费需求，如果中国家庭中有0.5%的投资性需求，就是84万户、1亿平方米左右的需求。中国居民投资渠道比较少，在通胀预期提高、资产价格持续上升时期，住房投资性需求通常会快速增加。

7. 国际需求。房地产的国际需求有两部分：首先是全球资本流入，投资中国各地的外资企业，其中高级管理人员会形成对中高档住房的需求；其次是国际资本为获取比较利益，直接投资高档住宅和商业性地产项目，或者预期人民币升值和利率的提升，各种短期资本预见性地流入各类房地产资产。[①]

综上所述，中国当下对房地产需求处于"笛卡儿坐标周期分析法"中的 $A\to B$ 阶段（见图2-3-1）。式(7-4-12)中，各参数取值及 $\mu\left[\frac{\mathrm{d}x_1(t+\Delta t)}{\mathrm{d}t}\right]$ 计算结果详见表7-8-1。

表7-8-1　因素 x_1 未来一段时间变化趋势可能性[②]

$x_1(t+\Delta t)$ 隶属度	$x_1(t)$				$\mathrm{d}x_1(t)/\mathrm{d}t$				$\mathrm{d}^2x_1(t)/\mathrm{d}t^2$			
	权重	隶属度	灰度		权重	隶属度	灰度		权重	隶属度	灰度	
			G_1	G_2			G_1	G_2			G_1	G_2
0.93	0.2	1	0.9	0.95	0.4	1	0.9	0.95	0.4	1	0.9	0.95

$$\mu\left[\frac{\mathrm{d}x_1(t+\Delta t)}{\mathrm{d}t}\right]=0.93>0.5 \tag{7-8-1}$$

① 参见巴曙松《房地产需求从投资主导向消费主导的转换是否启动》，载《中国经济》2010年第8期；叶林《2010年：聚焦房地产市场泡沫》，载《经济导刊》2010年第2期。

② $\omega=0.5, G_1=\underline{G}(x)、G_2=\overline{G}(x)$，由决策者依据个人偏好、学习背景和实践经验等主观给出；其他参数按第四节"单一因素模糊分析法"相关原则，由决策者给出。

二、购房承受能力分析

目前房价水平与收入相比，承受能力不足，尤其是中低收入阶层更是如此。最近中国社科院发布的2010年《经济蓝皮书》指出，中国房价收入比超出3～6倍的合理承受范围，85%家庭无能力买房。有人计算目前北京市的房价收入比已达27∶1，超出国际平均水平5倍。仅以居民的平均收入与平均的房价进行简单比较，或者对房价租金比的简单比较，都脱离了目前中国城乡二元化结构与居民收入差距越来越大，导致结构性差距这一现实，同时也没有考虑不同区域、不同类型住宅的价格差异性。从1984年开始，中国基尼系数一路攀升，2000～2008年持续保持在0.44～0.5之间，反映我国收入差距较大。据财政部最新调查，10%的富裕家庭占城市居民全部财产的45%。目前中国20%的高收入和20%低收入户倍数不断扩大，城镇达到8.9倍，农村是6.7倍，平均7～8倍，在现在的收入结构中，我国低收入和中等偏下收入群体合计占到总人数的64.3%。①

承受能力是动态变化的。改革开放三十年来，我国居民收入在总量上有非常显著的增加，居民生活水平大幅提升。② 城镇家庭平均每人可支配收入从1978年的343.4元增长到2009年的17175元，后者是前者的50倍；农村居民家庭人均年纯收入从1978年的133.6元上升到2009年的5153元，增长约38.5倍。特别是，具有一技之长的精英阶层，收入水平增长迅速，是未来的具有承受能力者。

综合目前多数人收入水平及其未来的发展以及国家的房地产政策，当下购房承受能力处于"笛卡儿坐标周期分析法"中的 $D \to E \to F$ 阶段（见图2-3-1）。式(7-4-12)中，各参数取值及 $\mu\left[\frac{\mathrm{d}x_2(t+\Delta t)}{\mathrm{d}t}\right]$ 计算结果详见表7-8-2。

表7-8-2　因素 x_2 未来一段时间变化趋势可能性

$x_2(t+\Delta t)$ 隶属度	$x_2(t)$				$\mathrm{d}x_2(t)/\mathrm{d}t$				$\mathrm{d}^2x_2(t)/\mathrm{d}t^2$			
	权重	隶属度	灰度		权重	隶属度	灰度		权重	隶属度	灰度	
			G_1	G_2			G_1	G_2			G_1	G_2
0.2	0.2	0	1	1	0.4	0	1	1	0.4	0.5	1	1

$$\mu\left[\frac{\mathrm{d}x_2(t+\Delta t)}{\mathrm{d}t}\right]=0.2<0.5 \tag{7-8-2}$$

① 参见叶林《2010年：聚焦房地产市场泡沫》，载《经济导刊》2010年第2期。

② 参见刘丹鹤、王洋《中国居民收入现状及展望》，载《中国乡镇企业会计》2010年第4期。

三、房地产“位置”分析

“位置”是决定房产异质性的重要因素。相同面积、材料、楼层的一套房产，不同城市之间价格有差异，即使同一城市不同区位价格也有区别；同一楼盘，相同面积、材料的一套房产，由于楼层、朝向的不同，价格也有差别。这些是众所周知的常识。

经济发达，国际化程度高的城市，如北京、上海、广州、深圳、天津等，经济发达、就业机会、上学就医、收入水平等各方面的条件相对好于其他城市，吸引力就较强。但这些城市受水资源、土地等方面资源约束，限制了常住人口的膨胀。所以，中心城市房产价格具有长期向上的趋势。

房产是特殊的商品。居民家庭将多年储蓄的资金，甚至是未来的收入投入购房，总是希望购买一套地段、朝向、户型、楼层、使用年限以及外部环境较好的房产。因此，同城中，相对好“位置”的房产总是供不应求，房产价格具有长期向上的趋势。

由此可知，中心城市以及同城中，相对好“位置”的房产价格处于“笛卡儿坐标周期分析法”中的 $A \to B$ 阶段（见图 2-3-1）。式（7-4-12）中，各参数取值及 $\mu\left[\frac{dx_3(t+\Delta t)}{dt}\right]$ 计算结果详见表 7-8-3。

表 7-8-3　　因素 x_3 未来一段时间变化趋势可能性

$x_3(t+\Delta t)$ 隶属度	$x_3(t)$				$dx_3(t)/dt$				$d^2x_3(t)/dt^2$			
	权重	隶属度	灰度		权重	隶属度	灰度		权重	隶属度	灰度	
			G_1	G_2			G_1	G_2			G_1	G_2
0.82	0.2	0.8	0.8	0.9	0.4	1	0.8	0.9	0.4	1	0.8	0.9

$$\mu\left[\frac{dx_3(t+\Delta t)}{dt}\right]=0.82>0.5 \tag{7-8-3}$$

同一城市中，适合中低收入阶层的商品房的价格趋势，主要取决于，政府“保障性住房、中小套型普通商品住房的建设数量和比例，公共租赁住房、经济适用住房和限价商品住房供应”政策，落实时间和速度。根据《国务院办公厅关于促进房地产市场平稳健康发展的通知》（国办发［2010］4 号）、《国务院关于坚决遏制部分城市房价过快上涨的通知》（国发［2010］10 号）的精神，稳定目前房价符合各方利益诉求。这部分房产价格处于“笛卡儿坐标周期分析法”中的 $B \to C$ 阶段（见图 2-3-1）。式（7-4-12）中，各参数取值及 $\mu\left[\frac{dx_3(t+\Delta t)}{dt}\right]$ 计算结果详见

表 7-8-3-1。

表 7-8-3a　　因素 x_3 未来一段时间变化趋势可能性

$x_3(t+\Delta t)$ 隶属度	$x_3(t)$				$dx_3(t)/dt$				$d^2x_3(t)/dt^2$			
	权重	隶属度	灰度		权重	隶属度	灰度		权重	隶属度	灰度	
			G_1	G_2			G_1	G_2			G_1	G_2
0.44	0.2	0.5	1	1	0.4	1	0.8	0.9	0.4	0	0	0

$$\mu\left[\frac{dx_3(t+\Delta t)}{dt}\right]=0.44<0.5 \tag{7-8-3a}$$

四、房地产"国情"分析

每一个国家适合人类居住面积的多寡以及历史发展阶段等，都影响到房产价格的发展趋势。

1. 城市化率快速发展时期，房价上涨是基本规律。从国际房地产市场发展的历史来看，房地产发展最强大的驱动因素是工业化、城市化进程和人口变化。其中最重要的推动因素是城市化进程，由此产生的居住条件改善、人口增加及家庭结构改变等消费升级动力，在城市化进程中，城市房价，尤其是核心城市房价总体会快速上涨。

截至 2009 年，中国城市化率不足 50%，正值工业化中期阶段，总劳动人口在 2016 年左右达到峰值。① 这表明，在未来一段时间，中国所处历史发展阶段，决定房产价格仍处于上升周期。

2. 人多地少是中国的基本国情。中国人均耕地不到 1.4 亩，不到世界人均耕地 5.5 亩的 1/3；中国人均草原 4.5 亩，不到世界平均 9.5 亩的 1/2；中国人均水资源量仅为世界平均水平的 1/4；中国人均矿产资源储量潜在总值只有世界平均水准的 58%。根据 2005 年公布的"第六次森林资源清查"结果，中国森林覆盖率 18%，仅相当于世界平均水平的 61.52%；人均森林面积 0.132 公顷，不到世界平均水平的 1/4；人均森林蓄积 9.421 立方米，不到世界平均水平的 1/6。②

综上所述，中国目前所处阶段对房价的影响，处于"笛卡儿坐标周期分析法"中的 $A\to B$ 阶段（见图 2-3-1）。式(7-4-12)中，各参数取值及 $\mu\left[\frac{dx_4(t+\Delta t)}{dt}\right]$ 计

① 参见叶林《2010 年：聚焦房地产市场泡沫》，载《经济导刊》2010 年第 2 期。

② 参见易富贤《中国：人口过多？人均资源不足？》，载《社会科学论坛》2006 年第 10 期。

算结果详见表 7-8-4。

表 7-8-4 因素 x_4 未来一段时间变化趋势可能性

$x_4(t+\Delta t)$ 隶属度	$x_4(t)$				$dx_4(t)/dt$				$d^2x_4(t)/dt^2$			
	权重	隶属度	灰度		权重	隶属度	灰度		权重	隶属度	灰度	
			G_1	G_2			G_1	G_2			G_1	G_2
0.87	0.2	0.7	0.9	0.95	0.4	1	0.9	0.95	0.4	1	0.9	0.95

$$\mu\left[\frac{dx_4(t+\Delta t)}{dt}\right]=0.87>0.5 \tag{7-8-4}$$

五、房地产供给分析

住房供给分析是一个复杂的问题，很难说清楚。相对购买力来讲，住房供给大于有承受力的需求。从中国正处在城市化快速发展的阶段看，住房供给小于真实需求，是常态。

住房供给对房产价格的影响很复杂，根据第七章第二节“当分析因素与其他因素相互联系时，对事物未来发展之影响处于不确定状态，或决策者在决策时对该因素性质不了解时，此种情况隶属度取值 0.5”，即：

$$\mu\left[\frac{dx_5(t+\Delta t)}{dt}\right]=0.5 \tag{7-8-5}$$

六、房地产政策分析

1. 国际经验与教训

概括而言，目前各国政策性住房体系主要有三种模式：

第一，政府主导的抵押市场模式，以美国、日本为代表。该模式对我国的最大启示在于，对于人口众多、幅员辽阔的国家来说，只能采取以需求手段为主体的普遍住房保障制度。一是因为政府财力不可能支撑如此大范围、带有福利性质的住房建设；二是因为市场归根到底是配置资源的最佳方式，用政府的直接干预来取代规模巨大的住房市场，其机会成本极其高昂。

该模式下，大量资金涌入房地产行业，然后再以房地产为抵押吸收银行贷款，形成一种恶性循环。教训是：①高房价降低国家的经济竞争力。首先，房价高，地价就高，生产的产品成本就高，产品成本高就影响在国际市场的竞争力。其次，一个城市房价过高，就很难吸引高层次人才，结果就会导致这个城市丧失发展的后劲。再次，房价收入比过高，花去了两代人甚至几代人的积蓄，严重削弱了消费增长的后劲。②住房泡沫破裂损害公众利益。住房泡沫一旦破裂，高收入阶层，资产缩水，虽不会影响其生活，但影响再投资；中低收入阶层受害最严重，陷进债务危机，直接影响其消费。③住房泡沫危及国家根本。住房泡沫破裂，银行坏账增多，影响国家的根本利益。日本住房泡沫的结果是影响其十年甚至是二十年经济的发展。美国次级贷款引起的金融危机，造成了全球经济的动荡。这些都是深刻的教训。

第二，住房储蓄银行模式，以德国为代表。该模式适用于已经完成了城市化和工业化的国家。住房买卖和租赁市场已经基本成型，购房群体相对较少，加之政府丰厚的奖励政策，因此，先储蓄若干年再获得房贷购房尚具有一定的吸引力。然而，我国目前正处于迅速的城市化进程当中，购房群体庞大，购房需求迫切，加之房价持续攀升，因此，对于大部分住房需求者来说，先储蓄若干年再获得房贷购房不具有吸引力。

第三，新加坡的公积金加公共租屋模式。分为两种：一是原市场，即一手市场，购买者必须是新加坡公民，价格由政府制定；另一种是二手市场，购买者为永久居民，价格由市场决定。而新加坡的租屋居住环境与私产房，并无太大区别。据了解，目前约有84%的新加坡人住在租屋中，而拥有私产房的比例仅约为16%。

租屋政策对大城市，尤其是高房价、高租金、住房需求与供给矛盾突出的特大城市借鉴意义更明显。[①]

2. 国际经验借鉴

第一，住房是一种商品，但它又是带有一定社会性或公益性的商品。“住房问题关系国计民生，既是经济问题，更是影响社会稳定的重要民生问题。房价过高、上涨过快，加大了居民通过市场解决住房问题的难度，增加了金融风险，不利于经济社会协调发展。”[②]当下，遏制房价过快上涨，让全体中国老百姓都有一套与自己收入水平大体相当的住房，促进民生改善和经济发展，应该是中国政府制定房地产政策的基本取向。

第二，分类解决住房问题。中低收入阶层的住房，主要由保障房市场解决。保障房体系由政府负责投资、分配、管理、流转，供求和房价由计划调节，目标是实现居者有其屋。这是实现社会稳定、保持经济社会协调发展的不二选择。新加坡的公积金加公共租屋模式，就是一个范例。

商品房市场由投资者投资，供求和房价由市场调节。这是高中收入阶层，解

---

① 参见赵沛楠《发达国家如何保障安居?》，载《中国投资》2009年第12期。

② 2010年4月17日《国务院关于坚决遏制部分城市房价过快上涨的通知》(国发[2010]10号)。

决住房的主要方式。此举一方面满足了高中收入阶层对居住条件的需要；另一方面，是其资金投资的一个渠道；再者，开辟了一个细分市场。管理得当，有利于社会经济发展。美国、日本经验就证明了这一点。

我国政策性住房体系有以下几点有待完善：

首先，住房投资性消费比重过高，具有过度超前消费特征，对居民消费具有挤出效应。从商品房销售看，1991～2009 年我国商品房销售面积年均增长 19.8%(2009 年比上年增长 42.1%，增幅达历史最高水平)，销售额年均增长 31.6%，社会消费品零售总额年均增长 14.6%，商品房销售额快于消费品零售额 17 个百分点。从人均住房面积看，城镇人均住宅建筑面积从 1978 年的 6.7 平方米提高到 2008 年的 30.0 平方米，增长 3.5 倍；2008 年，农村居民人均住房使用面积由 1978 年的 8.1 平方米增加到 2008 年的 32.4 平方米，增长 3.0 倍。

其次，房价收入比过高，花去了两代人甚至几代人的积蓄，严重削弱了消费增长的后劲。国际上通常以“房价收入比”(房价和家庭总收入之比)来衡量房价总水平的高低，房价收入比正常为 3～6 倍，租售比正常为 1∶200 到 1∶100 之间。以北京为例，2009 年的房价收入比已经达到 27∶1，而房价租售比已达到 1∶500，明显高于东京、伦敦和温哥华等其他国际性大城市。从北京和上海等地方的住房绝对价格水平来看，也已超过了美国和日本的国际大都市。但是，美国和日本的人均收入是中国人均收入的数倍甚至数十倍，如果再考虑汇率因素的话，我国部分城市的房价已远远高于收入。所以，住房投资或投机需求旺盛是推升房价过高的主要原因之一。高企的房价，对一般消费者是一个十分沉重的负担，高房价已将中低收入群体挤出房地产市场。如果要想买房，就得花费几代人的储蓄积累或透支家庭的未来收入，这难免抑制其后续的住房装修及家具、家电等消费能力，甚至削弱几代人后续的即期消费能力。

再次，从国际和地区比较看，我国居民的人均住宅面积水平较高，已经超过了日本和我国香港地区。2008 年城镇居民人均住宅面积约为 30 多平方米，而香港城市居民住房面积是 7.1 平方米，日本是 15.8 平方米。我国城镇 88%左右的居民已拥有自己的住房，而发达市场经济国家的个人住房拥有率，法国与德国仅 30%～40%，美国仅 68%，反差较大。①

第三，住房价格要稳定。住房价格快速上涨受益的主要利益集团，是房地产开发商和当期地方政府。前者，房价高涨，有钱可赚；后者，则由现行财政体制决

---

① 参见严先溥《应努力加快我国消费模式转型的步伐——中、美消费模式的比较与启示》，载《宏观经济研究》2010 年第 5 期。

定，目前，各地方城市政府财政收入的40%～60%来自于土地出让收入。[①] 美国、日本房地产政策的教训以及德国、新加坡的经验表明：住房价格稳定，有利于社会和谐、经济持续发展。

目前，我国有条件保持住房价格稳定。根据有二：其一，现在已经购买商品住房者，是经济条件较好阶层，是稳定住房价格的基础；其二，随着经济不断发展，实际收入的提高，以及通货膨胀的存在，可支配名义收入水平提高，这是稳定住房价格的保证。改革开放三十年来，我国居民收入在总量上有非常显著的增加，居民生活水平大幅提升。城镇家庭平均每人可支配收入从1978年的343.4元上涨到2009年的17175元，后者是前者的50倍；农村居民家庭人均年纯收入从133.6元上升到2009年的5153元，上涨约38倍。[②]

第四，住房泡沫的形成及由此产生的危机与货币政策密切相关。

住房泡沫存在降低国家的经济竞争力，住房泡沫破裂损害公众利益，危及国家根本。美国、日本房地产市场泡沫的经验教训表明，住房泡沫与该国的货币政策密切相关。宽松的货币供应量、较低的利率、宽松的住房贷款条件、城市化加速阶段、不适当的金融产品创新等，是房地产泡沫形成的重要条件；相反，缩紧的货币供应量、利率的不断提高、从严的住房贷款条件、城市化进入尾声、过度的金融产品创新等，是地产市场泡沫破裂的前兆。

3. 现行政策对房价的影响

我国目前正处在城市化快速发展阶段，人均可支配名义收入持续提高，人民币处于上升时期等，这些都是形成房地产泡沫的重要条件。从国家出台的一系列政策，对房价的趋势，推测如下：

第一，政府的意图是稳定房价。从政策的名称就一目了然：《国务院办公厅关于促进房地产市场平稳健康发展的通知》（国办发[2010]4号）、《国务院关于坚决遏制部分城市房价过快上涨的通知》（国发[2010]10号）。从国际经验看，这个指导思想有利于社会稳定和经济持续发展。

第二，防止房价下降对金融系统形成冲击。“实行更为严格的差别化住房信贷政策。对购买首套自住房且套型建筑面积在90平方米以上的家庭（包括借款人、配偶及未成年子女，下同），贷款首付款比例不得低于30%；对贷款购买第二套住房的家庭，贷款首付款比例不得低于50%，贷款利率不得低于基准利率的1.1倍；对贷款购买第三套及以上住房的，贷款首付款比例和贷款利率应大幅度提高，具体由商业银行根据风险管理原则自主确定。要严格限制各种名目的炒

① 参见叶林《2010年：聚焦房地产市场泡沫》，载《经济导刊》2010年第2期。

② 参见刘丹鹤、王洋《中国居民收入现状及展望》，载《中国乡镇企业会计》2010年第4期。

房和投机性购房。商品住房价格过高、上涨过快、供应紧张的地区，商业银行可根据风险状况，暂停发放购买第三套及以上住房贷款；对不能提供1年以上当地纳税证明或社会保险缴纳证明的非本地居民暂停发放购买住房贷款。对境外机构和个人购房，严格按有关政策执行。"①

这个政策表明：目前房价下降30%，不会对银行形成坏账；房价下降50%，二套以上住房贷款不会对银行形成坏账。这说明，在现有基础上房价调控得当，形成住房泡沫的可能性较小，即使有住房泡沫危及银行安全的可能性也较小。

第三，中低收入阶层住房条件改善取决于政策的博弈。我国基尼系数一直维持在0.4～0.5，理论上讲，我们是收入分配严重不均的国家。国际经验表明，公共租赁住房是解决中低收入阶层，尤其是低收入阶层住房的有效政策。发展公共租赁住房，损害了地产商的利益，当期地方政府也没有积极性。中低收入阶层通过商品房市场解决居住问题，哪怕是中小套型普通商品房，至少是对居民消费具有挤出效应，削弱了消费增长的后劲，不利于国家经济持续发展；低收入阶层无力通过商品房市场解决居住问题，公共租赁住房市场不能及时有效解决，可能形成社会不稳定因素。

"调整住房供应结构。各地要尽快编制和公布住房建设规划，明确保障性住房、中小套型普通商品住房的建设数量和比例。住房城乡建设部门要加快对普通商品住房的规划、开工建设和预销售审批，尽快形成有效供应。保障性住房、棚户区改造和中小套型普通商品住房用地不低于住房建设用地供应总量的70%，并优先保证供应。城乡规划、房地产主管部门要积极配合国土资源部门，将住房销售价位、套数、套型面积、保障性住房配建比例以及开竣工时间、违约处罚条款等纳入土地出让合同，确保中小套型住房供应结构比例严格按照有关规定落实到位。房价过高、上涨过快的地区，要大幅度增加公共租赁住房、经济适用住房和限价商品住房供应。

"加快保障性安居工程建设。确保完成2010年建设保障性住房300万套、各类棚户区改造住房280万套的工作任务。住房城乡建设部、发展改革委、财政部等有关部门要尽快下达年度计划及中央补助资金。住房城乡建设部要与各省级人民政府签订住房保障工作目标责任书，落实工作责任。地方人民政府要切实落实土地供应、资金投入和税费优惠等政策，确保完成计划任务。按照政府组织、社会参与的原则，加快发展公共租赁住房，地方各级人民政府要加大投入，中央以适当方式给予资金支持。国有房地产企业应积极参与保障性住房建设和棚户区改造。住房城乡建设部要会同有关部门抓紧制定2010～2012年保障性住

① 2010年4月17日《国务院关于坚决遏制部分城市房价过快上涨的通知》(国发[2010]10号)。

房建设规划(包括各类棚户区建设、政策性住房建设),并在2010年7月底前向全社会公布。"①

该项政策的落实效果决定了商品房市场中小套型普通商品住房的价格涨势,也决定了低收入阶层何时居有所屋的问题。

综上分析,稳定目前房产价格水平,防止房价过快增长,是政府制定调控房产价格政策的基本立场。政府调控房产价格政策对房产价格影响处于"笛卡儿坐标周期分析法"中的 $B \to C$ 阶段(见图2-3-1)。式(7-4-12)中,各参数取值及 $\mu\left[\frac{dx_6(t+\Delta t)}{dt}\right]$ 计算结果详见表7-8-6。

表7-8-6 因素 x_6 未来一段时间变化趋势可能性

$x_6(t+\Delta t)$ 隶属度	$x_6(t)$				$dx_6(t)/dt$				$d^2x_6(t)/dt^2$			
	权重	隶属度	灰度		权重	隶属度	灰度		权重	隶属度	灰度	
			G_1	G_2			G_1	G_2			G_1	G_2
0.52	0.2	0.8	0.9	0.95	0.4	1	0.9	0.95	0.4	0	1	1

$$\mu\left[\frac{dx_6(t+\Delta t)}{dt}\right]=0.52>0.5 \tag{7-8-6}$$

七、综合模糊分析结论

1."函数式"综合分析结论

综上分析,不完美信息条件下单因素模糊分析结论是:

$$\mu\left[\frac{dx_1(t+\Delta t)}{dt}\right]=0.93>0.5 \tag{7-8-1}$$

$$\mu\left[\frac{dx_2(t+\Delta t)}{dt}\right]=0.2<0.5 \tag{7-8-2}$$

$$\mu\left[\frac{dx_3(t+\Delta t)}{dt}\right]=0.82>0.5\text{(中心城市或同城好位置房产)} \tag{7-8-3}$$

$$\mu\left[\frac{dx_3(t+\Delta t)}{dt}\right]=0.44<0.5\text{(同城适合中低收入阶层房产)} \tag{7-8-3a}$$

$$\mu\left[\frac{dx_4(t+\Delta t)}{dt}\right]=0.87>0.5 \tag{7-8-4}$$

$$\mu\left[\frac{dx_5(t+\Delta t)}{dt}\right]=0.5 \tag{7-8-5}$$

① 2010年4月17日《国务院关于坚决遏制部分城市房价过快上涨的通知》(国发[2010]10号)。

$$\mu\left[\frac{\mathrm{d}x_6(t+\Delta t)}{\mathrm{d}t}\right]=0.52>0.5 \tag{7-8-6}$$

根据式(7-5-5)、(7-5-6)给出的单因素重要性(λ_1)理论取值区间，结合房地产价格特点，取 $\lambda_1=0.24$，$\lambda_2=0.20$，$\lambda_3=0.16$，$\lambda_4=0.14$，$\lambda_5=0.13$，$\lambda_6=0.13$。代入式(7-5-4)，得“函数式”综合分析结论：

$$\mu\left[\frac{\mathrm{d}Y(t+\Delta t)}{\mathrm{d}t}\right]=0.65>0.5(\text{中心城市或同城好位置房产}) \tag{7-8-7}$$

$$\mu\left[\frac{\mathrm{d}Y(t+\Delta t)}{\mathrm{d}t}\right]=0.59>0.5(\text{同城适合中低收入阶层房产}) \tag{7-8-8}$$

根据模糊数学隶属度定义，式(7-8-7)的含义是：未来一段时间内，中心城市或同城中好“位置”房产，或者说适合高中收入阶层的房产，价格变化趋势，上升可能性为0.65，下降可能性为0.35。

式(7-8-8)表明，未来一段时间内，适合中低收入阶层的房产价格变化趋势，上升可能性为0.59，下降可能性为0.41。

2.“图象式”综合分析结论

根据“图象式”分析法的有关定义，“图象式”表示法规则采用纵向排列，从下到上，依次是 $x_1(t)$、$x_2(t)$、$x_3(t)$和 $x_4(t)$、$x_5(t)$、$x_6(t)$。本案例中：

$$\mu\left[\frac{\mathrm{d}x_6(t+\Delta t)}{\mathrm{d}t}\right]=0.52>0.5(\text{赋予“阳爻”“—”}) \tag{7-8-9}$$

$$\mu\left[\frac{\mathrm{d}x_5(t+\Delta t)}{\mathrm{d}t}\right]=0.5(\text{赋予“阴爻”“--”}) \tag{7-8-10}$$

$$\mu\left[\frac{\mathrm{d}x_4(t+\Delta t)}{\mathrm{d}t}\right]=0.87>0.5(\text{赋予“阳爻”“—”}) \tag{7-8-11}$$

$$\mu\left[\frac{\mathrm{d}x_3(t+\Delta t)}{\mathrm{d}t}\right]=0.82>0.5(\text{赋予“阳爻”“—”})(\text{中心城市或同城好位置房产}) \tag{7-8-12}$$

$$\mu\left[\frac{\mathrm{d}x_3(t+\Delta t)}{\mathrm{d}t}\right]=0.44>0.5(\text{赋予“阳爻”“--”})(\text{同城适合中低收入阶层房产}) \tag{7-8-12a}$$

$$\mu\left[\frac{\mathrm{d}x_2(t+\Delta t)}{\mathrm{d}t}\right]=0.2<0.5(\text{赋予“阴爻”“--”}) \tag{7-8-13}$$

$$\mu\left[\frac{\mathrm{d}x_1(t+\Delta t)}{\mathrm{d}t}\right]=0.93>0.5(\text{赋予“阳爻”“—”}) \tag{7-8-14}$$

由此可以得出结论：

(1)中心城市或同城中好“位置”房产价格未来一段时间变化趋势之可能性，“图象式”综合分析结论是：

䷝ (7-8-15)

式(7-8-15)在“先天《易》六十四卦方圆图”中是“离”卦图象，位于周期变化上升的初始、中期阶段，未来发展趋势是继续上升可能性大于下降可能性。

(2)适合中低收入阶层房产价格未来一段时间变化趋势之可能性，“图象式”综合分析结论是：

䷔ (7-8-16)

式(7-8-16)在“先天《易》六十四卦方圆图”中是“噬嗑”卦图象，位于周期变化上升的“初始”阶段，未来发展趋势是上升可能性大于下降可能性。

3.“未来一段时间”(Δt)的大约估计

“未来一段时间”(Δt)的大约估计，就是估计式(7-8-7)和(7-8-15)以及式(7-8-8)和(7-8-16)的有效时间。

影响住房价格趋势的主要因素是市场供求状况和货币数量的多少。国际城市化进程普遍规律是，在城市化快速增长时期，求大于供是普遍状态。经济发展和通货膨胀等因素的作用，人均可支配名义收入不断提高，亦是一个普遍规律。

从国际经验看，英国、美国、日本、韩国等经济发达国家城市化达到40%～70%的几十年期间，房地产价格也是持续上升的，工业化、城市化引致的住房需求和经济的持续增长是推动房价长期增长的基础性因素。当城市化进入尾声阶段，或供大于求或货币政策处在紧缩阶段时，就会出现住房价格下降趋势可能性大于上升趋势可能性的现象。

“按照我国现代化发展战略目标，2020年我国基本可以实现工业化，城镇化率可提升为60%左右，以全国大约14.35亿人口测算，累计要把2.25亿的农村人口转向城镇。”①“据估计，中国到2050年才达到美国1973年的70%城市化率的标准。……总劳动人口在2016年左右达到峰值。”②2009年中国的城市化率接近46.6%，若城镇化率提升为60%，尚需10年左右时间。

式(7-8-7)和(7-8-15)以及式(7-8-8)和(7-8-16)适用条件是：中国处于工业化、城市化快速发展阶段。换言之，其有效时间大概到2020年前后。

---

① 严先溥：《应努力加快我国消费模式转型的步伐——中、美消费模式的比较与启示》，载《宏观经济研究》2010年第5期。

② 叶林：《2010年：聚焦房地产市场泡沫》，载《经济导刊》，2010年第2期。

第八章　综合模糊投资项目决策方法研究

第一节　投资项目概述

广义投资是指为获取未来收益或报酬而进行的资金投放行为。按投资对象,投资可分为项目投资和金融投资,本书仅讨论企业项目投资决策问题。

对企业而言,项目投资是一种以特定项目为对象,直接与新建项目或更新改造项目有关的长期投资行为。企业投资是企业发展战略的重要组成部分,以获得经济效益和提升持续发展能力为目标。

企业投资决策是一个研究逐步深化的过程。从投资机会研究,到初步可行性研究,再到可行性研究和项目评估,分析逐步深入,建设项目的价值逐步明了,建设内容和方案逐步确定的过程。企业投资项目决策程序如图 8-1-1 所示。

投资机会研究(Opportunity Study,OS)也称投资机会鉴别,是指为寻找有价值的投资机会而进行的准备性调查研究,其目的在于发现投资机会。重点是对投资项目、投资环境的分析,如在某一地区或某一产业部门,对某类项目的背景、市场需求、资源条件、发展趋势以及需要的投入和可能的产出等方面进行准备性的调查、研究和分析,从而发现有价值的投资机会。

初步可行性研究(Pre-feasibility Study,PS)也称预可行性研究,是在机会研究的基础上,对项目方案进行初步的技术、财务、经济、环境和社会影响评价,对项目是否可行作出初步判断。研究的主要目的是,判断项目是否有生命力,是否值得投入更多的人力和资金进行可行性研究,并据此作出是否进行投资的初步决定。其中重点是市场需求分析。

可行性研究(Feasibility Study, FS)是指通过对拟建项目的市场需求状况、建设规模、产品方案、生产工艺、设备选型、工程方案、建设条件、投资估算、融资方案、财务和经济效益、环境和社会影响以及可能产生的风险等方面进行全面深入的调查、研究和充分的分析、比较、论证，从而得出该项目是否值得投资、建设方案是否合理的研究结论，为项目的决策提供科学、可靠的依据。可行性研究是建设项目决策阶段最重要的工作。可行性研究的过程是深入调查研究的过程，也是多方案比较选择的过程。一个拟建项目，从产品方案、技术选用、设备选型，到选址方案、工程方案、环境措施，都可能有多个方案可供选择，可行性研究要通过深入的调查研究，对多个方案进行比较、论证，从中选择较优方案。可行性研究的重点是项目建设的可行性。

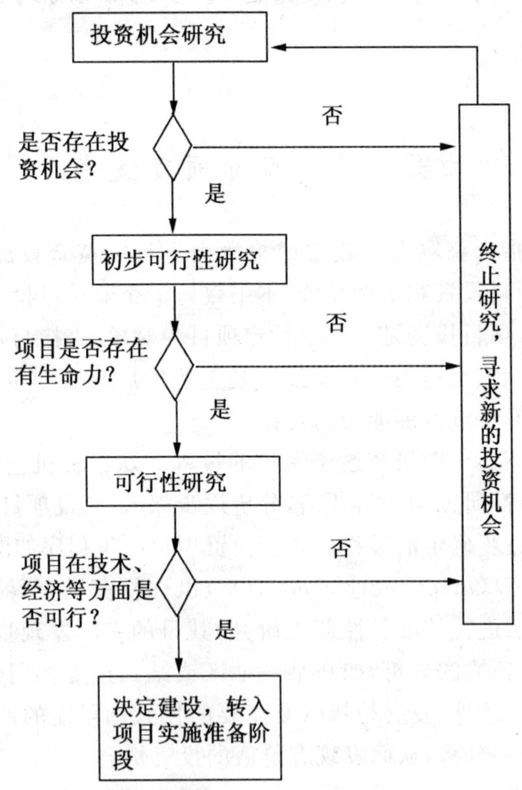

图 8-1-1　企业投资项目决策程序

项目评估与可行性研究是项目前期工作的两项重要内容，两者既存在着较为密切的联系，也存在明显的区别。

两者同处于项目投资的前期阶段，出发点一致，都以市场或社会需求为出发点，按照国家有关方针政策，将资源条件同产业政策与行业规划结合起来进行方案选择。同时，内容基本一致，目的相同，均是要提高项目投资科学决策的水平，提高投资效益，避免决策失误。因此，它们都是项目前期工作的重要内容，都是对项目是否可行及投资决策的咨询论证工作。

但是，两者也存在一定区别。首先，可行性研究是项目投资决策的基础，是项目评估的重要前提。项目评估则是可行性研究的延续、深化和再研究，独立为决策者提供直接的、最终的依据。其次，方法不同。可行性研究的假设条件是，相同投资项目，不同决策者的认识是一致的；所有决策参数皆可预测，对投资后果有一个确定的、量化的描述。现实情况是，很多决策参数尤其是与经济效益指标相关的参数，如产品销售量、产品价格、成本等，准确预测是个别、偶然现象，不能准确预测则是普遍现象；同时，对同一个投资项目，不同的研究者可能得出不同结论。

在市场经济条件下，任何经济活动都是围绕市场展开的。产品市场供求状况是投资项目的基础。企业资源和竞争能力，以及宏观环境是投资项目可行性研究的基础。可行性研究是建设项目决策阶段最重要的工作，而投资机会研究又是可行性研究的前期工作。因此，投资项目产品市场状况、项目宏观环境、企业资源和竞争能力、投资机会，以及可行性研究，单独成节，加以研究。初步可行性研究的深度介于投资机会研究和可行性研究之间，故作不专门讨论。

第二节　企业资源和竞争能力评估

一个行业是否具有吸引力，是相对具体企业而言的。也就是说，相同的投资项目，对甲企业可能是好的项目，乙企业来投资可能产生亏损。原因是不同企业，对同一投资项目的资源和竞争能力是不同的，所以，在讨论行业吸引力之前，首先要对企业拥有的资源和竞争能力进行评估。

一、影响企业竞争力的因素

投资项目既受到外部因素的影响，又受到内部因素的制约。内部因素通常考虑如下几个方面：

1. 企业决策者

企业决策者个人抱负、价值观、商业哲学、风险观和伦理哲学对企业战略产生重要的影响，也是企业竞争力的重要体现。决策者之所以重要，是因为其是投资项目的发起者和倡导者，又是组织者和领导者，是实施的积极参加者，对项目产生、发展具有加速与延缓的作用。成功决策者一般具有如下特征①：个人抱

① 参见游伯龙、黄书德《知人与决策》，煤炭工业出版社 1987 年版，第 333～343 页。

负：抱负高，信心足，富有创新精神，事业有成或有成功的趋势；对别人的态度：喜爱，赞赏，关心帮助，信任尊重，谦虚谨慎，亲和力和感召力强；对自己的态度：严格要求，吃苦耐劳，勤俭节约；情绪特征：情绪稳定，沉着镇定，有毅力，办事机智老练，专心致志，注重安全，讲究实际；学习精神：善于收集信息，喜爱学习，思想活跃不断扩大习惯领域，系统性强，客观分析问题，慎重作结论；决策方法：决策民主化、科学化、程序化；知识水平：知识渊博，具有较强预测判断力；身体状况：身体健康，精力旺盛；诚实性：对人坦诚，有事业心和责任感。决策者任职阶段对企业也有重要影响。1991 年，汉布瑞克(Hambrick)和福克托玛(Fukutomi)针对决策者任职期间领导能力的变化规律及其原因，提出了一个决策者管理生命周期五阶段模型。该模型认为，决策者管理生命大约有如下五个阶段(见表 8-2-1)[①]：受命上任、探索改革、形成风格、全面强化和僵化阻碍。在这五个阶段中，导致决策者绩效始于上升、继而持平、终于下降的抛物线现象的主要因素有认知模式、职务知识、信息源宽度和质量、任职兴趣和权力等，其中，最主要的是"认知模式刚性"和"信息源宽度和质量"。

表 8-2-1 决策者管理生命周期五阶段模型

主要变化因素和阶段	受命上任	探索改革	形成风格	全面强化	僵化阻碍
认知模式刚性	中强	或弱或强	中强	强，且上升	非常强
职务知识	知之较少，但上升很快	大体熟悉，中速上升	非常熟悉，缓慢上升	非常熟悉，缓慢上升	非常熟悉，缓慢上升
信息源宽度和质量	来源广，未经过滤	来源广，信息过滤产生	依赖少数信息源，信息过滤现象加剧	依赖少数信息源，信息高度过滤	非常少的信息源，高度信息过滤
任职兴趣	高	高	中高	中高，但是下降	中低，下降
权力	弱，上升	中，上升	中，上升	强，上升	非常强，失控产生

2. 企业治理结构

企业治理结构是企业控制权和剩余索取权分配的一整套法律、文化和制度

① 参见梁能《关于公司治理结构的两个故事和一个模型》，载梁能主编《公司治理结构：中国的实践与美国的经验》，中国人民大学出版社 2000 年版，第 41 页。

安排。剩余索取权,主要表现为收益分配优先顺序上"最后的索取者"。控制权主要表现在"投票权",拥有投票权就是对企业章程中没有说明的事情的决策权。控制权与企业所有权安排密切相关。企业所有权安排又决定了企业决策层(董事会)的决策机制和激励机制。因此,企业所有权安排决定了企业治理结构的制度安排,是企业竞争能力的重要部分。

《中华人民共和国公司法》(以下简称《公司法》)对所有者(股东)的责、权、利,作了明确的规定。《公司法》和《中华人民共和国证券法》(以下简称《证券法》)对企业所有权安排有如下具体规定:

(1)5%

《证券法》第 67 条:下列情况为前款所称重大事件:(八)持有公司百分之五以上股份的股东或者实际控制人,其持有股份或者控制公司的情况发生较大变化。

《证券法》第 74 条:证券交易内幕信息的知情人包括:(二)持有公司百分之五以上股份的股东及其董事、监事、高级管理人员,公司的实际控制人及其董事、监事、高级管理人员。

《证券法》第 86 条:通过证券交易所的证券交易,投资者持有或者通过协议、其他安排与他人共同持有一个上市公司已发行的股份达到百分之五时,应当在该事实发生之日起三日内,向国务院证券监督管理机构、证券交易所作出书面报告,通知该上市公司,并予公告;在上述期限内,不得再行买卖该上市公司的股票。投资者持有或者通过协议、其他安排与他人共同持有一个上市公司已发行的股份达到百分之五后,其所持该上市公司已发行的股份比例每增加或者减少百分之五,应当依照前款规定进行报告和公告。在报告期限内和作出报告、公告后二日内,不得再行买卖该上市公司的股票。

(2)10%

《公司法》第 41 条:代表百分之十以上表决权的股东可以自行召集和主持股东会会议。

《公司法》第 183 条:公司经营管理发生严重困难,继续存续会使股东利益受到重大损失,通过其他途径不能解决的,持有公司全部股东表决权百分之十以上的股东,可以请求人民法院解散公司。

《证券法》第 50 条:股份有限公司申请股票上市,应当符合下列条件:(三)公司股本总额超过人民币四亿元的,公开发行股份的比例为百分之十以上。

(3)25%

《证券法》第 50 条:股份有限公司申请股票上市,应当符合下列条件:(三)公开发行的股份达到公司股份总数的百分之二十五以上。

(4)30%

《证券法》第 88 条:通过证券交易所的证券交易,投资者持有或者通过协议、其他安排与他人共同持有一个上市公司已发行的股份达到百分之三十时,继续进行收购的,应当依法向该上市公司所有股东发出收购上市公司全部或者部分股份的要约。

《证券法》第 96 条:采取协议收购方式的,收购人收购或者通过协议、其他安排与他人共同收购一个上市公司已发行的股份达到百分之三十时,继续进行收购的,应当向该上市公司所有股东发出收购上市公司全部或者部分股份的要约。但是,经国务院证券监督管理机构免除发出要约的除外。

(5)33%

《公司法》第 44 条、第 104 条、第 122 条、第 182 条:这是《公司法》规定重大事项具有否决权意义的数字。33%以上表决权的股东,对修改公司章程,增加或者减少注册资本,公司合并、分立、解散或者变更公司形式,上市公司在一年内购买、出售重大资产或者担保金额超过公司资产总额百分之三十的决议,具有否决权。

(6)50%

《公司法》第 72 条:有限责任公司的股东之间可以相互转让其全部或者部分股权。股东向股东以外的人转让股权,应当经其他股东过半数同意。

《公司法》第 104 条:股东出席股东大会会议,所持每一股份有一表决权。但是,公司持有的本公司股份没有表决权。股东大会作出决议,必须经出席会议的股东所持表决权过半数通过。

《公司法》第 102 条:股东大会会议由董事会召集,董事长主持;董事长不能履行职务或者不履行职务的,由副董事长主持;副董事长不能履行职务或者不履行职务的,由半数以上董事共同推举一名董事主持。

《公司法》第 112 条:董事会会议应有过半数的董事出席方可举行。董事会作出决议,必须经全体董事的过半数通过。董事会决议的表决,实行一人一票。

(7)67%

《公司法》第 44 条:股东会会议作出修改公司章程、增加或者减少注册资本的决议,以及公司合并、分立、解散或者变更公司形式的决议,必须经代表三分之二以上表决权的股东通过。

《公司法》第 104 条:股东大会作出修改公司章程、增加或者减少注册资本的决议,以及公司合并、分立、解散或者变更公司形式的决议,必须经出席会议的股东所持表决权的三分之二以上通过。

《公司法》第 122 条:上市公司在一年内购买、出售重大资产或者担保金额超过公司资产总额百分之三十的,应当由股东大会作出决议,并经出席会议的股东所持表决权的三分之二以上通过。

《公司法》第182条:依照前款规定修改公司章程,有限责任公司须经持有三分之二以上表决权的股东通过,股份有限公司须经出席股东大会会议的股东所持表决权的三分之二以上通过。

"公司章程"是公司的"宪法",需要特别引起重视。《公司法》对"公司章程"职权作了规定,节录如下:

第四十三条　股东会会议由股东按照出资比例行使表决权;但是,公司章程另有规定的除外。

第四十四条　股东会的议事方式和表决程序,除本法有规定的外,由公司章程规定。

第四十九条　董事会的议事方式和表决程序,除本法有规定的外,由公司章程规定。董事会决议的表决,实行一人一票。

第五十条　公司章程对经理职权另有规定的,从其规定。

第五十一条　执行董事的职权由公司章程规定。

第七十二条　有限责任公司的股东之间可以相互转让其全部或者部分股权。

股东向股东以外的人转让股权,应当经其他股东过半数同意。

公司章程对股权转让另有规定的,从其规定。

第一百零六条　股东大会选举董事、监事,可以依照公司章程的规定或者股东大会的决议,实行累积投票制。

第一百八十一条　公司因下列原因解散:

(一)公司章程规定的营业期限届满或者公司章程规定的其他解散事由出现。

第一百八十二条 公司有本法第一百八十一条第(一)项情形的,可以通过修改公司章程而存续。

《公司法》对企业治理结构作了规定,节录如下:

第三条　公司是企业法人,有独立的法人财产,享有法人财产权。公司以其全部财产对公司的债务承担责任。

有限责任公司的股东以其认缴的出资额为限对公司承担责任;股份有限公司的股东以其认购的股份为限对公司承担责任。

第四条　公司股东依法享有资产收益、参与重大决策和选择管理者等权利。

第十一条　设立公司必须依法制定公司章程。公司章程对公司、股东、董事、监事、高级管理人员具有约束力。

第十三条 公司法定代表人依照公司章程的规定，由董事长、执行董事或者经理担任，并依法登记。公司法定代表人变更，应当办理变更登记。

第十六条 公司向其他企业投资或者为他人提供担保，依照公司章程的规定，由董事会或者股东会、股东大会决议；公司章程对投资或者担保的总额及单项投资或者担保的数额有限额规定的，不得超过规定的限额。

公司为公司股东或者实际控制人提供担保的，必须经股东会或者股东大会决议。

前款规定的股东或者受前款规定的实际控制人支配的股东，不得参加前款规定事项的表决。该项表决由出席会议的其他股东所持表决权的过半数通过。

第二十二条 公司股东会或者股东大会、董事会的决议内容违反法律、行政法规的无效。

股东会或者股东大会、董事会的会议召集程序、表决方式违反法律、行政法规或者公司章程，或者决议内容违反公司章程的，股东可以自决议作出之日起六十日内，请求人民法院撤销。

第二十三条 设立有限责任公司，应当具备下列条件：

(一)股东符合法定人数；

(二)股东出资达到法定资本最低限额；

(三)股东共同制定公司章程；

(四)有公司名称，建立符合有限责任公司要求的组织机构；

(五)有公司住所。

第二十四条 有限责任公司由五十个以下股东出资设立。

第三十四条 股东有权查阅、复制公司章程、股东会会议记录、董事会会议决议、监事会会议决议和财务会计报告。

第三十五条 股东按照实缴的出资比例分取红利；公司新增资本时，股东有权优先按照实缴的出资比例认缴出资。但是，全体股东约定不按照出资比例分取红利或者不按照出资比例优先认缴出资的除外。

第三十七条 有限责任公司股东会由全体股东组成。股东会是公司的权力机构，依照本法行使职权。

第三十八条 股东会行使下列职权：

(一)决定公司的经营方针和投资计划；

(二)选举和更换非由职工代表担任的董事、监事，决定有关董事、监事的报酬事项；

（三）审议批准董事会的报告；

（四）审议批准监事会或者监事的报告；

（五）审议批准公司的年度财务预算方案、决算方案；

（六）审议批准公司的利润分配方案和弥补亏损方案；

（七）对公司增加或者减少注册资本作出决议；

（八）对发行公司债券作出决议；

（九）对公司合并、分立、解散、清算或者变更公司形式作出决议；

（十）修改公司章程；

（十一）公司章程规定的其他职权。

对前款所列事项股东以书面形式一致表示同意的，可以不召开股东会会议，直接作出决定，并由全体股东在决定文件上签名、盖章。

第三十九条　首次股东会会议由出资最多的股东召集和主持，依照本法规定行使职权。

第四十一条　有限责任公司设立董事会的，股东会会议由董事会召集，董事长主持；董事长不能履行职务或者不履行职务的，由副董事长主持；副董事长不能履行职务或者不履行职务的，由半数以上董事共同推举一名董事主持。

有限责任公司不设董事会的，股东会会议由执行董事召集和主持。

董事会或者执行董事不能履行或者不履行召集股东会会议职责的，由监事会或者不设监事会的公司的监事召集和主持；监事会或者监事不召集和主持的，代表十分之一以上表决权的股东可以自行召集和主持。

第四十三条　股东会会议由股东按照出资比例行使表决权；但是，公司章程另有规定的除外。

第四十四条　股东会的议事方式和表决程序，除本法有规定的外，由公司章程规定。

股东会会议作出修改公司章程、增加或者减少注册资本的决议，以及公司合并、分立、解散或者变更公司形式的决议，必须经代表三分之二以上表决权的股东通过。

第四十五条　有限责任公司设董事会，其成员为三人至十三人；但是，本法第五十一条另有规定的除外。

董事会设董事长一人，可以设副董事长。董事长、副董事长的产生办法由公司章程规定。

第四十六条　董事任期由公司章程规定，但每届任期不得超过三年。董事任期届满，连选可以连任。

第四十七条　董事会对股东会负责，行使下列职权：

（一）召集股东会会议，并向股东会报告工作；

（二）执行股东会的决议；

（三）决定公司的经营计划和投资方案；

（四）制订公司的年度财务预算方案、决算方案；

（五）制订公司的利润分配方案和弥补亏损方案；

（六）制订公司增加或者减少注册资本以及发行公司债券的方案；

（七）制订公司合并、分立、解散或者变更公司形式的方案；

（八）决定公司内部管理机构的设置；

（九）决定聘任或者解聘公司经理及其报酬事项，并根据经理的提名决定聘任或者解聘公司副经理、财务负责人及其报酬事项；

（十）制定公司的基本管理制度；

（十一）公司章程规定的其他职权。

第四十八条　董事会会议由董事长召集和主持；董事长不能履行职务或者不履行职务的，由副董事长召集和主持；副董事长不能履行职务或者不履行职务的，由半数以上董事共同推举一名董事召集和主持。

第四十九条　董事会的议事方式和表决程序，除本法有规定的外，由公司章程规定。

董事会应当对所议事项的决定作成会议记录，出席会议的董事应当在会议记录上签名。

董事会决议的表决，实行一人一票。

第五十条　有限责任公司可以设经理，由董事会决定聘任或者解聘。经理对董事会负责，行使下列职权：

（一）主持公司的生产经营管理工作，组织实施董事会决议；

（二）组织实施公司年度经营计划和投资方案；

（三）拟订公司内部管理机构设置方案；

（四）拟订公司的基本管理制度；

（五）制定公司的具体规章；

（六）提请聘任或者解聘公司副经理、财务负责人；

（七）决定聘任或者解聘除应由董事会决定聘任或者解聘以外的负责管理人员；

（八）董事会授予的其他职权。

公司章程对经理职权另有规定的，从其规定。

经理列席董事会会议。

第五十一条　股东人数较少或者规模较小的有限责任公司，可以设一名执行董事，不设董事会。执行董事可以兼任公司经理。

执行董事的职权由公司章程规定。

第七十二条　有限责任公司的股东之间可以相互转让其全部或者部分股权。

股东向股东以外的人转让股权，应当经其他股东过半数同意。股东应就其股权转让事项书面通知其他股东征求同意，其他股东自接到书面通知之日起满三十日未答复的，视为同意转让。其他股东半数以上不同意转让的，不同意的股东应当购买该转让的股权；不购买的，视为同意转让。

公司章程对股权转让另有规定的，从其规定。

第七十七条　设立股份有限公司，应当具备下列条件：

（一）发起人符合法定人数；

（二）发起人认购和募集的股本达到法定资本最低限额；

（三）股份发行、筹办事项符合法律规定；

（四）发起人制订公司章程，采用募集方式设立的经创立大会通过；

（五）有公司名称，建立符合股份有限公司要求的组织机构；

（六）有公司住所。

第七十九条　设立股份有限公司，应当有二人以上二百人以下为发起人，其中须有半数以上的发起人在中国境内有住所。

第九十九条　股份有限公司股东大会由全体股东组成。股东大会是公司的权力机构，依照本法行使职权。

第一百条　本法第三十八条第一款关于有限责任公司股东会职权的规定，适用于股份有限公司股东大会。

第一百零二条　股东大会会议由董事会召集，董事长主持；董事长不能履行职务或者不履行职务的，由副董事长主持；副董事长不能履行职务或者不履行职务的，由半数以上董事共同推举一名董事主持。

第一百零四条　股东出席股东大会会议，所持每一股份有一表决权。但是，公司持有的本公司股份没有表决权。

股东大会作出决议，必须经出席会议的股东所持表决权过半数通过。但是，股东大会作出修改公司章程、增加或者减少注册资本的决议，以及公司合并、分立、解散或者变更公司形式的决议，必须经出席会议的股东所持表决权的三分之二以上通过。

第一百零五条　本法和公司章程规定公司转让、受让重大资产或者对外提供担保等事项必须经股东大会作出决议的，董事会应当及时召集股东大会会议，由股东大会就上述事项进行表决。

第一百零六条 股东大会选举董事、监事，可以依照公司章程的规定或者股东大会的决议，实行累积投票制。

第一百零九条 股份有限公司设董事会，其成员为五人至十九人。

董事会成员中可以有公司职工代表。董事会中的职工代表由公司职工通过职工代表大会、职工大会或者其他形式民主选举产生。

本法第四十六条 关于有限责任公司董事任期的规定，适用于股份有限公司董事。

本法第四十七条 关于有限责任公司董事会职权的规定，适用于股份有限公司董事会。

第一百一十条 董事会设董事长一人，可以设副董事长。董事长和副董事长由董事会以全体董事的过半数选举产生。

董事长召集和主持董事会会议，检查董事会决议的实施情况。副董事长协助董事长工作，董事长不能履行职务或者不履行职务的，由副董事长履行职务；副董事长不能履行职务或者不履行职务的，由半数以上董事共同推举一名董事履行职务。

第一百一十二条 董事会会议应有过半数的董事出席方可举行。董事会作出决议，必须经全体董事的过半数通过。董事会决议的表决，实行一人一票。

第一百一十四条 股份有限公司设经理，由董事会决定聘任或者解聘。

本法第五十条 关于有限责任公司经理职权的规定，适用于股份有限公司经理。

第一百一十五条 公司董事会可以决定由董事会成员兼任经理。

第一百二十一条 本法所称上市公司，是指其股票在证券交易所上市交易的股份有限公司。

第一百二十二条 上市公司在一年内购买、出售重大资产或者担保金额超过公司资产总额百分之三十的，应当由股东大会作出决议，并经出席会议的股东所持表决权的三分之二以上通过。

第一百八十一条 公司因下列原因解散：

（一）公司章程规定的营业期限届满或者公司章程规定的其他解散事由出现；

（二）股东会或者股东大会决议解散。

第一百八十二条 公司有本法第一百八十一条第（一）项情形的，可以通过修改公司章程而存续。

依照前款规定修改公司章程，有限责任公司须经持有三分之二以上表决权的股东通过，股份有限公司须经出席股东大会会议的股东所持表决权的三分之二以上通过。

第一百八十三条　公司经营管理发生严重困难，继续存续会使股东利益受到重大损失，通过其他途径不能解决的，持有公司全部股东表决权百分之十以上的股东，可以请求人民法院解散公司。

《证券法》对企业治理结构也作了规定，节录如下：

第五十条　股份有限公司申请股票上市，应当符合下列条件：

（三）公开发行的股份达到公司股份总数的百分之二十五以上；公司股本总额超过人民币四亿元的，公开发行股份的比例为百分之十以上；

第六十七条　下列情况为前款所称重大事件：

（八）持有公司百分之五以上股份的股东或者实际控制人，其持有股份或者控制公司的情况发生较大变化；

第七十四条　证券交易内幕信息的知情人包括：

（二）持有公司百分之五以上股份的股东及其董事、监事、高级管理人员，公司的实际控制人及其董事、监事、高级管理人员；

第八十六条　通过证券交易所的证券交易，投资者持有或者通过协议、其他安排与他人共同持有一个上市公司已发行的股份达到百分之五时，应当在该事实发生之日起三日内，向国务院证券监督管理机构、证券交易所作出书面报告，通知该上市公司，并予公告；在上述期限内，不得再行买卖该上市公司的股票。

投资者持有或者通过协议、其他安排与他人共同持有一个上市公司已发行的股份达到百分之五后，其所持该上市公司已发行的股份比例每增加或者减少百分之五，应当依照前款规定进行报告和公告。在报告期限内和作出报告、公告后二日内，不得再行买卖该上市公司的股票。

第八十八条　通过证券交易所的证券交易，投资者持有或者通过协议、其他安排与他人共同持有一个上市公司已发行的股份达到百分之三十时，继续进行收购的，应当依法向该上市公司所有股东发出收购上市公司全部或者部分股份的要约。

第九十六条　采取协议收购方式的，收购人收购或者通过协议、其他安排与他人共同收购一个上市公司已发行的股份达到百分之三十时，继续进行收购的，应当向该上市公司所有股东发出收购上市公司全部或者部分股份的要约。但是，经国务院证券监督管理机构免除发出要约的除外。

综上所述，评估企业治理结构主要考虑如下因素：

(1)所有权安排

最大股东持股比例是企业决策制度的基础。最大股东表决权比例若大于等于67%,理论上讲,这个企业是"一言堂",一切事情大股东说了算,其他股东无力对大股东行为实施监督。如果最大股东表决权比例小于10%,意味着,企业没有一个股东可以就企业的重大事情,建议召开股东会议讨论,也无法请求人民法院解散公司。如果最大股东表决权比例达到33%,对修改公司章程,增加或者减少注册资本,公司合并、分立、解散或者变更公司形式,上市公司在一年内购买、出售重大资产或者担保金额超过公司资产总额百分之三十等重大事项的决议,就具有否决权。若最大股东表决权比例达到50%,最大股东对股东大会决议、董事会的运行具有重大影响作用。实践表明,一个企业最大股东表决权比例小于10%,经常出现控制权争夺问题;最大股东表决权比例大于50%,容易出现一股独大的问题。最大股东表决权合适比例是30%~50%。

(2)领导体制

主要包括如下内容:

①董事选拔:建立一套具有充分竞争的董事选拔机制和程序。

②董事品质:正直和责任心、见多识广的判断、了解财务、成熟的自信、高度的业绩标准。

③董事会整体核心能力:会计和财务能力、商业判断能力、管理能力、对危机的反应能力、行业知识、国际市场知识、领导才能、战略远景等方面较强。

④董事会人员构成:董事会成员专长、年龄搭配适当,设有独立董事且独立行使董事职权。

⑤决策制度:决策程序科学化、制度化、民主化。

⑥董事会评估:建立并有效实行对董事会整体和董事个人完整评估体系,建立对低业绩董事的辞退方法。

(3)激励机制

董事会成员综合报酬中包含与业绩挂钩的薪酬,且数量在同类企业中处于优势地位;对董事会成员实行股票期权和期股计划,且股票报酬在董事薪酬中比例大于70%。

3. 企业文化与道德规范

一个组织的政策、惯例、传统、哲理信条以及处事方式加起来就形成了一种特殊文化。一般来说,企业文化越强大,越有可能影响企业所采取的战略行动,有时甚至会左右企业对战略行动的选择。

投资项目应符合伦理道德规范。投资项目应该是正义的,经受住道德标准的检验。每一个项目对以下五个利益群体负有伦理责任:股东、员工、顾客、供应商和地方政府。它们中的每一个群体都对企业产生影响，同时也受到企业的影响。它们中的每一个群体都是企业的利益相关者，对企业应该做什么和应该如何做都有特定的期望。一个成功投资项目，对利益相关者所特定的期望有所改善。

4. 有形资产

主要包括现代的生产工厂和设备、吸引人的不动产地点、遍布全球的分销网络、自然资源储备、可以随时变现的资产、资产规模与融资能力等。

5. 组织技能

(1)一项技能或重要的专门技术。低成本制造技巧、技术技巧、一套无缺陷制造跟踪记录方法、能够不断提供上乘的客户服务的技能、能够不断开发革新性产品的技能、卓越的大规模采购技能或独特的广告和促销诀窍，等等。

(2)某种竞争优势的属性。很低的整体成本、市场份额领导地位、优秀产品、很宽的产品线、很强的公司名称识别度或很好的客户服务。

(3)竞争力。新产品推向市场的开发周期短、订单生产的制造能力、高效的研究与开发组织、对变化的市场环境和新机会能够作出灵敏的反应、强大的特约经销商网络、与关键供应商之间建立良好的合作关系、同那些有着能够提高公司竞争力的企业建立良好合作关系。

6. 组织资产

(1)人力资产。经验丰富能力强大的劳动力、关键领域里拥有特殊才能的人才、管理诀窍、深深植根于组织之中经过长时间建立起来的学习能力和诀窍。

(2)技术资产。高质量的控制系统、专有技术、重要的专利、采矿权、忠诚的客户群、强大的资产负债能力和信用等级很高、高效率的物联网系统。

(3)无形资产。品牌形象、公司声誉、购买者商誉、很高的员工忠诚度、积极的工作环境和企业文化。

二、企业资源和竞争能力评估

企业资源和竞争能力评估方法，采用第七章第五节“影响因素综合模糊分析方法”。企业资源和竞争能力评估模型见表8-2-2。说明如下：

(1)式(7-3-3)中，令 $G_1=\underline{G}(x)$，$G_2=\overline{G}(x)$，由决策者依据个人偏好、学习背景和实践经验等主观给出。

(2)E、I、M项对应的是式(7-5-8)中 α、β、γ，其取值原则见第七章第五节“量度 α、β、γ”。本模型应用式(7-5-8)时，建议取 $\omega=0.5$。

(3)N项，由式(7-4-7)、(7-4-8)确定。

(4)J项，由式(7-4-6)决定。

(5)F 项即上文中的 $\mu(x)$，依据“设立隶属函数原则”，根据质量互变规律、周期变化规律，具体情况，灵活掌握。企业能力可分为核心能力与特异能力。[①]核心能力是企业相对其他内部活动做得好的某种东西。一般来说，核心能力存在于企业的人的身上，而不是存在于企业的资产负债本身，即植根于技巧、知识和人的能力中。特异能力是企业相对于竞争对手做得好的某种东西。企业的某种核心能力是不是特异能力取决于，在同竞争对手相比较时这项核心能力的良好程度，核心能力只有成为特异能力时，才会成为企业竞争优势的基础。这就是说，只有当企业的某种核心能力成为特异能力时，$\mu(x)\to 1$。

(6)D 项即式(7-5-9)中“因素 x_{ik} 重要性权重 w_{ik}”，由式(7-5-12)、(7-5-13)和(7-5-14)共同决定。

(7)C 项＝D 项×式(7-5-8)。式(7-5-8)中各参数由 E、F、G、H、I、J、K、L、M、N、O、P 项给出。

(8)表 8-2-2 中，“影响因素综合模糊分析”分为三个层次，其中一至七序号是第一层次，1～11 序号是第二层次，(1)～(6)序号则是第三层次。其他逻辑关系由表的结构决定。

(9)表 8-2-2 中，第七行的 C 项就是企业资源和竞争能力评估结论，其实质即式(7-5-9)。

表 8-2-2　　企业资源和竞争力强势评估模型

序号	因素名称	小计	权重	$x(t)$				dx/dt				d^2x/dt^2			
				权重	隶属度	灰度		权重	隶属度	灰度		权重	隶属度	灰度	
						G_1	G_2			G_1	G_2			G_1	G_2
A	B	C	D	E	F	G	H	I	J	K	L	M	N	O	P
一	企业治理结构														
1	股权结构														
2	领导体制														
(1)	董事选拔														
(2)	董事品质														

① 参见[美]亚瑟·汤姆森、斯迪克兰迪《战略管理》，段盛华等译，北京大学出版社 2000 年版，第 117 页。

续表

(3)	董事会整体核心能力														
(4)	董事会人员构成														
(5)	决策制度														
(6)	董事会评估														
3	激励机制														
4	小计														
二	主要决策者素质特征														
1	个人抱负														
2	对别人态度														
3	对自己态度														
4	情绪特征														
5	学习精神														
6	决策方法														
7	知识水平														
8	身体状况														
9	诚实性														
10	管理生命周期阶段														
11	小计														
三	企业文化														
四	有形资产														
1	资产规模														
2	融资能力														
3	自然资源储备														
4	销售网络														

续表

5	现代工厂和设备、吸引人的不动产地点														
6	资产的变现性														
7	小计														
五	组织经验														
1	一项技能或重要的专门技术														
2	某种竞争优势的属性														
3	竞争力														
4	小计														
六	组织资产														
1	人力资产														
2	技术资产														
3	无形资产														
4	小计														
七	综合评估结论														

第三节　投资项目行业及环境评估

一个投资项目是具体的，其所处的宏观环境至关重要。国家发展状况是重要的宏观环境，如果把国家发展状况比作川流不息的洪流的话，一个具体投资项目就是一条小鱼，洪流决定了这条小鱼的活动范围和顺利的游动方向。行业及竞争环境是投资项目具体的宏观环境。

投资项目是企业战略的重要组成部分。一个行业的竞争环境和整体吸引力是决定企业战略的两大重要因素，一个企业的战略必须适应行业中竞争因素的特点及其组合，如价格、产品质量、性能特色、服务、保险等。

投资项目是实现企业战略的重要手段。投资无法准确预测其结果如何，项目成功的关键是企业拥有具有竞争的资源和能力，而竞争对手不拥有与自己对抗的资源和能力，同时竞争对手开发可比的能力要付出沉重的代价或者要经历一段很长的时间。所以，评价项目所处行业是否有吸引力，是相对具体企业而言的。行业之间存在很大的区别，行业及竞争环境评估要回答以下几个方面问题：

一、行业经济特点

1. 行业经济特点

主要取决于下列因素：

(1)产品性质：满足低层次需求的产品，投资风险小，利润水平低；服务于高层次需求的产品，投资风险大，利润水平高。

(2)市场规模。

(3)竞争范围(本地性、区域性、全国性、国家性、全球性)。

(4)市场增长速度以及行业在成长周期中目前所处的阶段(初期发展阶段、快速成长阶段、早期成熟阶段、饱和和停滞阶段、下降阶段)。

(5)供应商特点：行业是被众多的小公司所细分还是被几家大公司所垄断。

(6)需求者特点：购买者是个人、商业性的集团、机构或政府，以及数量及其相对规模。

(7)行业整合特点：前向整合及后向整合的普遍程度。

(8)技术周期特性：产品生产工艺革新及其推出新产品的技术变革的速度。

(9)竞争差异化：竞争对手产品是强差别化、弱差别化还是同一化的。

(10)规模经济性：行业是否实现采购、制造、运输、营销或广告等方面的规模经济。

(11)行业组织经验性：行业中的某些活动，是否有学习及经验效应方面的特色，从而单位成本会随着积累产量的增长而降低。

(12)生产能力利用率效应：生产能力利用率高低，在很大程度上，决定企业能否获得生产效率。

(13)行业壁垒性：必要的资源以及进入和退出的难度。

(14)行业盈利性：行业盈利水平处在平均水平之上还是平均水平之下。

2. 行业经济特点评估

评估方法采用第七章第五节“影响因素综合模糊分析方法”，评估模型见表8-3-1。说明如下：

(1)式(7-3-3)中，令 $G_1=\underline{G}(x)$，$G_2=\overline{G}(x)$ 由决策者依据个人偏好、学习背

景和实践经验等主观给出。

(2)E、I、M 项对应式(7-5-8)中 α、β、γ，其取值原则见第七章第五节“量度 α、β、γ”。本模型应用式(7-5-8)时，建议取 $\omega=0.5$。

(3)N 项由式(7-4-7)、(7-4-8)确定。

(4)J 项由式(7-4-6)决定。

(5)F 项即上文中的 $\mu(x)$，依据“设立隶属函数原则”，根据质量互变规律、周期变化规律，具体情况，灵活掌握。评价项目所处行业经济特点是否有吸引力，是相对具体评估的企业而言的。

(6)D 项即式(7-5-9)中“因素 x_{ik} 重要性权重 w_{ik}”，由式(7-5-12)、(7-5-13)和(7-5-14)共同决定。

(7)C 项＝D 项×式(7-5-8)。式(7-5-8)中各参数由 E、F、G、H、I、J、K、L、M、N、O、P 项给出。

(8)表 8-3-1 中，第 15 行的 C 项就是行业经济特点评估结论，其实质即式(7-5-9)。

表 8-3-1　　行业经济特点评估模型

序号	因素名称	小计	权重	$x(t)$				$\mathrm{d}x/\mathrm{d}t$				$\mathrm{d}^2x/\mathrm{d}t^2$			
				权重	隶属度	灰度		权重	隶属度	灰度		权重	隶属度	灰度	
						G_1	G_2			G_1	G_2			G_1	G_2
A	B	C	D	E	F	G	H	I	J	K	L	M	N	O	P
1	产品性质														
2	市场规模														
3	竞争范围														
4	周期阶段														
5	供应商特点														
6	需求者特点														
7	行业整合特点														
8	技术周期特性														
9	竞争差异化														
10	规模经济性														
11	行业组织经验性														

续表

12	生产能力利用率效应														
13	行业壁垒性														
14	行业盈利性														
15	综合评估结论														

二、行业竞争力分析模型

1.因素模型

M. E. Porter 提出了一种结构化的环境分析方法，也称“五因素模型”①，是最主要的行业竞争能力分析方法。该方法认为，行业竞争存在五种基本竞争力量，即新进入者的威胁、替代品的威胁、购买者讨价还价的能力、供应商讨价还价的能力和现有竞争对手之间的抗衡。

(1)新进入者的威胁。新进入者可能会瓜分现有企业的一部分市场份额，减少原有的市场集中度，或是带来行业资源供应的竞争，导致行业成本上升，企业利润下降。新进入者威胁的大小，取决于行业的进入障碍和可能遇到的现有企业的反击。

(2)替代品的威胁。替代品是能够满足客户要求的其他产品或服务。替代品的出现，会缩短原有产品的生命周期，影响原有产品的盈利水平。替代品威胁包括：替代品在价格上的竞争力，替代品质量和性能的满意度，客户转向替代品的难易程度。如果企业技术创新能力强，能够率先推出性能价格比高的新产品，就可以在竞争中保持领先优势。

(3)购买者讨价还价的能力。购买者要求企业降低价格，提供更高质量的产品和服务，从而导致行业盈利水平降低。购买者讨价还价的能力取决于购买者的集中程度、整合能力、对产品的了解以及产品市场的集中度、市场供求状况等因素。

(4)供应商讨价还价的能力。供应商的多少、品牌、产品特色或价格，供应商的战略中本企业的地位，供应商之间的关系，从供应商之间转移的成本等，都影响企业与供应商的关系及其竞争优势。

(5)现有竞争对手之间的抗衡。这是五因素中最重要的竞争力量，包括行业

① 参见[美]亚瑟·汤姆森、斯迪克兰迪《战略管理》，段盛华等译，北京大学出版社 2000 年版，第 81 页。

内，竞争者的数量、增长速度、固定成本比例、产品或服务的差异化程度、退出壁垒等，决定了一个行业内的竞争激烈程度。同时，还要考虑竞争者目前战略及未来可能的变化、竞争者对风险的态度、竞争者的核心竞争能力等。

2.行业竞争力评估

评估方法采用第七章第五节“影响因素综合模糊分析方法”，评估模型见表8-3-2。说明如下：

(1)式(7-3-3)式，令 $G_1=G(x)$，$G_2=\overline{G}(x)$ 由决策者依据个人偏好、学习背景和实践经验等主观给出。

(2)E、I、M 项对应的是式(7-5-8)中 α、β、γ，其取值原则见第七章第五节“量度 α、β、γ”。本模型应用式(7-5-8)时，建议取 $\omega=0.5$。

(3)N 项由式(7-4-7)、(7-4-8)确定。

(4)J 项由式(7-4-6)决定。

(5)F 项即上文中的 $\mu(x)$，依据“设立隶属函数原则”，根据质量互变规律、周期变化规律，具体情况灵活掌握。对项目所处行业竞争力结构评价，是针对具体评估的企业而言的。

(6)D 项即式(7-5-9)式中“因素 x_{ik} 重要性权重 w_{ik}”。由式(7-5-12)、(7-5-13)和(7-5-14)共同决定。

(7)C 项＝D 项×式(7-5-8)。(7-5-8)式中各参数由 E、F、G、H、I、J、K、L、M、N、O、P 项给出。

(8)表 8-3-2 中，第6行的 C 项，就是行业竞争力行业经济特点评估结论，其实质即式(7-5-9)。

表 8-3-2　　行业竞争力评估模型

<table>
<tr><td rowspan="3">序号</td><td rowspan="3">因素名称</td><td rowspan="3">小计</td><td rowspan="3">权重</td><td colspan="4">$x(t)$</td><td colspan="4">dx/dt</td><td colspan="4">d^2x/dt^2</td></tr>
<tr><td rowspan="2">权重</td><td rowspan="2">隶属度</td><td colspan="2">灰度</td><td rowspan="2">权重</td><td rowspan="2">隶属度</td><td colspan="2">灰度</td><td rowspan="2">权重</td><td rowspan="2">隶属度</td><td colspan="2">灰度</td></tr>
<tr><td>G_1</td><td>G_2</td><td>G_1</td><td>G_2</td><td>G_1</td><td>G_2</td></tr>
<tr><td>A</td><td>B</td><td>C</td><td>D</td><td>E</td><td>F</td><td>G</td><td>H</td><td>I</td><td>J</td><td>K</td><td>L</td><td>M</td><td>N</td><td>O</td><td>P</td></tr>
<tr><td>1</td><td>新进入者威胁</td><td></td><td></td><td></td><td></td><td></td><td></td><td></td><td></td><td></td><td></td><td></td><td></td><td></td><td></td></tr>
<tr><td>2</td><td>替代品威胁</td><td></td><td></td><td></td><td></td><td></td><td></td><td></td><td></td><td></td><td></td><td></td><td></td><td></td><td></td></tr>
<tr><td>3</td><td>购买者讨价还价能力</td><td></td><td></td><td></td><td></td><td></td><td></td><td></td><td></td><td></td><td></td><td></td><td></td><td></td><td></td></tr>
</table>

续表

4	供应商讨价还价能力														
5	现有竞争对手之间抗衡														
6	综合评估结论														

三、行业竞争结构类型

1.行业竞争结构模型

同一个战略群体，或相邻战略群体的各个竞争厂商，是最直接的竞争对手。评估市场地位最强和最弱的企业，确定哪些企业将成为自己最大的竞争对手，透彻了解竞争对手的战略，观察它们的行动，评价它们的强处和弱点，预测下一步最有可能采取的行动，对企业投资决策有着直接的关系。

行业竞争结构类型是竞争对手分析的主要依据。行业竞争结构类型是行业内企业的数量、规模和市场份额的分布。一些学者基于对现实的观察，提出了完全垄断、绝对垄断、两大垄断、相对垄断和分散竞争五种状态（见表 8-3-3），主要根据目标市场内，市场份额占有状态进行划分。

表 8-3-3　现实行业竞争格局的特征

竞争结构态势	前五名市场份额	对竞争态势的解释
状态 1 完全垄断状态	82%，8%，5% 3%，2%	第一名市场份额超过 73.9%，处于完全垄断地位，整个市场处于相对稳定状态
状态 2 绝对垄断状态	45%，20%，15% 15%，4%	第一名市场占有率超过 41.7%，且与第二名的比率大于 1.7，处于市场领先地位；第二、第三名之间的比率小于 1.7，第二名受到来自第一和第三名的强大压力
状态 3 两大垄断状态	40%，34%，12% 8%，5%	前两者市场占有率超过 73.9%，且两者市场占有率之比在 1.7 之内，第二名有超过第一名的可能性；前两者具有战略联合的可能；从而淘汰更多弱小企业
状态 4 相对垄断状态	35%，25%，20% 10%，6%	前三位的市场份额超过 73.9%，且三者市场份额比率小于 1.7，主要的竞争将发生在前三名之间；前三者之外的品牌将感受到来自前三者的强大竞争压力

续表

状态 5 分散竞争状态	22%,18%,16% 15%,14%	首名市场占有率在 26.1%以内,各品牌之间占有率之比均在 1.7 之内,市场竞争激烈,各品牌位置之间变动的可能性较大

2.行业竞争结构评估

评估方法采用第七章第五节“影响因素综合模糊分析方法”,评估模型见表 8-3-4(说明参见表 8-3-2)。

表 8-3-4　　　　行业竞争结构评估模型

序号	因素名称	小计	权重	$x(t)$				dx/dt				d^2x/dt^2			
				权重	隶属度	灰度		权重	隶属度	灰度		权重	隶属度	灰度	
						G_1	G_2			G_1	G_2			G_1	G_2
A	B	C	D	E	F	G	H	I	J	K	L	M	N	O	P
1	完全垄断状态														
2	绝对垄断状态														
3	两大垄断状态														
4	相对垄断状态														
5	分散竞争状态														
6	综合评估结论														

四、行业变革驱动因素

1.行业变革驱动的主要因素

所有行业都有这样一个特征:行业中的种种变化趋势和发展态势都会逐渐或迅速地带来某些重要变动,迫使行业中竞争厂商作出战略反应。行业的环境之所以发生变化,是因为一些重要的力量在推动行业的参与者(竞争厂商、顾客或购买者)改变他们的行动,改变行业和竞争环境主要的基本原因就是该行业的驱动因素。最常见的驱动因素有:行业增长率的变动,购买者构成结构的变化,产品革新,大型企业进入或退出,竞争范围的变化,成本和效率的变动,法规和政府政策的变动，社会因素和人们生活方式的变换，不确定性及商业风险的降低，等等。对行业驱动因素以及它们对行业所产生影响所作的分析，是投资决策的一个前提条件。

2.行业变革驱动因素评估

评估方法采用第七章第五节“影响因素综合模糊分析方法”，评估模型见表8-3-5(说明参见表8-3-2)。

表 8-3-5 行业变革驱动因素评估模型

<table>
<tr><th rowspan="3">序号</th><th rowspan="3">因素名称</th><th rowspan="3">小计</th><th rowspan="3">权重</th><th colspan="4">$x(t)$</th><th colspan="4">$\mathrm{d}x/\mathrm{d}t$</th><th colspan="4">$\mathrm{d}^2x/\mathrm{d}t^2$</th></tr>
<tr><th rowspan="2">权重</th><th rowspan="2">隶属度</th><th colspan="2">灰度</th><th rowspan="2">权重</th><th rowspan="2">隶属度</th><th colspan="2">灰度</th><th rowspan="2">权重</th><th rowspan="2">隶属度</th><th colspan="2">灰度</th></tr>
<tr><th>G_1</th><th>G_2</th><th>G_1</th><th>G_2</th><th>G_1</th><th>G_2</th></tr>
<tr><td>A</td><td>B</td><td>C</td><td>D</td><td>E</td><td>F</td><td>G</td><td>H</td><td>I</td><td>J</td><td>K</td><td>L</td><td>M</td><td>N</td><td>O</td><td>P</td></tr>
<tr><td>1</td><td>行业增长率变动</td><td></td><td></td><td></td><td></td><td></td><td></td><td></td><td></td><td></td><td></td><td></td><td></td><td></td><td></td></tr>
<tr><td>2</td><td>购买者构成结构变化</td><td></td><td></td><td></td><td></td><td></td><td></td><td></td><td></td><td></td><td></td><td></td><td></td><td></td><td></td></tr>
<tr><td>3</td><td>产品革新</td><td></td><td></td><td></td><td></td><td></td><td></td><td></td><td></td><td></td><td></td><td></td><td></td><td></td><td></td></tr>
<tr><td>4</td><td>大型企业进入或退出</td><td></td><td></td><td></td><td></td><td></td><td></td><td></td><td></td><td></td><td></td><td></td><td></td><td></td><td></td></tr>
<tr><td>5</td><td>竞争范围变化</td><td></td><td></td><td></td><td></td><td></td><td></td><td></td><td></td><td></td><td></td><td></td><td></td><td></td><td></td></tr>
<tr><td>6</td><td>成本和效率变动</td><td></td><td></td><td></td><td></td><td></td><td></td><td></td><td></td><td></td><td></td><td></td><td></td><td></td><td></td></tr>
<tr><td>7</td><td>法规和政府政策变动</td><td></td><td></td><td></td><td></td><td></td><td></td><td></td><td></td><td></td><td></td><td></td><td></td><td></td><td></td></tr>
<tr><td>8</td><td>社会因素和人们生活方式变换</td><td></td><td></td><td></td><td></td><td></td><td></td><td></td><td></td><td></td><td></td><td></td><td></td><td></td><td></td></tr>
<tr><td>9</td><td>不确定性及商业风险降低</td><td></td><td></td><td></td><td></td><td></td><td></td><td></td><td></td><td></td><td></td><td></td><td></td><td></td><td></td></tr>
<tr><td>10</td><td>综合评估结论</td><td></td><td></td><td></td><td></td><td></td><td></td><td></td><td></td><td></td><td></td><td></td><td></td><td></td><td></td></tr>
</table>

五、行业竞争成功关键因素

1.行业竞争成功常见关键因素

一个行业的关键成功因素，就是最能影响行业成员能否在市场上繁荣的因素，包括特定战略因素、产品属性、资源、能力、竞争能力、与企业盈利能力直接相关的市场成就等。常见关键成功因素是[①]：

(1)与技术相关的关键成功因素

①科学研究技能(高科技企业行业尤为重要)。

②在产品生产工艺和过程中进行有创造性的改进的技术能力。

③产品革新能力。

④在既有技术上的专有技能。

⑤专有技术技能。

⑥运用物联网发布信息、承接订单、送货或提供服务的能力。

(2)与制造相关的关键成功因素

①低成本生产效率(获得规模经济，取得经验曲线效应)。

②固定资产利用效率(在资本密集型/高固定成本的行业中尤为重要)。

③低成本的生产工厂位置。

④能够获得足够的娴熟劳动力。

⑤劳动生产率高(对于劳动力成本很高的商品尤为重要)。

⑥成本低的产品设计和产品工程(降低制造成本)。

⑦能够灵活地生产一系列的模型和规格的产品满足顾客的订单。

(3)与分销相关的关键成功因素

①强大的批发分销商/特约经销商/物联网分销能力。

②能够在零售商货架上获得充足的空间。

③拥有公司自己的分销渠道和网点。

④分销成本低。

⑤送货快。

(4)与市场营销相关的关键成功因素

①快速准确的技术支持。

②礼貌的顾客服务。

③满足顾客定单能力。

---

① 参见[美]亚瑟·汤姆森、斯迪克兰迪《战略管理》，段盛华等译，北京大学出版社2000年版，第104页。

④产品线和可供选择的产品很宽。

⑤商品推销技巧。

⑥有吸引力的款式/包装。

⑦顾客保修和保险(对邮购零售、大批量购买以及新推出的产品来说尤为重要)。

⑧精明的广告。

(5)与技能相关的关键成功因素

①劳动力拥有卓越的才能(对于专业型的服务尤为重要)。

②质量控制技巧。

③设计方面的专有技能(低成本制造的行业)。

④在某一项具体的技术上的专有技能。

⑤能够开发出创造性的产品和取得创造性的产品改进。

⑥能够使新构思快速开发成市场需要的产品。

⑦组织能力。

⑧卓越的信息系统。

⑨能够快速对变化的市场环境作出反应。

⑩拥有比较多的组织经验和诀窍。

(6)其他类型的关键成功因素

①在购买者中间拥有有利的企业形象/声誉。

②总成本低。

③便利的设施选址。

④垄断的资源。

⑤训练有素的员工队伍。

⑥拥有有利的融资条件。

⑦专利保护。

2.行业竞争关键因素评估

评估方法采用第七章第五节“影响因素综合模糊分析方法”,评估模型见表8-3-6(说明见表8-2-2)。

表 8-3-6　　行业竞争关键因素评估模型

序号	因素名称	小计	权重	$x(t)$				$\mathrm{d}x/\mathrm{d}t$				$\mathrm{d}^2x/\mathrm{d}t^2$			
				权重	隶属度	灰度		权重	隶属度	灰度		权重	隶属度	灰度	
						G_1	G_2			G_1	G_2			G_1	G_2
A	B	C	D	E	F	G	H	I	J	K	L	M	N	O	P
一	与技术相关的关键因素														
1	科学研究技能														
2	产品工艺创新能力														
3	产品革新能力														
4	专有技术技能														
5	物联网技术能力														
二	与制造相关的关键因素														
1	低成本生产效率														
2	固定资产利用效率														
3	有利的位置														
4	足够娴熟劳动力														
5	劳动生产率														
6	产品设计														
7	差异化产品供应能力														
三	与分销相关的关键因素														
1	强大的分销能力														
2	零售能力														

续表

3	自有分销渠道和网点														
4	分销成本低														
5	送货快														
四	与市场营销相关的关键因素														
1	顾客服务														
2	满足顾客定单能力														
3	产品线														
4	商品推销技巧														
5	款式与包装														
6	保修和保险														
7	广告														
五	与技能相关的关键因素														
1	劳动力才能														
2	质量控制														
3	设计技能														
4	专有技能														
5	产品开发能力														
6	组织能力														
7	信息系统														
8	市场反应能力														
9	组织经验和诀窍														
六	其他类型的关键因素														

续表

1	企业形象/声誉														
2	总成本低														
3	便利的设施选址														
4	垄断的资源														
5	员工队伍														
6	融资能力														
7	专利保护														
七	综合评估结论														

六、法规环境因素评估

环境因素主要包括投资项目是否在所在国家合法，与政府的政策与发展规划是否协调，与社会期望和社会责任是否一致等。

1.影响投资项目环境因素的主要法规

主要有如下几项：

(1)《国务院关于投资体制改革的决定》(国发[2004]20号)是一个纲领性文件，对企业投资行为有这样的规定：

第一，改革项目审批制度，落实企业投资自主权。彻底改革现行不分投资主体、不分资金来源、不分项目性质，一律按投资规模大小分别由各级政府及有关部门审批的企业投资管理办法。对于企业不使用政府投资建设的项目，一律不再实行审批制，区别不同情况实行核准制和备案制。其中，政府仅对重大项目和限制类项目从维护社会公共利益角度进行核准，其他项目无论规模大小，均改为备案制，项目的市场前景、经济效益、资金来源和产品技术方案等均由企业自主决策、自担风险，并依法办理环境保护、土地使用、资源利用、安全生产、城市规划等许可手续和减免税确认手续。对于企业使用政府补助、转贷、贴息投资建设的项目，政府只审批资金申请报告。

第二，规范政府核准制。要严格限定实行政府核准制的范围，并根据变化的情况适时调整。《政府核准的投资项目目录》(以下简称《目录》)由国务院投资主管部门会同有关部门研究提出，报国务院批准后实施。未经国务院批准，各地区、各部门不得擅自增减《目录》规定的范围。

企业投资建设实行核准制的项目，仅需向政府提交项目申请报告，不再经过批准项目建议书、可行性研究报告和开工报告的程序。政府对企业提交的项目申请报告，主要从维护经济安全、合理开发利用资源、保护生态环境、优化重大布局、保障公共利益、防止出现垄断等方面进行核准。对于外商投资项目，政府还要从市场准入、资本项目管理等方面进行核准。政府有关部门要制定严格规范的核准制度，明确核准的范围、内容、申报程序和办理时限，并向社会公布，提高办事效率，增强透明度。

第三，健全备案制。对于《目录》以外的企业投资项目，实行备案制，除国家另有规定外，由企业按照属地原则向地方政府投资主管部门备案。

(2)《国务院关于发布实施〈促进产业结构调整暂行规定〉的决定》(国发[2005]40号)进一步明确：

第十三条 《产业结构调整指导目录》由鼓励、限制和淘汰三类目录组成。不属于鼓励类、限制类和淘汰类，且符合国家有关法律、法规和政策规定的，为允许类。允许类不列入《产业结构调整指导目录》。

第十四条 鼓励类主要是对经济社会发展有重要促进作用，有利于节约资源、保护环境、产业结构优化升级，需要采取政策措施予以鼓励和支持的关键技术、装备及产品。按照以下原则确定鼓励类产业指导目录：

(一)国内具备研究开发、产业化的技术基础，有利于技术创新，形成新的经济增长点；

(二)当前和今后一个时期有较大的市场需求，发展前景广阔，有利于提高短缺商品的供给能力，有利于开拓国内外市场；

(三)有较高技术含量，有利于促进产业技术进步，提高产业竞争力；

(四)符合可持续发展战略要求，有利于安全生产，有利于资源节约和综合利用，有利于新能源和可再生能源开发利用、提高能源效率，有利于保护和改善生态环境；

(五)有利于发挥我国比较优势，特别是中西部地区和东北地区等老工业基地的能源、矿产资源与劳动力资源等优势；

(六)有利于扩大就业，增加就业岗位；

(七)法律、行政法规规定的其他情形。

第十五条 限制类主要是工艺技术落后，不符合行业准入条件和有关规定，不利于产业结构优化升级，需要督促改造和禁止新建的生产能力、工艺技术、装备及产品。按照以下原则确定限制类产业指导目录：

(一)不符合行业准入条件，工艺技术落后，对产业结构没有改善；

(二)不利于安全生产；

（三）不利于资源和能源节约；

（四）不利于环境保护和生态系统的恢复；

（五）低水平重复建设比较严重，生产能力明显过剩；

（六）法律、行政法规规定的其他情形。

第十六条 淘汰类主要是不符合有关法律法规规定，严重浪费资源、污染环境、不具备安全生产条件，需要淘汰的落后工艺技术、装备及产品。按照以下原则确定淘汰类产业指导目录：

（一）危及生产和人身安全，不具备安全生产条件；

（二）严重污染环境或严重破坏生态环境；

（三）产品质量低于国家规定或行业规定的最低标准；

（四）严重浪费资源、能源；

（五）法律、行政法规规定的其他情形。

第十七条 对鼓励类投资项目，按照国家有关投资管理规定进行审批、核准或备案；各金融机构应按照信贷原则提供信贷支持；在投资总额内进口的自用设备，除财政部发布的《国内投资项目不予免税的进口商品目录(2000年修订)》所列商品外，继续免征关税和进口环节增值税，在国家出台不予免税的投资项目目录等新规定后，按新规定执行。对鼓励类产业项目的其他优惠政策，按照国家有关规定执行。

第十八条 对属于限制类的新建项目，禁止投资。投资管理部门不予审批、核准或备案，各金融机构不得发放贷款，土地管理、城市规划和建设、环境保护、质检、消防、海关、工商等部门不得办理有关手续。凡违反规定进行投融资建设的，要追究有关单位和人员的责任。

第十九条 对淘汰类项目，禁止投资。各金融机构应停止各种形式的授信支持，并采取措施收回已发放的贷款；各地区、各部门和有关企业要采取有力措施，按规定限期淘汰。在淘汰期限内国家价格主管部门可提高供电价格。对国家明令淘汰的生产工艺技术、装备和产品，一律不得进口、转移、生产、销售、使用和采用。

(3)《企业投资项目核准暂行办法》(中华人民共和国国家发展和改革委员会第19号令)规定：

第十八条 项目核准机关主要根据以下条件对项目进行审查：

（一）符合国家法律法规；

（二）符合国民经济和社会发展规划、行业规划、产业政策、行业准入标准和土地利用总体规划；

（三）符合国家宏观调控政策；

（四）地区布局合理；

（五）主要产品未对国内市场形成垄断；

（六）未影响我国经济安全；

（七）合理开发并有效利用了资源；

（八）生态环境和自然文化遗产得到有效保护；

（九）未对公众利益，特别是项目建设地的公众利益产生重大不利影响。

第十九条　项目申报单位依据项目核准文件，依法办理土地使用、资源利用、城市规划、安全生产、设备进口和减免税确认等手续。

(4)《外商投资项目核准暂行管理办法》（中华人民共和国国家发展和改革委员会第 22 号令）关于中外合资、中外合作、外商独资、外商购并境内企业、外商投资企业增资等各类外商投资项目的核准，有这样的规定：

第十二条　国家发展改革委对项目申请报告的核准条件是：

（一）符合国家有关法律法规和《外商投资产业指导目录》、《中西部地区外商投资优势产业目录》的规定；

（二）符合国民经济和社会发展中长期规划、行业规划和产业结构调整政策的要求；

（三）符合公共利益和国家反垄断的有关规定；

（四）符合土地利用规划、城市总体规划和环境保护政策的要求；

（五）符合国家规定的技术、工艺标准的要求；

（六）符合国家资本项目管理、外债管理的有关规定。

第十三条　项目申请人凭国家发展改革委的核准文件，依法办理土地使用、城市规划、质量监管、安全生产、资源利用、企业设立（变更）、资本项目管理、设备进口及适用税收政策等方面手续。

第十五条　未经核准的外商投资项目，土地、城市规划、质量监管、安全生产监管、工商、海关、税务、外汇管理等部门不得办理相关手续。

2. 投资环境因素评估

评估方法采用第七章第五节“影响因素综合模糊分析方法”，评估模型见表 8-3-7 和表 8-3-8。说明如下：

(1)G、H 项对应式(7-3-3)中 $G_1=\underline{G}(x)$，$G_2=\overline{G}(x)$。由于国家法规具有强制性，投资项目必须符合国家法规的有关规定，且必须准确掌握国家法规的有关规定，所以 $G_1=G_2=1$。

(2)E 项对应式(7-5-8)中的 α。投资项目决策时，必须符合国家法规的有关规定，所以 $\alpha=1$。本模型应用式(7-5-8)时，$\beta=\gamma=0$。

(3)F 项即上文中 $\mu(x)$，依据“设立隶属函数原则”，当因素 x_i 符合国家法规的有关规定时，定义 $\mu(x_i)=1$；否则，就定义 $\mu(x_i)=0$。

(4)C 项＝E 项×F 项。

(5)综合评估结论。当 C 项所有因素的隶属度 $\mu(x_i)=1$ 时，综合评估隶属度 $\mu(x)=1$；当 C 项有一因素的隶属度 $\mu(x_i)=0$ 时，则综合评估隶属度 $\mu(x)=0$。

表 8-3-7　　投资法规环境因素(一般企业)评估模型

序号	因素名称	小计	$x(t)$			
			权重	隶属度	灰度	
					G_1	G_2
A	B	C	E	F	G	H
一	行业所属《目录》性质					
1	鼓励类		1		1	1
2	允许类		1		1	1
3	限制和淘汰类		1		1	1
二	项目审核类型					
1	审批制		1		1	1
2	核准制		1		1	1
3	备案制		1		1	1
三	符合国家法律法规		1		1	1
四	符合国民经济和社会发展规划、行业规划、产业政策、行业准入标准和土地利用总体规划				1	1
五	符合国家宏观调控政策		1		1	1
六	符合地区布局规划		1		1	1
七	符合国内市场垄断有关规定		1		1	1
八	符合国家经济安全有关规定		1		1	1
九	符合资源开发和利用政策		1		1	1
十	符合生态环境和自然文化遗产保护有关法规		1		1	1
十一	符合公众利益有关规定		1		1	1
十二	综合评估结论					

表 8-3-8　　　投资法规环境因素(外商投资项目)评估模型

序号	因素名称	小计	$x(t)$			
			权重	隶属度	灰度	
					G_1	G_2
A	B	C	E	F	G	H
1	符合国家有关法律法规和《外商投资产业指导目录》、《中西部地区外商投资优势产业目录》的规定		1		1	1
2	符合国民经济和社会发展中长期规划、行业规划和产业结构调整政策的要求		1		1	1
3	符合公共利益和国家反垄断的有关规定		1		1	1
4	符合土地利用规划、城市总体规划和环境保护政策的要求		1		1	1
5	符合国家规定的技术、工艺标准的要求	1	1	1		
6	符合国家资本项目管理、外债管理的有关规定		1		1	1
7	符合资源开发和利用的有关规定		1		1	1
8	符合自然文化遗产保护的有关规定		1		1	1
9	综合评估结论					

七、行业及竞争环境综合评估

一般来说,如果某一个行业的整体利润水平高于平均水平之上,那么就认为该行业有吸引力,否则就认为该行业没有吸引力。行业吸引力总是需要从特定的企业的角度来进行评价,无论从什么角度所得的结论,都是分析者的"一家之言",因此,行业是否有吸引力,是相对的,不是绝对的。

行业吸引力分析就是结合本企业的实际情况,在行业经济特点、行业竞争力、行业竞争结构、行业变革驱动因素、行业竞争关键因素和环境因素的评估基础上,对行业及竞争环境作出综合评估。

评估方法采用第七章第五节"影响因素综合模糊分析方法",评估模型见表 8-3-9。说明如下:

(1)D 项是各个"次一级子因素"综合模糊评估结果。

(2)C 项是式(7-5-9)中“次一级子因素 x_k 重要性权重 w_k”，由式(7-5-12)、(7-5-13)和(7-5-14)共同决定。由于“法规环境因素评估结论”具有否决性，所以表 8-3-9 中，定义：

$$w_6 = 1 \tag{8-3-1}$$

$$\sum_{k=1}^{5} = 1 \tag{8-3-2}$$

(3)表 8-3-9 中，第 7 行的 C 项就是行业吸引力评估综合评估结论，其实质是式(7-5-9)。本案例中，其具体含义为：

$$\mu\left[\frac{\mathrm{d}x_i(t+\Delta t)}{\mathrm{d}t}\right] = \sum_{k=1}^{6} w_{ik} \cdot \mu\left[\frac{\mathrm{d}x_{ik}(t+\Delta t)}{\mathrm{d}t}\right] - 1 \tag{8-3-3}$$

表 8-3-9　　　　行业及竞争环境综合评估模型

序号	要素名称	权重	次一级子因素评估结论 $\mu\left[\frac{\mathrm{d}x_{ik}(t+\Delta t)}{\mathrm{d}t}\right]$	备注
A	B	C	D	E
1	行业经济特点	w_1	表 8-3-1	
2	行业竞争力	w_2	表 8-3-2	
3	行业竞争结构	w_3	表 8-3-4	
4	行业变革驱动因素	w_4	表 8-3-5	
5	行业竞争关键因素	w_5	表 8-3-6	
6	法规环境因素	1	表 8-3-7 或表 8-3-8	
7	综合评估结论			

第四节　投资项目产品市场预测

一、投资项目的根本目的是满足社会需求

投资决策必须从市场出发，分析投资项目是否符合社会需求，是否符合市场发展趋势，是否有足够的市场空间，是否能获取收益。社会需求、市场发展趋势与社会所处发展阶段密切相关。决定消费者行为的最根本因素是文化、社会和个人因素。文化是最基本的决定人的需要和行为的因素，它包括基本价值观、偏好和行为，从社会或家庭的其他方面学到这些。社会因素也会影响一个人的行为，人们的参考群体要影响人们在产品和品牌方面的选择，参考群体包括家庭、朋友、社会和专业组织等。个人因素，如年龄、生命周期的不同阶段、经济状况、

生活方式以及个性也会影响人们的购买过程。

社会需求是分层次的。几乎每一个社会都有自己的社会阶层，社会阶层是社会中相对稳定和有序的一些部分，在每一个阶层中，成员的价值观、兴趣和行为都是类似的。社会阶层不是只由一个因素来决定(比如收入)，而是要由职业、收入、教育和财产等综合标准以及其他因素来衡量。社会科学工作者把美国社会划分为七个阶层，在分析投资项目的市场定位时颇具借鉴意义。[①] 这七个社会阶层的特征是：

1.最上层(小于1%)

最上层人是社会的权贵。他们继承财富，有颇显赫的家庭背景，大量捐资慈善事业，参加社交舞会，拥有一处以上的住宅，送孩子去最好的学校。他们代表珠宝、古董、住宅、假日旅行市场。他们在穿着、购买等方面往往显得很保守，不愿露富。由于数量很少，最上层人成为其他群体的参考群体。

2.上层(约2%)

上层人收入很高，或是从其他职业或生意中获得财富。他们时常从中产阶级开始，愿意参加社会活动或公益事业，为自己或孩子购买代表地位的东西，比如很贵的房子、游泳池、汽车等，或是送他们上学费很高的学校。这一阶层也包括那些暴富者，故意消费给比他们差的人看，想被上层人接受，但这种愿望似乎到下一代才能实现。

3.上中层(12%)

上中层人既不拥有家庭地位也没有不寻常的财富，他们一般只关心“业绩”。他们一般是专业人员、私人业主或公司经理。他们相信教育，希望孩子在专业技术或管理才能方面有所发展。这些人从众或随大流。他们代表较好的住宅、服装、家具和家用电器的市场。

4.中层(32%)

中层人由收入一般的“白领”和“蓝领”工人组成，他们生活在城市的较好地带，不做坏事。为了跟上潮流，他们常买流行商品，多注意时尚，选择好一些的品牌。对他们来说，好的生活意味着拥有一所舒适的房子、好的邻居或近处有好的学校。他们认为花钱培养人值得，并希望孩子接受高等教育。

5.劳动阶层(38%)

劳动阶层由遵循“劳动生活方式”的人构成，他们的收入、受教育程度或工作情况差别很大。他们很大程度上要依赖亲戚们在经济和感情上给予支持，买东

---

① 参见[美]Philip Kotler，Gary Armstrong《市场营销原理》，赵平等译，清华大学出版社2000年版，第98页。

西要打听，生活有难事要人帮。他们强调性别角色，观念较陈旧。

6. 下层(9%)

下层人靠工作，不靠社会福利生活，他们的生活仅在贫困线上一点了。他们从事无技能的工作，收入低，想通过努力爬上一层。下层人缺少教育机会，经济情况仅在贫困线上，但他们自律、守法。

7. 最下层(7%)

最下层人靠社会福利生活，明显贫困，常没有工作或做“不入流”的工作。他们常常没有兴趣找工作，收入全靠公共救济或慈善事业。他们的住房、衣服和用具脏、乱、差。

与消费者市场一样，商业性的集团市场十分巨大。包括购买产品或服务并把它们用于生产产品或服务的所有组织，这些产品或服务而后又被销售、租赁或供应其他组织。批发商和零售商也属于此类市场，他们为销售或租赁进货，然后盈利。

机构和政府是两个非商业性的集团市场。机构市场很大，主要包括学校、医院、监狱和其他机构，它们向职能范围内的人提供产品和服务。政府市场巨大且多样，主要包括国防、教育、公共福利和其他公共需要所进行的产品和服务的购买。

以上所述，对确定项目目标市场是不可不“察”的问题。

二、确定项目目标市场

1. 企业基本竞争战略

项目目标市场由行业特性、竞争环境和企业资源及竞争能力共同决定。竞争战略类型是确定项目目标市场的重要方法。企业基本竞争战略包括成本领先战略、差别化战略和集中化战略三大类。①

(1)成本领先战略

成本领先战略是指企业通过扩大规模，加强成本控制，在研究开发、生产、销售、服务和广告等环节把成本降低到最低程度，成为行业中的成本领先者的战略。其核心就是在追求产量规模经济效益的基础上，降低产品的生产成本，用低于竞争对手的成本优势赢得竞争的胜利。

(2)差别化战略

差别化战略是企业向市场提供与众不同的产品或服务，以满足客户的不同

---

① 参见[美]亚瑟·汤姆森、斯迪克兰迪《战略管理》，段盛华等译，北京大学出版社2000年版，第104页。

需求，从而形成竞争优势的一种战略。差别化战略包括产品质量差别化战略、销售服务差别化战略、产品性能差别化战略、品牌差别化战略等。实行产品差别化，可以培养客户的品牌忠诚度，使企业获得高于同行的平均利润水平。

(3)集中化战略

集中化战略是企业把经营战略的重点放在一个特定的目标市场上，为特定的地区或特定的消费群体提供特殊的产品或服务。集中化战略与其他两个基本的竞争战略不同。成本领先战略和差别化战略面向全行业，在整个行业的范围内进行活动。而集中化战略则是围绕一个特定目标进行密集型的生产经营活动，要求能够比竞争对手提供更为有效的服务。企业一旦选择了目标市场，便可以通过产品差别化或成本领先的方法，形成集中化战略。因此，采取集中化战略的企业，基本是特殊的成本领先或特殊的差别化企业。

(4)三种基本战略的特征和基本要求

认识三种基本战略的特征和基本要求，是企业选择基本竞争战略，也就是确定项目目标市场的重要依据。三种基本战略的特征和基本要求见表 8-4-1。

表 8-4-1　　三种基本战略的特征和基本要求

特征和要求	成本领先战略	差别化战略	集中化战略
产品特色	不同企业的产品基本相同，购买者对价格敏感，品牌间转换成本低，具有价格谈判优势	产品变形多，选择余地大，重视差别化特色	特殊的多样化集中和成本领先集中
市场分割	有限的市场分割，产品面向大众和普通顾客	市场分割点多	一个或少数几个市场分割
所需特殊能力	制造能力和物料管理能力要求高	研发能力要求高	在集中战略下的任何种类的特异能力
优势	对供应商有较强的讨价还价能力；同竞争对手相比，不易受较大的买者和卖者影响；可对潜在进入者形成成本障碍	品牌具有忠诚度，提高了买者对自己的依赖性，可以减少替代品的威胁	建立顾客忠诚度，并能对顾客需求作出反应，能在其所集中的市场中发挥自己的能力

续表

劣势	技术进步使经验曲线优势丧失，并导致被竞争对手模仿；容易忽视顾客的不同需求	进入成熟期后受到模仿的威胁	技术变革和顾客需求的变化带来威胁，导致失去顾客；成本相对要高
基本资源和能力要求	持续的资本投资和良好的融资能力；工艺加工技能高；生产管理严格；产品易于制造和大批量生产；低成本的分销系统	强大的营销能力、产品加工能力、创新能力；质量或技术领先的公司信誉；悠久的产业传统或独特的技能组合；销售渠道高度配合；强调品牌、设计、服务和质量	针对具体战略目标，由上述各项组合构成
基本组织要求	结果分明的组织和责任，以满足严格的定量目标为基础的激励；严格成本控制，经常、详细的控制报告	研发、销售部门密切的配合；重视主观评价和激励；要求轻松愉快的工作氛围，以吸引高素质的创造性人才	针对具体战略目标，由上述各项组合构成

2.确定项目目标市场

成本领先战略和差别化战略是基本战略方法。在具有吸引力的行业，依据基本战略方法，结合本企业拥有资源和竞争优势，确定投资项目的目标市场。采用第七章第五节“影响因素综合模糊分析方法”，模型见表8-4-2和表8-4-3（说明见表8-2-2）。

表8-4-2中，若综合模糊结论 $\mu[\frac{dx_i(t+\Delta t)}{dt}]>0.5$ 时，表明该项目目标市场以成本领先战略为宜；否则，该项目目标市场不宜采用成本领先战略。

表8-4-3中，若综合模糊结论 $\mu[\frac{dx_i(t+\Delta t)}{dt}]>0.5$ 时，表明该项目目标市场以差别化战略为宜；否则，该项目目标市场不宜采用差别化战略。

表 8-4-2　　成本领先战略确定目标市场综合模糊评估模型

序号	因素名称	小计	权重	$x(t)$				dx/dt				d^2x/dt^2			
				权重	隶属度	灰度 G_1	灰度 G_2	权重	隶属度	灰度 G_1	灰度 G_2	权重	隶属度	灰度 G_1	灰度 G_2
A	B	C	D	E	F	G	H	I	J	K	L	M	N	O	P
一	行业经济特点														
1	产品性质与需求者特点														
2	市场规模大														
3	技术周期特性														
4	规模经济性														
5	行业组织经验性														
6	生产能力利用率效应														
7	小计														
二	行业竞争力结构														
1	购买者讨价还价能力														
2	供应商讨价还价能力														
3	新进入者威胁														
4	小计														
三	行业中的变革驱动因素														
1	大型企业进入或退出														
2	成本和效率变动														

续表

3	小计														
四	行业竞争关键因素														
(一)	与技术相关的关键因素														
1	产品工艺创新能力														
2	物联网技术能力														
3	小计														
(二)	与制造相关的关键因素														
1	低成本生产效率														
2	固定资产利用效率														
3	有利的位置														
4	足够娴熟劳动力														
5	劳动生产率														
6	产品设计														
7	小计														
(三)	与分销相关的关键因素														
1	强大的分销能力														
2	零售能力														
3	自有分销渠道和网点														

续表

4	分销成本低														
5	送货快														
6	小计														
(四)	与市场营销相关的关键因素														
1	顾客服务														
2	款式与包装														
3	保修和保险														
4	广告														
5	小计														
(五)	与技能相关的关键因素														
1	质量控制														
2	组织能力														
3	信息系统														
4	组织经验和诀窍														
5	小计														
(六)	其他类型的关键因素														
1	企业形象/声誉														
2	总成本低														
3	便利的设施选址														
4	垄断的资源														

续表

5	员工队伍														
6	融资能力														
7	小计														
五	综合评估结论														

表 8-4-3　　差别化战略确定目标市场综合模糊评估模型

序号	因素名称	小计	权重	$x(t)$				$\mathrm{d}x/\mathrm{d}t$				$\mathrm{d}^2x/\mathrm{d}t^2$			
				权重	隶属度	灰度		权重	隶属度	灰度		权重	隶属度	灰度	
						G_1	G_2			G_1	G_2			G_1	G_2
A	B	C	D	E	F	G	H	I	J	K	L	M	N	O	P
一	行业经济特点														
1	产品性质与需求者特点														
2	技术周期特性														
3	竞争差异化														
4	行业组织经验性														
5	小计														
二	行业竞争力结构														
1	新进入者威胁														
2	替代品威胁														
3	小计														
三	行业中的变革驱动因素														

续表

1	行业增长率变动														
2	产品革新														
3	小计														
四	行业竞争关键因素														
（一）	与技术相关的关键因素														
1	科学研究技能														
2	产品革新能力														
3	专有技术技能														
4	物联网技术能力														
5	小计														
（二）	与制造相关的关键因素														
1	产品设计														
2	差异化产品供应能力														
3	小计														
（三）	与分销相关的关键因素														
1	强大的分销能力														
2	自有分销渠道和网点														
3	小计														

续表

(四)	与市场营销相关的关键因素														
1	顾客服务														
2	满足顾客订单能力														
3	产品线														
4	商品推销技巧														
5	保修和保险														
6	广告														
7	小计														
(五)	与技能相关的关键因素														
1	劳动力才能														
2	质量控制														
3	设计技能														
4	专有技能														
5	产品开发能力														
6	组织能力														
7	信息系统														
8	市场反应能力														
9	组织经验和诀窍														

续表

10	小计														
(六)	其他类型的关键因素														
1	企业形象/声誉														
2	垄断的资源														
3	员工队伍														
4	专利保护														
5	小计														
五	综合评估结论														

三、投资项目产品市场预测

投资项目目标市场确定后，就要预测项目产品市场需求量和价格变化趋势。

1. 市场预测的意义

市场预测是在对行业特性、竞争环境和企业资源及竞争能力深入研究基础上，运用已有的知识、经验和科学方法，对市场未来的发展状态，尤其是产品需求量、价格的趋势作出判断与预测。市场预测是项目投资决策的基础。

2. 现行市场预测方法评析

经济预测方法是对各种信息资料进行加工、处理和分析并得到预测结果的方法。经济预测是经济预测方法与具体经济信息相互结合的过程。科学的经济预测方法和手段是准确预测结果的必备条件，经济预测方法是经济预测学的核心。现代预测方法建立在现代科学技术发展基础之上，方法也很多，据统计有150种之多，经常使用的就有30多种。尽管经济预测方法众多，根据预测方法性质可分为两大类，即定性预测法和定量预测法。①

定性预测法是一种依靠人的主观判断预测未来的方法，这种方法不可能提

① 参见乌家培等《社会主义市场经济管理技术》，高等教育出版社1993年版，第293页。

供决策有关要素确切定量概念，而只能定性估计某一要素发展趋势、优劣程度和发生概率。预测准确与否取决于预测者的知识和经验。进行定性预测时，虽然为汇总各人意见和综合说明问题，也需将定性资料进行量化，但这并不改变这种方法的定性性质。定性预测一般用于对缺乏历史统计资料的事件进行预测，主要用途是在定量分析之前进行定性分析，明确发展趋势，为定量预测做准备工作。定性预测法数学表达式为：

$$y_t = f(k) \tag{8-4-1}$$

称为“$y_t \leftarrow k$”型数学模型，其中 k 代表定性分析的估计程度，t 为时间。

常用定性预测法有专家调查法、主观概率法、相互影响分析法、形态分析法和历史类推法等。

定量预测法的含义是预见事件未来可能出现的数量关系。根据预测所选用数学模型原理不同，定量预测主要有如下方法：

(1)回归模型预测法

①模型原理

在实际问题中，随机变量 y 往往与多个变量 $x_1, x_2, \cdots, x_p (p>1)$ 有关，设自变量 $x_1, x_2, \cdots, x_p$ 与因变量 y 的关系是线性的，其中自变量是可以测量或观察到的可控制的非随机变量，若进行 n 次独立试验，可得下列数据：

$$(y_i; x_{i1}, x_{i2}, \cdots, x_{ip}), i=1,2,\cdots,n \tag{8-4-2}$$

则线性模型结构为：

$$y_i = \beta_0 + \beta_1 x_{i1} + \beta_2 x_{i2} + \cdots + \beta_p x_{ip} + \varepsilon_i, i=1,2,\cdots,n \tag{8-4-3}$$

其中 ε_i 是随机变量，$\varepsilon_i \sim N(0,\sigma^2)$，$i=1,2,\cdots,n$，且 $\varepsilon_1, \varepsilon_2, \cdots, \varepsilon_n$ 互相独立。

②预测

设与 $x_{01}, x_{02}, \cdots, x_p$ 对应的因变量为 y_0，则：

$$y_0 = \beta_0 + \beta_1 x_{01} + \beta_2 x_{02} + \cdots + \beta_p x_{0p} + \varepsilon_0 \tag{8-4-4}$$

其中 $\varepsilon_0 \sim N(0,\delta^2)$，且与 $\varepsilon_1, \varepsilon_2, \cdots, \varepsilon_n$ 互相独立。y_0 是正态的，且

$$E(y_0) = \beta_0 + \beta_1 x_{01} + \beta_2 x_{02} + \cdots + \beta_p x_{0p} \tag{8-4-5}$$

$$D(y_0) = \delta^2$$

当 n 较大而 x_{0i} 与 $\overline{x}_i$ 较接近时，y_0 置信度为 $1-\alpha(0<\alpha<1)$ 的近似预测区间为：

$$(\hat{y} - Z_{\alpha/2}\hat{\sigma}, \hat{y}_0 + Z_{\alpha/2}\hat{\sigma}) \tag{8-4-6}$$

式中，$Z_{\alpha/2}$ 是正态分布的双侧分位数。

$$\overline{x}_i = \frac{1}{n}\sum_{i=1}^{n} x_{ij}, j = 1,2,\cdots,p \tag{8-4-7}$$

回归模型以可以测量或观察到的非随机变量为依据，并将建立的模型用于

样本以外某一时期(刻)的预测。当预测变量所处预测区间与建立回归模型所选择区间条件相似时,预测误差较小。该方法的实质是根据过去已发生的事实(信息)为根据,预测未来事件的方法。它有三点基本假设:一是人对未来事件发展趋势没有能动性;二是未来经济活动是过去所已发生的经济活动的简单重复;三是未来各时刻经济状态是连续变化,不会出现拐点。现实经济生活中满足上述三项基本假设的经济变量是较少的,因而该方法应用于经济预测不可避免地产生较大误差。

(2)平稳时间序列模型预测法

①模型原理

设时间序列为$\cdots, Z_{-2}, Z_{-1}, Z_0, Z_1, Z_2, \cdots$或$\{Z_t, t=\cdots,-2,-1,0,1,2,\cdots\}$。若$Z_t$满足条件:(a)$E(Z_t)=\mu$(常量),$t=0,\pm1,\pm2,\cdots$;(b)$E(Z_tZ_{t+k})$与$t$无关,$k=0,\pm1,\pm2,\cdots$,则$Z_t$是平稳时间序列。平稳时间序列混合模型$ARMA(p,q)$的线性模型为:

$$Z_t-\varphi_1 Z_{t-1}-\cdots-\varphi_p Z_{t-p}=\theta_0+\alpha_t-\theta_q\alpha_{t-q} \tag{8-4-8}$$

式中,p,q是混合模型的阶数;$\varphi_1,\cdots,\varphi_p,\theta_0,\cdots,\theta_q$为混合模型参数,$\{\alpha_t\}$是白色噪声。

②预测(报)

在式(6-4-8)中,令$t=k+1$,则得估计值预报公式为:

$$\hat{Z}_k(l)=\hat{Z}_{k+l}=\theta_0+\varphi_1\hat{Z}_{k+l-1}+\varphi_2\hat{Z}_{k+l-2}+\cdots+\varphi_p\hat{Z}_{k+l-p}-\theta_1\hat{\alpha}_{k+l-1}-\theta_2\hat{\alpha}_{k+l-2}-\cdots-\theta_q\hat{\alpha}_{k+l-q} \tag{8-4-9}$$

由式(6-4-9)可看出,在计算二步($l=2$)预报值时要用到一步($l=1$)预报值,计算三步($l=3$)预报值时要用到一步、二步预报值,等等。

平稳时间序列$ARMA(p,q)$预测法是以时间序列资料为根据,应用平稳过程理论建立数学模型。它以经济参数数学期望为常数及任意两个时刻经济参数乘积数学期望与时间无关为基本假设。其预测的特点:一是逐渐递推并在原模型参数基础上不断更新预测,即在计算二步预报值时要用到一步预报值,计算三步预报值时要用到一步、二步预报值,等等;二是只有一个时间变量,不能解释多个变量的经济参数。在经济生活中基本满足$ARMA(p,q)$模型的基本假设和特点的经济变量比较少。

(3)因果关系预测法

因果关系预测法以经济理论所提供的结果或命题为研究对象,以数学原理提供模型为工具,分析自变量和因变量相互关系,计算变量相互关系数,再根据自变量变化,预测因变量变化。它定量地揭示事物发展变化因果关系,可进行长期预测并能对拐点进行预测,但不能确定因素存在对预测效果有多大影响,预测精度不高。因果关系预测是分析预测对象与影响因素之间的因果关系，用函数表示为：

$$y_t = f(x_t) \tag{8-4-10}$$

其中 x_t 为影响因素，称为"$y \leftarrow x$ 型"数学模型。

(4)Markov 预测法

①模型原理

时间连续状态离散的 Markov 过程$\{x(t), t \in [0, \infty)\}$的状态空间为 E，任意 m 个时刻 $t_1, t_2, \cdots, t_m (0 \leqslant t_1 < t_2 < \cdots < t_m)$，任意正数 s 及任意 $i_1, i_2, \cdots, i_m, j \in E$，则有：

$$\begin{aligned} &P\{X(t_m + X) = j \mid X(t_1) = i_1, X(t_2) = i_2, \cdots, X(t_m) = i_m\} \\ &= P\{X(t_m + s) = j \mid X(t_m) = i_m\} \end{aligned} \tag{8-4-11}$$

式(8-4-11)右边条件概率形式为：

$$P\{X(t+s) = j \mid X(t) = i\}, t \geqslant 0, s > 0 \tag{8-4-12}$$

它是转移概率函数，$P_{ij}(t, t+s)$ 意为已知 t 时刻处于状态 i，经 s 时刻后变为状态 j 的概率。对齐次 Markov 过程则有：

$$P_{ij}(s) = P_{ij}(t, t+s) = P\{X(t+s) = j \mid X(t) = i\}, t \geqslant 0, s > 0 \tag{8-4-13}$$

若令 $s = k + h$，则有 Chapman-Kolmogorov 方程，即：

$$P_{ij}(k+h) = \sum_r P_{ir}(k) P_{rj}(h), i, j = 0, 1, 2, \cdots \tag{8-4-14}$$

该方程的直观意义是：由 i 状态出发经 $k+h$ 时间到达 j 状态，必先经 k 时间到达任意 r 状态，再经过 h 时间由 r 状态转移到 j 状态。

②预测

Markov 过程在初始时刻(零时刻)取各状态概率分布：

$$P_i^{(0)} = P\{X(0) = i\}, i = 0, 1, 2, \cdots \tag{8-4-15}$$

显然有 $P_i^{(0)} \geqslant 0 (i = 0, 1, 2, \cdots)$，$\sum_i P_i^{(0)} = 1$。当初时刻由固定的 i_0 状态出发，此时有：

$$P_{i_0}^{(0)} = 1, P_j^{(0)} = 0 (i \neq j) \tag{8-4-16}$$

由全概率公式可得 Markov 过程在 $t(t \geqslant 0)$时刻取各状态的绝对概率分布为：

$$P_j(t) = \sum_i P_i^{(0)} P_{ij}(t), j = 0, 1, 2, \cdots \tag{8-4-17}$$

此式表明绝对概率完全被初始概率分布和转移概率函数确定。

在经济活动中，决策时(初始时刻)各经济变量状态一般是已知的，即 $P_i^{(0)} \geqslant 0$，$\sum_i P_i^{(0)} = 1$，在 $t(t \geqslant 0)$ 时刻各状态概率分布主要由转移概率函数 $P_{ij}(t)$ 决定。根据条件概率性质，$P_{ij}(t)$ 具有下列性质：

(a) $0 \leqslant P_{ij}(t) \leqslant 1, i, j=1,2,\cdots$ (8-4-18)

(b) $\sum_{j} P_{ij}(t) = 1, i = 1,2,\cdots$ (8-4-19)

且规定：

$$P_{ij}(0)=\delta_{ij}=\begin{cases}1, i=j \\ 0, i \neq j\end{cases} \tag{8-4-20}$$

在时间连续状态有限 Markov 过程 $X(t)$ 中，随机连续 Markov 过程为：

$$\lim_{t \to 0^{+}} P_{ij}(t)=\delta_{ij}=\begin{cases}1, i=j \\ 0, i \neq j\end{cases} \tag{8-4-21}$$

该过程对经济预测、决策具有重要意义，式(8-4-21)表明，当 t 很小时，过程由 i 状态转移到 i 状态的概率接近于 1，而转移到状态 j 的概率($j \neq i$)接近于零，即经过很短时间系统状态几乎不变。也就是说，短时间的预测可信度高，风险也小，此时可认为是确定性决策；长时间预测系统状态可能发生较大变化，较难准确预测系统所处状态，因而预测结果可信度低，风险也大，即为不确定或风险决策。式(8-4-21)告诉我们，从防范经营风险角度看，投资活动有效期越短，投资越安全。同时，也说明了商业银行、债券和借贷资金短期利率低而长期利率高的原因。

当经济活动中，经济变量按随机过程规律运动时，经济变量的预测可由随机过程数学期望和方差求解。设经济变量 $\{X(t), t \in N\}$，N 是投资活动有效期，由投资者在投资活动展开前确定，对任意 $t \in N$，设：

$$P\{X(t) \leqslant x\}=P_{j}(t)=F(x, t) \tag{8-4-22}$$

则经济变量 $\{X(t), t \in N\}$ 的预测值数学期望 $m_{X(t)}$ 为：

$$m_{X(t)} \triangleq EX(t) = \int_{0}^{t} x \mathrm{d} F(x, t), t \in N \tag{8-4-23}$$

经济变量 $\{X(t), t \in N\}$ 在 t 时刻对 $m_{X(t)}$ 的分散程度由随机方差 $D_{X(t)}$ 来描述，即：

$$D_{X(t)}=E[X(t)-m_{X(t)}]^{2}, t \in N \tag{8-4-24}$$

通过以上分析有如下结论：

第一，回归模型和 ARMA 模型都有较严格的使用条件，应用中应根据经济变量特点选取模型。市场经济条件下企业的投资、经营活动非常接近于时间连续状态离散的 Markov 过程。未来经济变量(产量、价格、成本等)是随机变量，且存在许多不确定因素，如突发政治事件、重大人事变化、气候、自然灾害等因素是很难预测且对经济活动效果具有重大影响。由于这些不确定因素的存在使得经济活动在未来某时刻的状态难于预测，尽管 Markov 预测适用面广，但对经济变量进行准确预测也是非常困难的，原因是 Markov 预测的准确性取决于预测者自身的素质。所以，市场经济条件下，人的素质特别是决策者和高层次人员的素质对企业的兴衰起着十分重要的作用。

第二，预测是主观对客观的人为描述，而不是主观对客观的正确反映。投资活动在有效期内存在许多不确定因素，因此，无论何种预测方法都不能准确预测其数值，而只能估测其未来一段时间发展方向或趋势的可能性。由此可见，投资项目实施前，决策者无法准确预测其结果如何，只能推测其生存的可能性。

3.综合模糊预测方法

本书第三章第三节已经证明，在不确定条件下，可预测对象是事物未来一段时间变化趋势的可能性。研究的方法是综合模糊预测法，其含义是：设$Y(t)$是预测的对象，其影响因素的内因为$X_N(t)$，外因为$X_W(t)$，则$Y(t)$可表示为：

$$Y(t)=f[X_N(t),X_W(t)]=f(t)^{①} \tag{8-4-25}$$

内因和外因所有因素按照重要性程度分为三个等级（类或集合），内因第一、第二、第三重要等级因素，分别用$x_1(t)$、$x_2(t)$、$x_3(t)$表示；外因第一、第二、第三重要等级因素，分别用$x_4(t)$、$x_5(t)$、$x_6(t)$表示。则有：

$$X_N(t)=x_1(t)+x_2(t)+x_3(t) \tag{8-4-26}$$

$$X_W(t)=x_4(t)+x_5(t)+x_6(t) \tag{8-4-27}$$

设因素$x_i(t)(i=1,2,\cdots,6)$包含n个次一级的子因素，即：

$$x_i(t)=x_{i1}+x_{i2}+\cdots+x_{in} \tag{8-4-28}$$

依据式(7-5-8)原理，式(8-4-28)中次一级子因素$x_{ik}(k=1,2,\cdots,n)$“未来一段时间变化趋势可能性”的函数式是：

$$\mu[\frac{dx_{ik}(t+\Delta t)}{dt}]=\alpha\cdot\mu[x_{ik}(t)]\cdot G[x_{ik}(t)]+\beta\cdot\mu[\frac{dx_{ik}(t)}{dt}]\cdot G[\frac{dx_{ik}(t)}{dt}]$$
$$+\gamma\cdot\mu[\frac{d^2x_{ik}(t)}{dt^2}]\cdot G[\frac{d^2x_{ik}(t)}{dt^2}] \tag{8-4-29}$$

再根据式(7-5-9)方法，可得式(8-4-26)或(8-4-27)中$x_i(t)(i=1,2,\cdots,6)$在包含多个次一级子因素$x_i(t)=x_{i1}+x_{i2}+\cdots+x_{in}$情况下，“未来一段时间变化趋势可能性”为：

$$\mu[\frac{dx_i(t+\Delta t)}{dt}]=\sum_{k=1}^{n}w_{ik}\cdot\mu[\frac{dx_{ik}(t+\Delta t)}{dt}] \tag{8-4-30}$$

最后依照式(7-5-4)含义，可得式(8-4-25)预测对象$Y(t)$在不确定条件下未来一段时间变化趋势的可能性为：

---

① 实际应用中不要求连续、可导，此处只是借鉴其导数几何意义。

$$\mu[\frac{\mathrm{d}Y(t+\Delta t)}{\mathrm{d}t}]=\sum_{i=1}^{6}\lambda_i\cdot\mu[\frac{\mathrm{d}x_i(t+\Delta t)}{\mathrm{d}t}]\leqslant[0,1] \quad (8\text{-}4\text{-}31)$$

式(8-4-31),就是综合模糊预测法的最终结论。式(8-4-29)、(8-4-30)和(8-4-31)中,有关符号含义、取值规则,参见第七章第五节相关部分,此处不再赘述。

4.市场预测主要内容

投资项目市场预测,主要侧重如下两个方面:

(1)市场需求预测

市场需求预测主要是需求量的预测,是在分析目标市场的消费群体、消费要求、消费心理、消费动机、消费习惯、消费方式基础上的未来市场上有支付能力的需求总量。当下产品销售量就是当前市场上有支付能力的需求总量。依据式(7-4-5)原理,未来需求量变化趋势由当下销售量、销售量变化趋势和“加趋势”共同决定。

预测周期愈短,可靠程度越高。由式(3-3-6)知,预测一个周期变化趋势可能性,可靠程度较高。投资项目决策建议只预测三个周期,即三个会计年度。采用递推预测方法,即:

$$x(t_1)=f[x(t)]^{①} \quad (8\text{-}4\text{-}32)$$

$$x(t_2)=f[x(t_1)] \quad (8\text{-}4\text{-}33)$$

$$x(t_3)=f[x(t_2)] \quad (8\text{-}4\text{-}34)$$

将式(8-4-32)用泰勒级数展开得:

$$x(t_1)\approx x(t)+\frac{\mathrm{d}x(t)}{\mathrm{d}t}(t_1-t)+\frac{\mathrm{d}^2x(t)}{\mathrm{d}t^2}(t_1-t)^2/2 \quad (8\text{-}4\text{-}35)$$

递推预测方法即 $t_1-t=1$,所以式(8-4-35)可表示为:

$$x(t_1)\approx x(t)+\frac{\mathrm{d}x(t)}{\mathrm{d}t}+\frac{\mathrm{d}^2x(t)}{\mathrm{d}t^2}/2 \quad (8\text{-}4\text{-}36)$$

$\frac{\mathrm{d}x(t)}{\mathrm{d}t}$,$\frac{\mathrm{d}^2x(t)}{\mathrm{d}t^2}$就是 t 年度(当期)的销售量变化趋势和“加趋势”,由统计数据求得式(8-4-36),展开式为:

$$\begin{aligned}x(t_1)&\approx x(t)+\frac{\mathrm{d}x(t)}{\mathrm{d}t}+\frac{\mathrm{d}^2x(t)}{\mathrm{d}t^2}/2\\&=x(t)+[x(t)-x(t-1)]+\{[x(t)-x(t-1)]-[x(t-1)-x(t-2)]\}/2\\&=\frac{5}{2}x(t)-2x(t-1)+x(t-2)/2\end{aligned} \quad (8\text{-}4\text{-}37)$$

第一个会计年度预测销售量增长率为:

---

① $t_1=t+1$;$t_2=t_1+1$;$t_3=t_2+1$。

$$g[x(t_1)]=\left[\frac{x(t_1)}{x(t)}-1\right]\times 100\% \tag{8-4-38}$$

评价销售量增长率的基准指标是国内生产总值(GDP)的增长率,其表示方式为:

$$g[G(t_1)]=\left[\frac{G(t_1)}{G(t)}-1\right]\times 100\% \tag{8-4-39}$$

市场需求评估就是对预测销售量的评估。评估方法采用第七章第五节“影响因素综合模糊分析方法”,评估模型见表 8-4-4。说明如下:

①D 项是各个年度预测销售量的评估结论。以第一个预测年度为例,作如下定义:

第一,当 $g[x(t_1)]<g[G(t_1)]$,则销售量增长率隶属度定义为$\mu\{g[x(t_1)]\}=0$。

第二,当 $g[x(t_1)]=(1-2)g[G(t_1)]$,则销售量增长率隶属度定义为$\mu\{g[x(t_1)]\}=0.6-0.75$。

第三,当 $g[x(t_1)]=(2-3)g[G(t_1)]$,则销售量增长率隶属度定义为$\mu\{g[x(t_1)]\}=0.8-0.9$。

第四,当 $g[x(t_1)]>3g[G(t_1)]$,则销售量增长率隶属度定义为$\mu\{g[x(t_1)]\}=1$。

②C 项是各个预测年度在综合评估中的重要性权重。由于预测可靠性与距当前时间的长短密切相关,所以权重设定原则是,时间越长,权重越小。建议的权重参数是,第一个预测年度权重 $w_1=0.5$,第二个预测年度权重 $w_2=0.3$,第三个预测年度权重 $w_3=0.2$。

③表 8-4-4 中,第四行的 C 项是市场需求评估结论,其含义为:

$$\mu[g(x)]=\sum_{i=1}^{3}w_i\cdot\mu\{g[x(t_i)]\} \tag{8-4-40}$$

表 8-4-4　　市场需求评估模型

序号	要素名称	权　重	$\mu\{g[x(t_i)]\}$	备　注
A	B	C	D	E
1	第一个预测年度	w_1	$\mu\{g[x(t_1)]\}$	
2	第二个预测年度	w_2	$\mu\{g[x(t_2)]\}$	
3	第三个预测年度	w_3	$\mu\{g[x(t_3)]\}$	
4	综合评估结论			

(2)价格预测

价格预测是预测项目投产后的营业收入、财务效益的基础，也是评价项目产品是否有竞争力的重要方面。市场经济条件下，供求关系是价格形成的主要影响因素，同时也应考虑其他因素对价格的影响。具体包括：

①产品销售量变化情况。

②价格水平与变化趋势。

③产品成本水平。

④消费者购买力和价格接受能力。

⑤相关物品的影响。

⑥替代产品的影响。

⑦利率。

⑧汇率。

⑨政策。

产品价格预测方法采用第七章第五节“影响因素综合模糊分析方法”，预测模型见表8-4-5(说明见表8-3-2)。

表8-4-5　　产品价格预测模型

序号	因素名称	小计	权重	$x(t)$				dx/dt				d^2x/dt^2			
				权重	隶属度	灰度		权重	隶属度	灰度		权重	隶属度	灰度	
						G_1	G_2			G_1	G_2			G_1	G_2
A	B	C	D	E	F	G	H	I	J	K	L	M	N	O	P
1	销售量														
2	价格														
3	成本														
4	购买力														
5	相关物品														
6	替代产品														
7	政策														
8	利率														
9	汇率														
10	综合评估结论														

第五节　投资机会评估

一、概述

投资机会研究也称投资机会鉴别，是指为寻找有价值的投资机会而进行的准备性调查研究，其目的在于发现投资机会。投资机会研究报告是投资机会评估的基础。

投资机会研究可分为一般投资机会研究与具体项目投资机会研究两类。

一般投资机会研究是一种全方位的搜索过程，需要进行广泛的调查，收集大量的数据。一般机会研究又可分为三类：

地区投资机会研究，即通过调查分析地区的基本特征、人口及人均收入、地区产业结构、经济发展趋势、地区进出口结构等状况，研究、寻找在某一特定地区的投资机会。

部门投资机会研究，即通过调查分析产业部门在国民经济中的地位和作用、产业的规模和结构、各类产品的需要及其增长率等状况，研究、寻找在某一特定产业部门的投资机会。

资源开发投资机会研究，即通过调查分析资源的特征、储量、可利用和已利用状况、相关产品的需求和限制条件等情况，研究、寻找开发某项资源的投资机会。

在一般机会研究初步筛选投资方向和投资机会后，需要进行具体项目的投资机会研究。具体项目机会投资研究比一般投资机会研究较为深入、具体，需要对项目的背景、市场需要、资源条件、发展趋势以及需要的投资和可能的产出等方面进行准备性的调查、研究的分析。

二、投资机会评估

投资机会评估就是在行业及竞争评估、企业资源和竞争能力评估以及投资项目产品市场预测基础上，对项目投资机会的价值作出评估，重点是对行业及竞争环境的评估。评估方法采用第七章第五节“综合模糊决策方法”和“影响因素综合模糊分析方法”，评估模型见表8-5-1。说明如下：

(1)设投资机会之对象为$Y(t)$，其影响因素的内因为$X_N(t)$，外因为$X_W(t)$，则$Y(t)$可表示为：

$$Y(t)=f[X_N(t),X_W(t)]=f(t) \tag{8-5-1}$$

按式(7-5-2)、(7-5-3)定义，内因和外因所有因素按照重要性程度分为三个等级(类或集合)。内因第一、第二、第三重要等级因素，分别用$x_1(t)$、$x_2(t)$、

$x_3(t)$表示；外因第一、第二、第三重要等级因素，分别用 $x_4(t)$、$x_5(t)$、$x_6(t)$表示。则有：

$$X_N(t)=x_1(t)+x_2(t)+x_3(t) \tag{8-5-2}$$

$$X_W(t)=x_4(t)+x_5(t)+x_6(t) \tag{8-5-3}$$

结合投资机会评估特点，依据第七章第五节“影响因素综合模糊分析方法”，再作如下定义：

$$x_1(t)=x_{11}+x_{12}+x_{13}+x_{14}+x_{15} \tag{8-5-4}$$

x_{11}：行业经济特点；x_{12}：行业竞争力；x_{13}：行业竞争结构；x_{14}：市场需求量；x_{15}：产品价格。

$$x_2(t)=x_{21}+x_{22} \tag{8-5-5}$$

x_{21}：行业变革驱动因素；x_{22}：行业竞争关键因素。

$x_3(t)$：法规环境因素。

$$x_4(t)=x_{41}+x_{42}+x_{43} \tag{8-5-6}$$

x_{41}：企业治理结构；x_{42}：主要决策者素质特征；x_{43}：企业文化。

$x_5(t)$：有形资产。

$$x_6(t)=x_{61}+x_{62} \tag{8-5-7}$$

x_{61}：组织经验；x_{62}：组织资产。

(2)D 项是各个影响因素或“次一级子因素”综合模糊评估结论。

(3)C 项是综合评估时各个因素重要性权重。λ_i 是式(8-5-2)、(8-5-3)中各个因素重要性权重，依据式(7-5-5)、(7-5-6)规则，结合实际情况取值；由于“法规环境因素评估结论”具有否决性，结合表 8-5-1 逻辑结构，定义：

$$\lambda_3=1 \tag{8-5-8}$$

$$\lambda_1+\lambda_2+\lambda_4+\lambda_5+\lambda_6=1 \tag{8-5-9}$$

w_{ik}是次一级因素 $x_{ik}(i=1,2,\cdots,6;k=1,2,\cdots,n)$重要性权重，由式(7-5-12)、(7-5-13)和(7-5-14)共同决定。本案例中，表 8-5-1 的逻辑结构是：

$$\lambda_1=w_{11}+w_{12}+w_{13}+w_{14}+w_{15} \tag{8-5-10}$$

$$\lambda_2=w_{21}+w_{22} \tag{8-5-11}$$

$$\lambda_4=w_{41}+w_{42}+w_{43} \tag{8-5-12}$$

$$\lambda_6=w_{61}+w_{62} \tag{8-5-13}$$

(4)表 8-5-1 中，“小计”项的实质是式(7-5-9)，即：

$$\mu\left[\frac{\mathrm{d}x_i(t+\Delta t)}{d}\right]=\sum_{k=1}^{n}w_{ik}\cdot\mu\left[\frac{\mathrm{d}x_{ik}(t+\Delta t)}{\mathrm{d}t}\right],i=1,2,\cdots,6;k=1,2,\cdots,n \tag{8-5-14}$$

(5)表 8-5-1 中，第七行的 C 项是投资机会综合评估结论，其实质是式

(7-5-4)。本案例中，结合表 8-5-1 逻辑结构，其具体形式是：

$$\mu\left[\frac{\mathrm{d}Y(t+\Delta t)}{\mathrm{d}t}\right]=\sum_{i=1}^{6}\lambda_i\cdot\mu\left[\frac{\mathrm{d}x_i(t+\Delta t)}{\mathrm{d}t}\right]-1 \tag{8-5-15}$$

根据模糊数学隶属度定义，有：

如果 $\mu\left[\frac{\mathrm{d}Y(t+\Delta t)}{\mathrm{d}t}\right]>0.5$，表示该项目在未来一段时间投资机会可能性大于 50%。

若 $\mu\left[\frac{\mathrm{d}Y(t+\Delta t)}{\mathrm{d}t}\right]<0.5$，表示该项目在未来一段时间投资机会可能性小于 50%。

当 $\mu\left[\frac{\mathrm{d}Y(t+\Delta t)}{\mathrm{d}t}\right]\geqslant 0.7$ 时，表示该项目在未来一段时间投资机会可能性大于 70%，是一个较好的投资机会。

表 8-5-1　　投资机会评估模型

序号	要素名称	权重	因素评估结论 $\mu\left[\frac{\mathrm{d}x_{ik}(t+\Delta t)}{\mathrm{d}t}\right]$	备　注
A	B	C	D	E
一	$x_1(t)$	λ_1		
1	行业经济特点	w_{11}	表 8-3-1	
2	行业竞争力	w_{12}	表 8-3-2	
3	行业竞争结构	w_{13}	表 8-3-4	
4	市场需求量	w_{14}	表 8-4-4	
5	产品价格	w_{15}	表 8-4-5	
6	小计			
二	$x_2(t)$	λ_2		
1	行业变革驱动因素	w_{21}	表 8-3-5	
2	行业竞争关键因素	w_{22}	表 8-3-6	
3	小计			
三	$x_3(t)$			
	法规环境因素	λ_3	表 8-3-7 或表 8-3-8	
四	$x_4(t)$	λ_4		
1	企业治理结构	w_{41}	表 8-2-2	

续表

2	主要决策者素质特征	w_{42}	表 8-2-2	
3	企业文化	w_{43}	表 8-2-2	
4	小计			
五	$x_5(t)$			
	有形资产	λ_5	表 8-2-2	
六	$x_6(t)$	λ_6		
1	组织经验	w_{61}	表 8-2-2	
2	组织资产	w_{62}	表 8-2-2	
3	小计			
七	综合评估结论			

第六节　可行性研究评估

一、概述

可行性研究是在机会研究的基础上，通过对拟建项目的市场需求状况、建设规模、产品方案、生产工艺、设备选型、工程方案、建设条件、投资估算、融资方案、财务和经济效益、环境和社会影响以及可能产生的风险等方面进行全面深入的调查、研究和充分的分析、比较、论证，从而得出该项目是否值得投资、建设方案是否合理的研究结论，为项目的决策提供科学、可靠的依据。

可行性研究是建设项目决策阶段最重要的工作。可行性研究的过程是深入调查研究的过程，也是多方案比较选择的过程。一个拟建项目，从产品方案、技术选用、设备选型，到选址方案、工程方案、环境措施，都可能有多个方案可供选择，可行性研究要通过深入的调查研究，对多个方案进行比较、论证，从中选择较优方案。

1. 可行性研究的作用

主要表现在：

(1)投资决策依据

可行性研究对项目产品的市场需求、市场竞争力、建设方案、项目需要投入的资金、可能获得的效益以及项目可能面临的风险等作出结论。可行性研究的结论，是建设项目方进行投资决策的依据。需要政府审批的项目，可行性研究的结论也是政府审批项目的依据。

(2)筹集资金和申请贷款的依据

银行等金融机构一般通过对可行性研究报告的评估,分析项目的市场竞争力、采用技术的可靠性、项目的财务效益和还款能力,然后决定是否对项目提供贷款。

(3)编制初步设计文件的依据

按照项目建设程序,一般只有在可行性研究报告完成后,才能进行初步设计。初步设计文件必须在可行性研究的基础上,根据审定的可行性研究报告进行编制。

(4)与建设项目承包商、供应商签订合同、协议的依据

可行性研究报告结论,是项目业主就项目有关的设计、工程承包、设备供应、原材料供应、产品销售和运输等问题与有关单位签订合同、协议的依据。

2.可行性研究的内容

建设项目可行性研究的内容,因项目的性质不同、行业特点不同而有所差别。从总体看,可行性研究的内容与初步可行性研究的内容基本相同,但研究的重点有所不同,研究的深度有所提高,研究的范围有所扩大。可行性研究的重点是项目建设的可行性,必要时还需进一步论证项目建设的必要性。

以企业投资项目为例,可行性研究以目标市场评估为基础,重点评估以下内容:

二、投资项目方案评估

建设方案主要包括产品方案与建设规模,工艺技术方案和建设标准,主要工艺设备选择,厂(场)址选择,原材料、燃料供应及辅助生产条件,总平面布置和建筑、公用工程,环境保护、节能、节水措施等。

1.投资项目产品方案和建设规模

(1)产品方案

产品方案主要是指建设项目生产的主导产品的品种、规格、技术性能、生产能力以及同类产品不同规格、性能、生产能力的优化组合方案。对某些工业项目来说,产品方案还应包括辅助产品或副产品。产品优化组合的主要含义是主导产品与同类产品不同品种、规格、性能的优化配置,产品产量的合理组合。

关于投资项目产品方案遴选,在本章第四节已有讨论,此处不再赘述。

(2)建设规模

建设规模是项目设定的正常生产运营年份能达到的预期生产能力或供应服务能力。评价建设规模重点考虑以下因素:

①适应市场需求和市场容量。

②符合经济规模。

③充分利用工艺装备的能力。

④统筹考虑拟建规模的可行性,包括土地资源、原材料、能源供应、资金可供应量,以及环境容量等必备的建设条件。

⑤行业因素。

2. 项目工艺技术方案和标准

(1)工艺技术方案和工艺流程方案选择原则

①先进适用性。

②安全可靠性。

③经济合理性。

④产品更新适应性。

⑤技术来源可得性。

(2)合理确定建设标准

①符合生产工艺及维护管理对生产条件、生产环境的要求,含室内环境,水、汽、动力供应,垂直运输和起重设备配置等。

②满足生产工艺提出的特殊要求,如对空气、水和气体的洁净度和纯度,防震、防火、防爆、防辐射等方面的要求。

③适应现代化生产特点和管理的需求,配置必要的信息化、智能化设施,含计算机系统、通信系统、网络系统、自控系统等。

3. 建设项目选址

评价项目选址的主要因素是:

(1)厂(场)址的自然资源条件。主要包括土地资源、水资源、气象资源、矿产资源等。这些自然资源将直接或间接影响厂(场)址的选定。

(2)地形地貌及占地面积。地形地貌是否适应建设项目对场址建设的要求,同时要考虑厂(场)区平整土石方工程量的大小,在尽可能不占或少占农田的情况下,可提供的土地面积能否满足建设项目近期和远期发展的需求。

(3)厂(场)址的工程地质和水文地质条件。工程地质主要内容是,地质构造、地基承载能力,是否处在强地震、滑坡区、易发生泥石流区以及有无断层、溶洞、软土层等不良地质地段。水文地质包括地表河流的流向、流量、水质、年降水量等,地下水的类型及特征、土壤含水量,对地下建筑物、构筑物和地下管网的建设项目还要了解地下水的水位、流向、涌水量等。这些条件对厂(场)址选择都有很大影响,有时甚至是决定性的。

(4)地区经济技术条件。主要包括拟选厂(场)址地区的经济技术实力、协作条件、基础设施、人口素质等。

(5)交通运输条件。厂(场)址地点与铁路、公路、港口码头的运输距离、运输能力、运输成本以及桥梁、隧洞等能否满足项目建设期和生产运营期大型超重、超高、超长设备及产品的运输要求。

(6)项目所需要的其他外部条件。如主要原材料供应、能源供应,关键配套件供应、生活设施的依托条件以及施工条件等。

(7)通过“城市规划行政主管部门城市规划审批”的可能性。

(8)征地拆迁、土地利用合理和环境保护,后文列专题讨论。

4.项目总平面布置合理性

主要考虑如下几方面因素:

(1)满足生产和工艺流程要求,利于组织生产和管理。

(2)合理利用自然地形、地貌和地质条件。

(3)节约建设用地。

(4)各项技术经济指标符合国家规范规定。主要有建筑系数、场地利用系数、容积率和绿地率等。

5.投资项目方案评估

评估方法采用第七章第五节“影响因素综合模糊分析方法”,评估模型见表8-6-1(说明见表8-2-2)。

表 8-6-1　　投资项目方案评估模型

序号	因素名称	小计	权重	$x(t)$				$\mathrm{d}x/\mathrm{d}t$				$\mathrm{d}^2x/\mathrm{d}t^2$			
				权重	隶属度	灰度		权重	隶属度	灰度		权重	隶属度	灰度	
						G_1	G_2			G_1	G_2			G_1	G_2
A	B	C	D	E	F	G	H	I	J	K	L	M	N	O	P
一	建设规模														
1	市场需求														
2	经济规模														
3	工艺装备的能力														
4	建设条件														
5	行业因素														

续表

二	工艺技术方案														
1	先进适用性														
2	安全可靠性														
3	经济合理性														
4	更新适应性														
5	技术来源可得性														
三	项目选址														
1	自然资源条件														
2	地形及占地面积														
3	地质条件														
4	经济技术条件														
5	交通运输条件														
6	其他外部条件														
7	通过“城市规划审批”的可能性														
四	总平面布置														
1	满足生产工艺要求														
2	合理利用自然条件														
3	节约建设用地														
4	技术经济指标符合规定														
五	综合评估结论														

三、投资估算与融资方案

1. 投资估算

在确定项目建设方案的基础上估算项目所需的投资,分别估算建筑工程费、设备购置费、安装工程费、工程建设其他费用、基本预备费、涨价预备费、建设期利息和流动资金。投资估算是投资决策的依据之一,是制定项目融资方案的依据,是项目经济评价的基础,是编制初步设计概算的依据,对项目工程造价起控制作用。投资估算评估的主要方面是方法科学,基础资料完整,依据充分。

2. 融资方案

投资估算是确定融资方案的基础,评价融资方案就是对融资方案的资金结构、融资成本、融资风险进行分析。

(1)资金结构是融资方案中各种资金的比例关系,包括项目资本金与项目债务资金的比例、项目资本金内部结构比例和项目债务资金内部结构比例。

项目资本金与项目债务资金的比例是项目资金结构中最重要的比例关系。在项目收益不变、项目投资财务内部收益率高于债务利率条件下,资本金比例越低,资本金财务内部收益率就越高,同时企业的财务风险和债权人的风险也就越大。项目资本金与项目债务资金的合理比例由各个参与方的利益平衡来决定。

项目资本金与项目债务资金的比例应符合以下要求:

①符合国家法律和行政法规规定。

②符合金融机构信贷法规及债权人有关资产负债比例要求。

③满足权益投资者获得期望投资回报的要求。

④满足防范财务风险的要求。

项目资本金内部结构比例是项目投资各方的出资比例。不同的出资比例决定各投资方对项目建设和经营的决策权和承担的责任,以及项目收益的分配。

项目债务资金内部结构反映债权各方为项目提供债务资金的数额比例、债务期限比例、内债和外债比例,以及外债中各币种债务的比例等,其对融资成本、和融资风险有影响。

(2)融资成本就是资金成本,是权益资金成本和债务资金成本的加权资金成本。资金成本是选择资金来源、确定融资方案的重要依据。其中,个别资金成本是比较各种筹资方式优劣的一个尺度,加权资金成本是进行资金结构决策的基本依据。

资金成本是评价投资项目、比较投资方案的主要经济标准。一般而言,对经营项目来讲,只有总资产报酬率高于资金成本时,才是可以接受的,否则项目就是无利可图,甚至会发生亏损。

(3)融资风险就是融资活动中存在的各种风险，主要有下列风险因素：

①资金供应风险就是项目实施过程中，由于资金不落实，导致工期延期、造价上升，甚至项目无法继续实施。主要原因是，股本投资者不能兑现承诺；发行股票、债券计划不能实现；既有企业法人由于经营状况变化，无力按计划继续出资；金融机构不能兑现融资承诺等。

②利率风险是由于利率变动导致资金成本上升，给项目造成损失的可能性。

③汇率风险是由于汇率变动给项目造成损失的可能性。

3.投资估算与融资方案评估

评估方法采用第七章第五节“影响因素综合模糊分析方法”，评估模型见表8-6-2(说明见表8-2-2)。

表 8-6-2　　投资估算与融资方案评估模型

序号	因素名称	小计	权重	$x(t)$				dx/dt				d^2x/dt^2			
				权重	隶属度	灰度		权重	隶属度	灰度		权重	隶属度	灰度	
						G_1	G_2			G_1	G_2			G_1	G_2
A	B	C	D	E	F	G	H	I	J	K	L	M	N	O	P
一	投资估算														
1	方法科学性														
2	基础资料完整性														
3	依据充分性														
二	融资方案														
1	资金结构														
(1)	资本金与债务资金的比例														
(2)	资本金内部结构														
(3)	债务资金内部结构														
2	融资成本														
3	融资风险														

续表

(1)	资金供应风险														
(2)	利率风险														
(3)	汇率风险														
三	综合评估结论														

四、项目财务评价

项目财务评价是投资项目经济评价的重要组成部分,对投资项目关键利益相关者——投资者和债权人尤其重要。投资者关注的是投资项目的投资价值,而债权人关心的是投资项目的偿债能力。影响投资项目价值的主要因素是项目的盈利水平和其成长性,决定投资项目偿债能力的主要因素是项目资产所有权结构和变现能力。

1. 现行项目财务评价方法

当下业界普遍使用反映投资项目财务盈利能力的主要指标是财务内部收益率和财务净现值。预测利润表(见表 8-6-3)和预测现金流量表(见表 8-6-4)是计算财务内部收益率和财务净现值的基础。

表 8-6-3　　投资项目预测利润表

项　目	计算期				
	$t+1$	$t+2$	$t+3$	…	$t+n$
一、销售收入					
主营业务收入					
其他业务收入					
(赊销收入净额)					
(关联交易金额)					
减:主营业务成本					
其他业务支出					
主营业务税金及附加					
二、毛利润					
加:其他业务利润					
减:营业费用					

续表

管理费用					
财务费用					
三、营业利润					
加:投资收益					
补贴收入					
营业外收入					
减:营业外支出					
四、利润总额					
所得税税率					
减:所得税					
五、净利润					

表 8-6-4　　投资项目预测现金流量表

项　目	计算期				
	$t+1$	$t+2$	$t+3$	…	$t+n$
一、经营活动产生的现金流量					
现金流入小计					
现金流出小计					
经营活动产生的现金流量净额					
二、投资活动产生的现金流量					
现金流入小计					
现金流出小计					
投资活动产生的现金流量净额					
三、筹资活动产生的现金流量					
现金流入小计					
现金流出小计					
筹资活动产生的现金流量净额					
四、汇率变动对现金的影响					
五、现金及现金等价物净增加额					

(1)财务净现值($FNPV$)是按设定的折现率(一般采用基准收益率 i_c)计算的项目计算期内各年净现金流量的现值之和,其计算公式为:

$$FNPV = \sum_{t=1}^{n}(CI - CO)_t(1 + i_c)^{-t} \qquad (8\text{-}6\text{-}1)$$

式中,i_c 为设定的折现率(或基准收益率)。

在设定折现率下,计算的财务净现值反映项目在满足按设定折现率要求的盈利之外,获得的超额盈利的现值。财务净现值等于或者大于零,表明其盈利能力能够满足要求,在财务上可考虑接受。

(2)财务内部收益率($FIRR$)是使项目计算期内各年净现金流量现值累计等于零时的折现率,按下式采用试差法计算:

$$\sum_{i=1}^{n}(CI - CO)_t(1 + FIRR)^{-t} = 0 \qquad (8\text{-}6\text{-}2)$$

式中,CI 为现金流入量;CO 为现金流出量;$(CI-CO)_t$ 为第 t 期的净现金流量;n 为计算期期数。

当财务内部收益率大于或等于财务基准收益率或最低可接受收益率时,即认为盈利能力能够满足要求,在财务上可考虑接受。

项目投资财务内部收益率的判别基准。财务基准收益率 i_c 或最低可接受收益率,是财务分析最重要参数。它是判别财务内部收益率是否符合要求的基准,也可以作为计算财务净现值的折现率。将财务内部收益率的判别基准(i_c)和计算净现值的折现率采用同一数值,可使 $FIRR \geqslant i_c$ 对项目效益的判断,和采用 i_c 计算的 $FNPV \geqslant 0$ 对项目效益的判断结果一致。

影响项目投资财务内部收益率的主要因素是:社会资金的平均收益水平、资金的成本、行业风险和项目特殊风险。采用项目加权平均资金成本(Weighted Average Cost of Capital,WACC)作为基础(同时考虑项目面临的风险)来确定财务基准收益率是国际通行的做法。

财务内部收益率和财务净现值的本质是相同的,都考虑了资金的时间价值。但其存在的问题也是显而易见的:第一,确定性假设与实际严重不符。计算财务内部收益率和财务净现值的假设条件是,投资额、产销量、价格、成本费用水平等,是可以预测的、确定的常数。理论和实践都证明,这些参数可预测是个别、偶然的,不可预测是普遍的。第二,内部收益率和净现值难于检验。投资项目实际内部收益率和净现值只有在项目终止时,才可以确定。投资决策贯穿于投资项目的全过程,项目运行过程中是否达到预期目的,缺少检验指标。因此,对内部收益率和净现值的评价是,理论意义大于实践意义。

2.项目财务指标评估

本书的基本理念是，完全和对称信息、准确预测是个别、偶然经济现象，不完全和非对称信息、不能准确预测是多数、普遍经济现象；周期性变化是事物发展的结构特征；不确定条件下的决策依据是，研究对象未来一段时间变化趋势的可能性。财务指标评价方法是综合模糊评估法，对各项参数只作三年的预期，重点是最近一年的预测。主要评价指标有：

(1)盈利能力评价

①总资产报酬率，是企业一定时期息税前利润总额与平均资产总额的比率。其计算公式为：

$$总资产报酬率=\frac{息税前利润总额}{平均资产总额}\times 100\% \qquad (8\text{-}6\text{-}3)$$

总资产报酬率全面反映了企业全部资产的获利水平，企业所有者和债权人对该指标都非常关心。一般情况下，该指标越高，表明企业资产利用效益越好，整个企业获利能力越强，经营管理水平越高。该指标的参考指标是银行长期贷款利率。

②净资产收益率，是企业一定时期净利润与平均净资产总额的比率。其计算公式为：

$$净资产收益率=\frac{净利润}{平均净资产}\times 100\% \qquad (8\text{-}6\text{-}4)$$

该指标反映的是企业权益资本的收益水平，是企业资本运营的综合效益，是投资者最关心的指标。该指标的参考指标是银行长期贷款利率。

(2)成长性

成长性对企业价值具有重要的影响作用，其计算公式为：

$$增长率=(\frac{当期数值}{基期数值}-1)\times 100\% \qquad (8\text{-}6\text{-}5)$$

增长率有同比和环比之分，同比是两个相邻年份数量的比较，环比是两个相邻月份数量的比较。投资项目属于中长期投资，取同比增长率。一般预测三年的增长率，以作出趋势性判断。

反映投资项目增长率主要指标是销售收入增长率和营业利润增长率。销售收入增长率是衡量投资项目经营状况、市场占有能力和发展趋势的重要指标。不断增长的销售收入，是投资项目生存的基础和销售收入发展的条件。营业利润增长率反映投资项目效益水平发展趋势的重要指标。

(3)偿债能力

偿债能力是投资项目偿还各种到期债务的能力。债权人和投资者都十分重视偿债能力。偿债能力分为短期偿债能力和长期偿债能力。

①短期偿债能力分析

短期偿债能力是投资项目偿还短期债务的能力，评价短期偿债能力的主要财务指标是速动比率，其计算公式为：

$$速动比率=\frac{速动资产}{流动负债} \tag{8-6-6}$$

速动资产就是能够及时变现的资产，应根据投资项目具体情况灵活掌握，一般可用下式表示：

$$速动资产=流动资产-存货-预付账款-待摊费用 \tag{8-6-7}$$

理论上讲，速动比率大于1，投资项目没有短期经营风险。

②长期偿债能力分析

长期偿债能力是投资项目偿还长期负债的能力。评价投资项目偿还长期负债的能力的主要财务指标是负债比率，又称资产负债率，是企业负债总额对资产总额的比率。它表明企业资产总额中债权人提供资金所占的比重以及企业资产对债权人权益的保障程度。其计算公式是：

$$负债比率=\frac{负债平均总额}{资产平均总额} \tag{8-6-8}$$

负债比率越小，表明企业的长期偿债能力越强，也表明企业对债权人资金的利用程度越高。企业资产负债率过高，债权人的权益就存在更大风险，如果资产负债率超过1，则表明企业资不抵债，有濒临倒闭的危险。从控制投资风险角度讲，要求"负债总额≤有效所有者权益"，即：

$$负债比率=\frac{负债总额}{有效资产总额}\leqslant 0.5 \tag{8-6-9}$$

项目财务指标评估方法采用第七章第五节"影响因素综合模糊分析方法"，评估模型见表8-6-5(说明见表8-2-2)。

表 8-6-5　　项目财务指标评估模型

<table>
<tr><th rowspan="3">序号</th><th rowspan="3">因素名称</th><th rowspan="3">小计</th><th rowspan="3">权重</th><th colspan="4">$x(t)$</th><th colspan="4">dx/dt</th><th colspan="4">d^2x/dt^2</th></tr>
<tr><th rowspan="2">权重</th><th rowspan="2">隶属度</th><th colspan="2">灰度</th><th rowspan="2">权重</th><th rowspan="2">隶属度</th><th colspan="2">灰度</th><th rowspan="2">权重</th><th rowspan="2">隶属度</th><th colspan="2">灰度</th></tr>
<tr><th>G_1</th><th>G_2</th><th>G_1</th><th>G_2</th><th>G_1</th><th>G_2</th></tr>
<tr><td>A</td><td>B</td><td>C</td><td>D</td><td>E</td><td>F</td><td>G</td><td>H</td><td>I</td><td>J</td><td>K</td><td>L</td><td>M</td><td>N</td><td>O</td><td>P</td></tr>
<tr><td>一</td><td>盈利能力</td><td></td><td></td><td></td><td></td><td></td><td></td><td></td><td></td><td></td><td></td><td></td><td></td><td></td><td></td></tr>
<tr><td>1</td><td>总资产报酬率</td><td></td><td></td><td></td><td></td><td></td><td></td><td></td><td></td><td></td><td></td><td></td><td></td><td></td><td></td></tr>
<tr><td>2</td><td>净资产收益率</td><td></td><td></td><td></td><td></td><td></td><td></td><td></td><td></td><td></td><td></td><td></td><td></td><td></td><td></td></tr>
</table>

续表

二	成长性														
1	销售收入增长率														
2	营业利润增长率														
三	偿债能力														
1	速动比														
2	负债比率														
四	综合评估结论														

五、发展规划、产业政策和行业准入评价

发展规划、产业政策和行业准入标准等，是加强和改善宏观调控的重要手段，是核准企业投资项目的重要依据。

在发展规划方面，根据国民经济和社会发展总体规划、区域规划、城市总体规划、城镇体系规划、行业发展规划等各类规划，结合投资项目密切相关的内容，评价项目是否符合相关规划的要求、项目建设目标与规划内容是否衔接和协调等进行分析论证。

在产业政策方面，根据投资项目相关的产业结构调整、产业发展方向、产业空间布局、产业技术政策等内容，评价项目的工程技术方案、产品方案等是否符合有关产业政策、法律法规的要求。

在行业准入方面，根据投资项目相关的行业准入政策、准入标准等内容，评价项目建设单位和拟建项目是否符合相关规定。

评估方法采用第七章第五节“影响因素综合模糊分析方法”，评估模型见表8-6-6(说明见表8-3-7)。

表 8-6-6 发展规划、产业政策和行业准入评估模型

序号	因素名称	小计	$x(t)$			
			权重	隶属度	灰度	
					G_1	G_2
A	B	C	E	F	G	H
1	发展规划		1		1	1
2	产业政策		1		1	1
3	行业准入		1		1	1
4	综合评估结论					

六、投资项目资源利用评估

由于资源的稀缺性及分布的不均衡性，合理开发并有效利用资源，是贯彻落实科学发展观的重要内容。要从建设节约型社会、发展循环经济等角度，对资源开发、利用的合理性和有效性进行分析论证。评价主要内容是：

1.资源开发方案

对于资源开发类项目，包括对金属矿、煤矿、石油天然气矿、建材矿以及水(力)、森林等资源的开发，根据拟开发资源的可开发量、自然品质、赋存条件、开发价值等，评价项目建设方案是否符合有关资源开发利用的可持续发展战略要求，是否符合保护资源环境的政策规定，是否符合资源开发总体规划及综合利用的相关要求，拟采用的开采设备和技术方案是否符合提高资源开发利用效率的要求，是否符合促进相关产业发展的政策要求，是否符合对资源储量和品质的勘探深度的要求。

2.资源利用方案

需要占用重要资源的投资项目，对占用的重要资源品种、数量及来源情况，多金属、多用途化学元素共生矿、伴生矿以及油气混合矿等的资源综合利用方案，通过单位生产能力主要资源消耗量、资源循环再生利用率等指标的国内外先进水平对比分析，评价拟建项目资源利用效率的先进性和合理性，资源综合利用方案是否符合发展循环经济、建设节约型社会的要求，资源利用是否会对地表(下)水等其他资源造成不利影响。

3.资源节约措施

在分析项目方案中作为原材料的各类金属矿、非金属矿及水资源节约的主要措施方案基础上，依据拟建项目的资源消耗指标，评价拟建项目方案是否符合

资源节约综合利用政策及相关专项规划的要求，提高资源利用效率、降低资源消耗等方面的主要措施是否有效。

4.投资项目资源利用评估方法

采用第七章第五节“影响因素综合模糊分析方法”，评估模型见表 8-6-7（说明见表 8-3-7）。

表 8-6-7　投资项目资源利用评估模型

序　号	因素名称	小计	$x(t)$			
			权重	隶属度	灰度	
					G_1	G_2
A	B	C	E	F	G	H
一	资源开发					
1	可持续发展		1		1	1
2	保护资源环境		1		1	1
3	规划及综合利用		1		1	1
4	设备和技术		1		1	1
5	相关产业发展		1		1	1
6	勘探深度		1		1	1
二	资源利用					
1	资源利用效率		1		1	1
2	发展循环经济		1		1	1
3	地表(下)水影响		1		1	1
三	资源节约措施					
1	措施的合规性		1		1	1
2	措施的有效性		1		1	1
四	综合评估结论					

七、节能方案评估

能源是制约我国经济社会发展的重要因素。解决能源问题的根本出路是坚持开发与节约并举、节约优先的方针，大力推进节能降耗，提高能源利用效率。因此，投资项目节能方案必须符合国家的有关法规和规定。

1. 用能标准和节能规范的评价

依据项目所属行业及地区对节能降耗的相关规定、国家和地方有关合理用能标准以及节能设计规范。评价所采用的标准及规范是否充分考虑到行业及项目所在地区的特殊要求，是否全面和适宜。

2. 能耗状况和能耗指标的评价

依据项目所在地的能源供应状况，项目方案所采用的工艺技术、设备方案和工程方案对各类能源的消耗种类和数量，评价项目是否按照规范标准进行设计。根据项目特点、单位产品产量能耗、万元产值能耗、单位建筑面积能耗、主要工序能耗等指标，并与国际国内先进水平进行对比分析，评价项目是否符合国家规定的能耗准入标准。

3. 节能措施和节能效果的评估

根据国家有关节能工程实施方案及其他相关政策法规要求，评价项目方案在节能降耗方面存在的主要障碍，在优化能源结构，满足相关技术政策、设计标准及产业政策等方面所采取的节能降耗具体措施，以及节能效果。

投资项目节能方案评估方法采用第七章第五节“影响因素综合模糊分析方法”，评估模型见表 8-6-8(说明见表 8-3-7)。

表 8-6-8 投资项目节能方案评估模型

序号	因素名称	小计	$x(t)$			
			权重	隶属度	灰度	
					G_1	G_2
A	B	C	E	F	G	H
一	用能标准和规范		1		1	1
二	能耗指标					
1	规范标准的设计		1		1	1
2	合规的能耗标准		1		1	1
三	节能措施					
1	主要障碍		1		1	1
2	节能措施有效性		1		1	1
四	综合评估结论					

八、建设用地、征地拆迁及移民安置评价

土地是极其宝贵的稀缺资源，节约土地是我国的基本国策。项目选址和土地利用应严格贯彻国家有关土地管理的法律法规，切实做到依法、科学、合理、节约用地。因项目建设而导致的征地拆迁和移民安置人口，是项目建设中易受损害的社会群体。为有效使用土地资源，保障受征地拆迁影响的公众利益，对项目建设用地、征地拆迁及移民安置规划方案，进行以下评价：

1.项目选址

根据项目建设地点、场址土地权属类别、占地面积、土地利用状况、占用耕地情况、取得土地方式等内容，对项目是否会对相关方面造成不利影响、是否压覆矿床和文物、是否影响防洪和排涝、是否影响通航、是否影响军事设施安全等，作出评价。

2.土地利用合理性

对项目建设用地是否符合土地利用规划要求，占地规模是否合理，是否符合保护耕地的要求，耕地占用补充方案是否可行，是否符合因地制宜、集约用地、少占耕地、减少拆迁移民的原则，是否符合有关土地管理的政策法规的要求等，作出评价。

3.征地拆迁及移民安置

如果因项目建设用地需要进行征地拆迁，则根据项目建设方案和土地利用方案，对征地拆迁和移民安置规划方案内容，作出评价。

(1)征地拆迁和移民安置规划方案提出的主要依据。

(2)项目影响人口和实物指标的合理性。

(3)移民生产安置、搬迁安置、收入恢复和就业重建规划方案的可行性。

(4)征地拆迁和移民安置补偿费用编制依据的合规性。

(5)地方政府对移民安置规划、补偿标准的认同度。

4.通过“建设用地预审申请”的可能性

5.评价方法

采用第七章第五节“影响因素综合模糊分析方法”，评估模型见表8-6-9(说明见表8-3-7)。

表 8-6-9 建设用地、征地拆迁及移民安置评价模型

序号	因素名称	小计	$x(t)$			
			权重	隶属度	灰度	
					G_1	G_2
A	B	C	E	F	G	H
一	项目选址		1		1	1
1	矿床和文物		1		1	1
2	防洪和排涝		1		1	1
3	通航		1		1	1
4	军事设施		1		1	1
二	土地利用		1		1	1
1	土地利用规划		1		1	1
2	占地规模		1		1	1
3	耕地保护		1		1	1
4	耕地补充方案		1		1	1
三	拆迁及移民安置					
1	方案依据		1		1	1
2	实物指标合理性		1		1	1
3	安置方案可行性		1		1	1
4	补偿费合规性		1		1	1
5	地方政府认同度		1		1	1
四	通过“预审申请”可能性		1		1	1
五	综合评估结论					

九、环境和生态影响评价

为保护生态环境和自然文化遗产，维护公共利益，对于可能对环境产生重要影响的企业投资项目，应从防治污染、保护生态环境等角度进行环境和生态影响的分析评价，确保生态环境和自然文化遗产在项目建设和运营过程中得到有效保护，并避免出现由于项目建设实施而引发的地质灾害等问题。

拟建项目的环境和生态影响评价的依据是，项目场址的自然环境条件、现有

污染物情况、生态环境条件、特殊环境条件及环境容量状况等基本情况。环境和生态影响评价的主要项目是:

1. 生态环境影响评价

根据项目在工程建设和投入运营过程中,对环境可能产生的破坏因素及对环境的影响程度,包括废气、废水、固体废弃物、噪声、粉尘和其他废弃物的排放数量,水土流失情况,对地形、地貌、植被及整个流域和区域环境及生态系统的综合影响等,评价项目是否对区域的生态环境产生不利影响。

2. 生态环境保护措施评价

按照国家有关环境保护、水土保持的政策法规要求,从减少污染排放、防止水土流失、强化污染治理、促进清洁生产、保持生态环境可持续能力的角度,评价环境影响治理和水土保持方案的工程可行性和治理效果。具体内容是,所采用的技术和设备是否满足先进性、适用性、可靠性等要求,环境治理方案是否符合发展循环经济的要求,污染治理效果是否满足达标排放的有关要求,水土保持方案的可行性和治理效果。

3. 地质灾害影响评价。对于建设在地质灾害易发区内或可能诱发地质灾害的项目,结合工程技术方案及场址布局情况,根据国家有关规定和建设项目地质灾害及地震安全评价文件,分析项目建设诱发地质灾害的可能性及规避对策。通过工程实施可能诱发的地质灾害分析,评价项目实施可能导致公共安全问题,是否会对项目建设地的公众利益产生重大不利影响。

4. 特殊环境影响评价

对于历史文化遗产、自然遗产、风景名胜和自然景观等特殊环境,评价项目建设是否可能产生的影响,以及保护措施可行性和效果。

5. 通过“环境保护行政主管部门环境影响评价审批”的可能性

6. 评价方法

采用第七章第五节“影响因素综合模糊分析方法”,评估模型见表 8-6-10(说明见表 8-3-7)。

表 8-6-10　　环境和生态影响评价模型

序号	因素名称	小计	$x(t)$			
			权重	隶属度	灰度	
					G_1	G_2
A	B	C	E	F	G	H
一	生态环境影响		1		1	1

续表

1	废弃物排放量	1		1	1
2	水土流失情况	1		1	1
3	区域环境	1		1	1
二	环境保护措施	1		1	1
1	技术设备合规性	1		1	1
2	符合循环经济	1		1	1
3	污染治理效果	1		1	1
4	水土保持效果	1		1	1
三	地质灾害影响				
1	公共安全性	1		1	1
2	公众利益性	1		1	1
四	特殊环境影响	1		1	1
五	通过“环保审批”的可能性	1		1	1
六	综合评估结论				

十、国家经济安全评价

对于涉及国家经济安全的重大项目，从维护国家利益、保证国家产业发展及经济运行免受侵害的角度，结合资源、技术、资金、市场等方面的分析，进行投资项目的经济安全评价。内容包括：

1.产业技术安全

评价项目采用的关键技术是否受制于人，是否拥有自主知识产权，在技术壁垒方面的风险等。

2.资源供应安全

根据项目所需要的重要资源来源，评价该资源受国际市场供求格局和价格变化的影响程度，以及现有垄断格局、运输线路安全保障等。

3.资本控制安全

根据项目的股权控制结构，中方资本对关键产业的资本控制能力，评价是否存在外资的不适当进入，可能造成的垄断、不正当竞争等风险。

4.产业成长安全

结合我国相关产业发展现状，评价项目是否有利于推动国家相关产业成长、提升国际竞争力、规避产业成长风险。

5. 市场环境安全

根据国外为了保护本地市场，采用反倾销等贸易救济措施和知识产权保护、技术性贸易壁垒等手段，评价对项目相关产业发展设置障碍的程度，及国际市场对相关产业生存环境的影响。

6. 评价方法

采用第七章第五节“影响因素综合模糊分析方法”，评估模型见表 8-6-11（说明见表 8-3-7）。

表 8-6-11 国家经济安全评价模型

序号	因素名称	小计	$x(t)$			
			权重	隶属度	灰度	
					G_1	G_2
A	B	C	E	F	G	H
1	产业技术安全		1		1	1
2	资源供应安全		1		1	1
3	资本控制安全		1		1	1
4	产业成长安全		1		1	1
5	市场环境安全		1		1	1
6	综合评估结论					

十一、项目的经济与社会评价

任何建设项目都是在一定的社会环境条件下组织实施的，并会带来各种各样的社会影响。项目的经济与社会评价是市场经济体制下，政府对建设项目的外部经济性和外部不经济性进行分析评价的重要内容，是政府审批或核准项目的重要依据。在投资决策阶段，决策者通过项目的社会和经济评价，减少社会矛盾，避免社会风险，促进当地经济社会发展，为项目的顺利实施，创造有利的社会条件。

1. 项目对区域经济社会的影响

项目对区域经济社会的影响包括以下几个方面：

(1)对区域经济发展的影响

项目对区域经济发展的影响效果，从以下方面进行评价：

①评价项目实施对促进和保障当地经济有序高效运行和可持续发展的贡献。

②评价项目实施对区域资源开发和有效利用,优化区域资源配置的贡献。

③评价项目实施对区域经济增长的贡献。

④评价项目实施对区域物价引起的负面效应。

(2)对区域产业布局的影响

项目对优化区域经济结构及产业布局的影响,从以下方面进行评价:

①评价项目与区域发展战略和国家中长期发展规划的关联性及适应性。

②评价项目对区域技术进步及主要新兴产业的贡献。

③评价项目对产业聚集效应的影响。

④评价项目对城市化及经济发展空间布局的影响。

⑤评价项目对改善经济瓶颈和发展空间区位优势的贡献。

(3)对区域财政状况的影响

项目对区域财政状况的影响,从以下方面进行评价:

①当地财政对项目的投入状况。

②项目对当地财政收入的贡献。

③项目实施对区域财政收支状况的影响。

(4)对当地社会的影响

项目对当地社会的影响,从以下方面进行评价:

①项目对当地就业机会的贡献。

②项目对当地居民生活质量的贡献。

③项目对当地贫困人口的影响。

④项目产生新生相对贫困阶层及直接或隐性失业等负面影响的可能性。

⑤项目与当地社会环境的相互适应性。

⑥项目可能引发各种社会冲突和风险的可能性。

2.建设项目经济分析的主要方法

(1)经济费用效益分析法简介

费用效益分析法(CBA)是建设项目经济分析的核心方法,一般通过编制经济效益费用流量表,计算经济内部收益率和经济净现值等指标,分析项目的经济盈利能力。

经济费用效益流量表是费用效益分析法的基础。编制经济费用效益流量表的基本原则是:

①对于项目的各种投入物,按机会成本计算其经济价值。

②识别项目产物可能带来的各种影响效果。

③对于具有市场价格的产出物，以市场价格为基础计算其经济价值。

④对于没有市场价格或存在市场价格扭曲的产出效果，按照支付意愿及接受补偿意愿的原则计算其经济价值。

⑤对于难以进行货币量化的产出效果，进行定性描述。

项目投资经济费用效益流量表格式见表 8-6-12。

表 8-6-12　　项目投资经济费用效益流量表

序　号	项　目	合　计	计算期					
			1	2	3	4	…	n
一	效益流量							
1	项目直接效益							
2	资产余值回收							
3	项目间接效益							
二	费用流量							
1	初始建设投资							
2	期间维持运营投资							
3	流动资金							
4	经营费用							
5	项目间接费用							
三	经济效益流量（一减二）							
	计算指标： 经济内部收益率（%） 经济净现值（i_s%）							

(2)项目经济分析的主要指标

①经济净现值

经济净现值（$ENPV$）是建设项目按照社会折现率将计算期内各年的经济净效益流量折现到建设期初的现值之和，是经济分析的主要评价指标。计算公式为：

$$ENPV = \sum_{t=1}^{n} (B-C)_t (1+i_s)^{-t} \tag{8-6-10}$$

式中，B 为建设项目经济效益流量；C 为建设项目经济费用流量；$(B-C)_t$ 为建

设项目第 t 年的经济净效益流量；i_s 为社会折现率；n 为项目计算期。

在经济分析中，如果经济净现值等于或大于零，说明建设项目可以达到符合社会折现率要求的效率水平，认为该项目从经济资源配置的角度可以被接受。

2. 经济内部收益率

经济内部效益率（EIRR）是建设项目在计算期内经济净效益流量的现值累计等于零时的折现率，是经济分析的重要评价指标之一。计算公式为：

$$\sum_{t=1}^{n}(B-C)_t(1+EIRR)^{-t}=0 \tag{8-6-11}$$

如果经济内部收益率等于或者大于社会折现率，表明建设项目资源配置的经济效益率达到了可以被接受的水平。

该方法的主要特点是，将建设项目在计算期内的“所得”与“所费”进行货币量化分析，且考虑了资金的时间价值。其存在问题是：第一，建设项目的外部经济性和外部不经济性难于准确度量；第二，“机会成本”、“支付意愿”及“接受补偿意愿”只是经济学的一个理念，现实经济中难于准确度量；第三，项目计算期内，各年的经济净效益流量难于准确预测。因此，对费用效益分析法的评价是理念很好，实践可操作性较差。

3. 评价方法

采用第七章第五节“影响因素综合模糊分析方法”，评估模型见表 8-6-13（说明见表 8-2-2）。

表 8-6-13　　行业经济特点评估模型

序号	因素名称	小计	权重	$x(t)$				dx/dt				d^2x/dt^2			
				权重	隶属度	灰度		权重	隶属度	灰度		权重	隶属度	灰度	
						G_1	G_2			G_1	G_2			G_1	G_2
A	B	C	D	E	F	G	H	I	J	K	L	M	N	O	P
一	区域经济														
1	区域经济可持续性														
2	区域资源开发														
3	区域经济增长贡献														
4	区域物价效应														

续表

二	区域产业布局													
1	与区域发展战略的适应性													
2	对区域科技进步的贡献													
3	产业聚集效应贡献													
4	空间区位优势贡献													
三	区域财政状况													
1	财政投入状况													
2	财政收入贡献													
3	财政收支状况													
四	当地社会影响													
1	就业机会贡献													
2	居民生活质量贡献													
3	贫困人口的影响													
4	产生新生相对贫困阶层可能性													
5	社会环境适应性													
6	引发社会风险可能性													
五	综合评估结论													

十二、投资项目方案比选

投资项目方案比选是项目评估的重要内容，目的是选择较优方案。投资机会评估是投资项目方案的基础，换言之，只有通过投资机会评估的项目，才可以进行投资项目方案比选。投资机会评估重点是对行业及竞争环境的评估。投资项目方案比选的重点是投资项目方案实施可能性评估。相同项目方案不同的投资主体，投资的效果不同。因此，投资主体，即企业资源和竞争能力评估是投资项目方案比选不可不察的因素，只有与投资主体资源和竞争能力相匹配的项目方案才是好的项目方案。这是投资项目方案比选与投资机会评估根本不同之处。

投资项目方案比选评估方法采用第七章第五节“综合模糊决策方法”和“影响因素综合模糊分析方法”，评估模型见表 8-6-14。说明如下：

(1)设投资项目方案为 $Y(t)$ ，其影响因素之内因为 $X_N(t)$，外因为 $X_W(t)$，则 $Y(t)$可表示为：

$$Y(t)=f[X_N(t),X_W(t)]=f(t) \tag{8-6-12}$$

按式(7-5-2)、(7-5-3)定义，内因和外因所有因素按照重要性程度分为三个等级(类或集合)。内因第一、第二、第三重要等级因素，分别用 $x_1(t)$、$x_2(t)$、$x_3(t)$表示；外因第一、第二、第三重要等级因素，分别用 $x_4(t)$、$x_5(t)$、$x_6(t)$表示。则有：

$$X_N(t)=x_1(t)+x_2(t)+x_3(t) \tag{8-6-13}$$

$$X_W(t)=x_4(t)+x_5(t)+x_6(t) \tag{8-6-14}$$

结合投资项目方案比选特点，依据第七章第五节“影响因素综合模糊分析方法”，再作如下定义：

$x_1(t)$：企业资源和竞争能力评估。

$x_2(t)$：项目方案评估。

$x_3(t)$：投资估算与融资方案。

$$x_4(t)=x_{41}+x_{42}+x_{43}+x_{44}+x_{45}+x_{46} \tag{8-6-15}$$

x_{41}：发展规划、产业政策和行业准入评价；x_{42}：建设用地、征地拆迁及移民安置评价；x_{43}：项目资源利用评价；x_{44}：节能方案评价；x_{45}：环境和生态影响评价；x_{46}：国家经济安全评价。

$x_5(t)$：项目财务评价。

$x_6(t)$：项目的经济与社会评价。

(2)D 项是各个影响因素或“次一级子因素”综合模糊评估结论。

(3)C 项是综合评估时各个因素重要性权重，λ_i 是式(8 6-13)、(8-6-14)中各个因素重要性权重，依据式(7-5-5)、(7-5-6)规则，结合实际情况取值。由于 $x_4(t)$ 所属各项具有否决性，结合表 8-6-14 逻辑结构，定义：

$$\lambda_4=1 \tag{8-6-16}$$

$$\lambda_1+\lambda_2+\lambda_3+\lambda_5+\lambda_6=1 \tag{8-6-17}$$

w_{ik} 是次一级因素 $x_{ik}(i=1,2,\cdots,6;k=1,2,\cdots,n)$ 重要性权重，由式(7-5-12)、(7-5-13)和(7-5-14)共同决定。本案例中，表 8-6-14 逻辑结构是：

$$\lambda_4=\prod_{k=1}^{6}w_{4k}=1 \tag{8-6-18}$$

(4) 表 8-6-14 中，“小计”项由表 8-6-14 逻辑结构可得：

$$\mu\left[\frac{\mathrm{d}x_4(t+\Delta t)}{\mathrm{d}t}\right]=\prod_{k=1}^{6}\mu\left[\frac{\mathrm{d}x_{4k}(t+\Delta t)}{\mathrm{d}t}\right] \tag{8-6-19}$$

(5)表 8-6-14 中，第七行 C 项是投资项目方案综合评估结论，其实质即式(7-5-4)式。本案例中，结合表 8-6-14 逻辑结构，其具体形式是：

$$\mu\left[\frac{\mathrm{d}Y(t+\Delta t)}{\mathrm{d}t}\right]=\sum_{i=1}^{6}\lambda_i\cdot\mu\left[\frac{\mathrm{d}x_i(t+\Delta t)}{\mathrm{d}t}\right]-1 \tag{8-6-20}$$

根据模糊数学隶属度定义，投资项目方案比选标准是备选方案中隶属度最大者。如果备选方案 $i=1,2,\cdots,m$ 中，j 是入选方案，需同时满足以下两个条件：

$$\mu\left[\frac{\mathrm{d}Y_j(t+\Delta t)}{\mathrm{d}t}\right]>0.5 \tag{8-6-21}$$

$$\mu\left[\frac{\mathrm{d}Y_j(t+\Delta t)}{\mathrm{d}t}\right]=\max\{\mu\left[\frac{\mathrm{d}Y_i(t+\Delta t)}{\mathrm{d}t}\right]\mid i=1,2,\cdots,m\} \tag{8-6-22}$$

表 8-6-14　　投资项目方案比选模型

序号	要素名称	权重	因素评估结论 $\mu\left[\frac{\mathrm{d}x_{ik}(t+\Delta t)}{\mathrm{d}t}\right]$	备注
A	B	C	D	E
一	$x_1(t)$：企业资源和竞争能力评估	λ_1	表 8-2-2	
二	$x_2(t)$：项目方案评估	λ_2	表 8-6-1	
三	$x_3(t)$：投资估算与融资方案评估	λ_2	表 8-6-2	
四	$x_4(t)$	λ_4		

续表

1	发展规划、产业政策和行业准入评价	w_{41}	表 8-6-6	
2	建设用地、征地拆迁及移民安置评价	w_{42}	表 8-6-9	
3	项目资源利用评价	w_{43}	表 8-6-7	
4	节能方案评价	w_{44}	表 8-6-8	
5	环境和生态影响评价	w_{45}	表 8-6-10	
6	国家经济安全评价	w_{46}	表 8-6-11	
7	小计			
五	$x_5(t)$:项目财务评价	λ_5	表 8-6-5	
六	$x_6(t)$:项目的经济与社会评价	λ_6	表 8-6-13	
七	综合评估结论			

第九章 综合模糊并购决策方法

企业并购的本质是对企业产权的交易,是对企业股权的投资。企业并购相对于项目投资来讲,可使投资者更快进入目标市场。从世界各国来看,生产能力多数是过剩,我国也是如此。在这种情况下,通过项目投资增加生产能力,必然会造成生产能力的进一步过剩。并购本身并不增加全社会生产力,只是社会资源的重新配置。研究发现,世界上大公司绝大多数是通过某种程度某种方式的兼并而成长起来的,几乎没有一家大公司主要是靠内部扩张成长起来的。20 世纪 90 年代以来,经济全球化浪潮的一个突出特点是跨国并购迅猛增长。在全球市场中谋求生存和发展已经成为跨国并购的动力所在,并购重组已成为企业融入国际市场、扩大规模经济效益从而提高国际竞争力的重要方式。

并购包括三个阶段:并购战略的选择、并购评估与实施、并购后整合。在这三个阶段中,虽然并购后的整合是并购能否成功的关键,但并购战略的选择和评估却是并购能否成功的基础,只有进行了正确的并购战略定位并选择了适宜的并购目标,才会引导企业走上成功的并购之路。下面重点介绍并购战略的选择、并购评估。

第一节 概 述

一、企业并购的概念

并购是兼并与收购的两个概念的结合①,通常被称为"Merger and Acquisition",缩写为"M&A",见图 9-1-1。

---

① 参见[美]弗雷德·威斯通等《兼并、重组与公司控制》,唐旭等译,经济科学出版社 1998 年版,第 1~3 页。

兼并是指并购企业以现金、股票、股权、承担债务等形式，将被并购企业并入本方企业，被并购企业法人资格消失。

收购则是指，一个企业通过某种方式购买另一个企业的股权或资产，以获得对该企业的控制权的行为。收购可分为股权收购（Stock Acquisition）和资产收购（Asset Acquisition）两种类型。股权收购是指某一公司通过一定方式购买另一家公司一定比例的股权，从而取得该公司控制权的一种产权交易行为。资产收购是指一家企业通过一定方式购买另一家企业的资产或设备，属于企业间资产所有权交易行为。

兼并与收购的主要区别在于：①前者是一个企业归并到另一企业，另一企业继续存在；而后者中，两企业仍继续存在，只是一方对另一方居于控制地位而已。②兼并后，并购企业成为被并购企业新的所有者和债权债务的承担者，是资产、债务、债权的一同转换；而在收购中，收购企业是被收购企业的新股东，以收购出资的股本为限来承担被收购企业的风险。

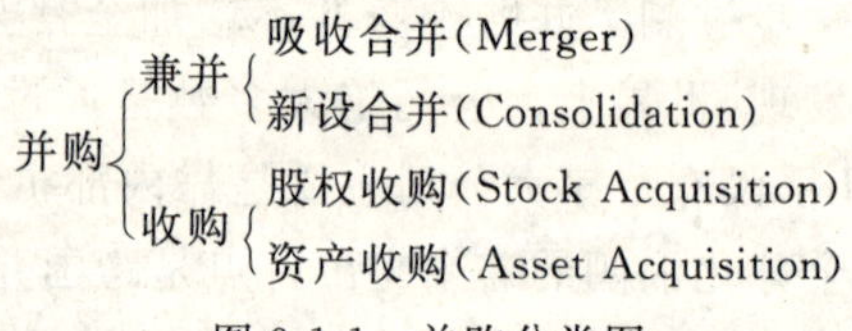

图 9-1-1　并购分类图

我国《公司法》有关定义是："公司合并可以采取吸收合并或者新设合并。一个公司吸收其他公司为吸收合并，被吸收的公司解散。两个以上公司合并设立一个新的公司为新设合并，合并各方解散。"（第 173 条）第 175 条又规定："公司合并时，合并各方的债权、债务，应当由合并后存续的公司或者新设的公司承继。"

我国《证券法》关于"上市公司的收购"有关规定是：

第八十五条　投资者可以采取要约收购、协议收购及其他合法方式收购上市公司。

第八十八条　通过证券交易所的证券交易，投资者持有或者通过协议、其他安排与他人共同持有一个上市公司已发行的股份达到百分之三十时，继续进行收购的，应当依法向该上市公司所有股东发出收购上市公司全部或者部分股份的要约。

第九十四条　采取协议收购方式的，收购人可以依照法律、行政法规的规定同被收购公司的股东以协议方式进行股份转让。

第九十六条　采取协议收购方式的，收购人收购或者通过协议、其他安排与他人共同收购一个上市公司已发行的股份达到百分之三十时，继续进行收购的，应当向该上市公司所有股东发出收购上市公司全部或者部分股份的要约。但是，经国务院证券监督管理机构免除发出要约的除外。

第九十七条 收购期限届满，被收购公司股权分布不符合上市条件的，该上市公司的股票应当由证券交易所依法终止上市交易；其余仍持有被收购公司股票的股东，有权向收购人以收购要约的同等条件出售其股票，收购人应当收购。

收购行为完成后，被收购公司不再具备股份有限公司条件的，应当依法变更企业形式。

第九十九条 收购行为完成后，收购人与被收购公司合并，并将该公司解散的，被解散公司的原有股票由收购人依法更换。

综上可见，并购是企业通过各种手段获取其他企业的部分或全部产权，从而取得对该企业控制以达到组织重构和扩张目的的一种投资行为。获得被并购企业的全部或部分产权是表现形式，对被并购企业的控制并实现组织重构和扩张是并购的目的，产权交易是并购的本质。

并购发生后，并购企业和被并购企业都有质的变化。并购后的并购企业定义为"新设企业"。

二、并购的类型

企业并购作为企业规模扩大的重要手段，按照不同的划分标准可以分为多种类型。①

1. 按照并购双方的产业联系划分

并购可以分为横向并购、纵向并购和混合并购。

横向并购，是指发生在为同一市场生产相同产品的企业之间的兼并行为。横向购并能够通过企业之间的资源整合，较快地降低单位产品成本，扩大市场份额，减少同行之间的竞争，提高规模效益和市场占有率。

纵向并购，是指处于同一产品不同生产阶段的企业之间的并购。当被并购企业为并购企业的供应商时，称为前向一体化，如果被并购企业为其产品的使用者，则称为后向一体化。纵向并购主要集中于加工制造业和与此相关的原材料、运输、贸易企业。

混合并购，是指为了经营多元化和市场份额而发生的横向与纵向相结合的并购行为。混合并购又有三种形态：产品扩张型并购，指相关产品市场企业间的

---

① 参见[美]弗雷德·威斯通等《兼并、重组与公司控制》，唐旭等译，经济科学出版社 1998 年版，第 75 页。

并购，其直接后果是扩大了企业的产品线；市场扩张型并购，是一个企业为扩大其竞争地盘而对它尚未渗透的地区的生产同类产品的企业进行并购；纯粹并购，是那些生产和经营彼此间毫无联系的产品或服务的若干企业的并购。

2. 按照并购所采用的形式划分

并购可分为协议收购、公开要约收购以及两者相结合的方式。

协议收购，即并购双方通过谈判私下确定股权转让的定价、支付方式等事项来完成收购。协议收购是场外交易，通常是善意的，交易价格确定对双方都比较合理，有利于降低收购成本。由于收购过程中，双方就各种利益问题达成一致，有利于收购后企业的机构重组与整合。

公开要约收购，即收购者公开向被收购者的全体股东发出收购要约，以一定价格（现金或换股比例）购买其手中持有的被收购企业的股份。要约收购通常面向流通股股东，收购方要付出较高的溢价，因此一般成本较高。

3. 按照并购的支付方式划分

并购可分为现金收购、承债式收购、换股收购和混合支付收购。

现金收购，是指向被收购企业股东支付现金获得被收购企业全部或大部分的资产或股权，从而拥有对该企业的实际控制权。按资金来源又可分为自有资金收购和杠杆收购（LBO）。

承债式并购，是指收购企业通过担保形式或直接承担债务的形式获取被收购企业资产或股权，从而获取被收购企业的控制权。

换股收购，是指收购企业向被收购企业股东发行股票，按一定比例换取被收购企业股东股权的方式，实现对被并购企业的控制。

三、并购发展过程

资本主义从19世纪末开始资本积累，然后逐步工业化，发展到自由竞争阶段再到垄断阶段。这一过程中企业并购始终扮演着重要的角色，促进了西方国家生产力的快速发展。学界将西方国家并购历史划分为五个阶段。现以美国企业为例，简要回顾历次并购过程，为未来并购决策提供有益的借鉴。①

1. 第一次并购运动（横向并购为主）

美国第一次并购运动发生在19世纪末至20世纪初，高峰时期是1895～1904年，其间发生了大约2943起并购，平均每年大约368起，这次并购运动促成了现代工业结构的建立，对于美国经济乃至世界经济发展具有重要意义。

第一次并购浪潮涉及美国所有行业，而金属、食品、石化、化工、交通设备、金

① 参见万益迁《企业并购机理分析以及基于管理动机的并购绩效检验》，山东大学硕士论文，2007年。

属制造、机械、煤炭等八个行业占了所有并购的2/3。这次并购主要发生在同行业之间,以横向并购为主,特点是发生前企业规模小,数量多,资本实力弱;并购时遇到的阻力小,竞争不强;并购后每个行业内部形成了有垄断能力的大企业(见表9-1-1),如美国烟草公司、杜邦公司等。英国在这一时期也形成了最大的水泥企业——波特兰水泥公司,以及最大的日用品化学企业——利华兄弟公司。

表9-1-1 美国第一次并购浪潮后主要大公司的形成

部门	公司	并购发生年份	并购企业数目	被并购产量占总产量比例(%)
汽车	通用汽车	1908～1910	25	
钢铁	美国钢铁	1901	8	60
电器	美国电器	1900～1903	8	90
烟草	美国烟草	1890～1904	150	90
橡胶	美国橡胶	1892	12	50
石油	美孚石油	1880	400	84
糖业	美国炼糖	1893	55	70～90

形成这次并购运动的动因,主要是扩大企业规模,提高市场占有率,实现规模效益,抵御经济危机的风险。当时经济衰退,众多企业业绩不佳,行业内有大量规模小而缺乏效率的企业,此时需要大资本采用先进的机器设备和技术,提高劳动生产率,降低产品成本,提高产品质量,这是单靠企业内部的资本积累无法实现的。并购是大资本为适应资本集中、技术进步要求的必然产物。并购目的还体现在:一方面,生产规模的扩大和新技术的采用,有利于企业达到最佳生产规模,取得规模经济效益;另一方面,产生垄断组织,可以凭借垄断地位攫取超额垄断利润。

2.第二次并购运动(纵向并购为主)

与第一次并购运动相似,第二次并购运动也始于1922年商业活动的上升阶段,而终结于1929年严重的经济衰退初期。第二次并购运动,无论从数量还是从规模上都大大超过了第一次。高峰期平均每年并购达到846起,是第一次的两倍多。根据Earl W. Kintner的报告,美国1921～1933年并购涉及的资产达到130亿美元,占国家全部制造业资产的17.5%。1914～1929年间,美国制造业中产值在100万美元以上的大公司增加了20%,它们占总产值的比重由48.7%上升到69.2%,垄断能力得到进一步的加强。

这次并购运动的特点是纵向并购。高潮时期有85%的并购进行了产业价值链及其各个环节的结合。例如福特汽车公司，在第二次并购高潮中并购了大量的各类中小企业，形成了一个生产焦炭、生铁、钢材、铸件、锻造、汽车零部件、冰箱、皮革、玻璃、塑料、橡胶、滚珠轴承、发电机、蓄电池等有关汽车制造无所不包的生产统一体，还有自己的汽车销售网络及分销运输体系。

这次并购的动机是，把一部门的各个生产环节兼并在一个企业里，各种工序相互结合，连续作业，形成一个统一运行的联合体，减少中间流转环节中的运输费用和能量损耗。由于工业和管理技术的发展，以及上次浪潮中积累的经验，这次并购运动形成了众多庞大的联合企业，生产规模进一步扩大，劳动生产率进一步提高，市场垄断力大大增强，为企业带来巨大的经济利益。

3.第三次并购运动（混合并购为主）

第三次并购浪潮发生在发生于20世纪50年代，并于60年代后期形成高潮。1965～1969年是美国战后发展的"黄金时期"，仅1967～1969年间就发生了10858起并购。被并购公司的规模增大，虽然仅占并购数3.3%的被并购企业的资产存量总和，却占所有被并购企业资本存量的42.6%。

1950年《克莱顿法》的修改，加强了对横向并购和纵向并购的限制，使得这次运动几乎没有大的横向并购和纵向并购发生，而混合并购却迅速增长。并购双方分属没有技术联系的不同部门，而且出现了众多对大型企业的兼并。这些并购的主要动机表现为，寻找发展空间进行低成本扩张，减少经营风险。电子计算机、核能、合成材料、生物制药等新兴工业部门相继兴起，市场竞争日益加剧，企业经营风险日益加大，为了分散经营风险，进一步增强市场垄断力，企业实行多元化经营战略，导致了混合并购的产生。

4.第四次并购运动(以杠杆收购为特色)

第四次并购运动发生在20世纪80年代，这次并购在数量上并没有超过上一次，但是交易规模大大超过上次。上次高峰年1968年并购交易额为436亿美元，平均每起交易额为977万美元，而1988年的交易总额达到2469亿美元，平均每起1.09亿美元。这次并购的形式趋向多样化，对前三次企业并购形式综合利用，而且出现了大量的杠杆并购，利用"垃圾债券"等负债手段实现了"小鱼吃大鱼"。

这次并购的动机，一方面是由于上次运动的混合并购导致了众多无关联的混合企业，这些庞杂的混合企业管理效率低下，需要新的内部结构调整；另一方面是投机炒作的需要，有不少买卖企业的短线操作，对美国经济产生不少负面影响。

这次并购主要集中在服务业(如商业银行和投资银行、金融、保险、批发、零售、广播、医疗卫生行业等)以及自然资源领域。服务行业中企业的并购增多，反映了这些行业在美国经济中的重要性在不断增加。尤其是金融服务行业中，1976 年以来发生的并购占全部并购的 15%以上。

5. 第五次并购运动(以跨国并购为特色)

第五次并购运动主要发生于 20 世纪 90 年代，这次运动从数量上和规模上都超过以前各次，1996～2000 年共发生 40301 起并购，平均每年 8060 起。这次运动出现了大量的金融业并购和跨国并购。如 1998 年花旗银行与旅行者集团合并，新成立的企业拥有资产 6980 亿美元，客户超过 1 亿，业务遍及 100 多个国家；同年，德国戴姆勒—奔驰公司与美国第三大汽车制造商克莱斯勒公司宣布合并，组成了戴姆勒—克莱斯勒公司。

跨国公司的全球战略进一步促进了并购的发展，合并也主要采取强强联合的模式。产生这次并购运动的主要原因是美国经济持续增长，政府对垄断管制放松，再加上经济全球一体化进程加快，世界市场竞争加剧，为了实现生产要素在全球范围的优化配置，以提高竞争力，企业必须进行大规模并购。

随着中国经济的崛起，国内企业参与国际市场并购是必然结果。“TCL”、“联想”和“吉利”等企业，纷纷参与国际市场的并购。其结果如何，有待时间的检验。

四、并购效应检验

对于并购是否创造财富，国内外有大量的研究成果，但没有一致的结论。学界对并购绩效的研究，主要集中在并购的宏观效应和微观绩效两个方面。[①]

并购的宏观效应主要表现在：一是并购的垄断效应，并购将导致行业的完全或部分垄断，当然这要受到反垄断法的制约。二是并购的产业集聚效应，通过并购手段，被并购企业集中于某些产业，形成产业集聚的特征。三是并购的资源配置效应，并购在经济中主要发挥扩张和收缩两种作用，并引起现有资产的重新配置。四是并购的经济增长效应，有研究认为，美国在 20 世纪 70～90 年代经济发展的表现，得益于当时美国进行的并购运动，并购在一定程度上刺激了美国公司的创新意识，为 90 年代的良好发展势头奠定了基础。在对大型跨国并购的调查中发现，跨国并购对东道国经济的发展能够起到促进作用。

企业并购绩效一直是并购学术界关注的重点。对企业并购绩效的研究，主要集中在并购绩效评价方法和并购绩效影响因素的分析这两个方面。并购绩效评价方法主要有事件研究法和会计研究法；关于并购绩效影响因素的研究主要

---

① 参见文海涛《西方企业并购绩效理论研究评述》，载《北京交通大学学报》(社会科学版)2008 年第 1 期。

包括如下几个方面：一是并购支付方式与并购绩效；二是并购行业的相关程度与并购绩效；三是并购企业的成长性与并购绩效；四是并购企业的持股结构与并购绩效。总之，国内外关于并购绩效的评价方法及其影响因素的研究尚未得出一致的结论。究其原因，既有样本选择与研究方法的差异导致了研究口径的不同，也有选择变量的差异导致研究结果的不同。

谢恩克(Hans Schenk)的研究结论是："1960 年以来，经过合并的公司在生产力、获利能力、新增专利以及市场占有率方面的平均表现，落后于独立公司 17%；1996 年到 2000 年，欧美企业合并金额总计 9 万亿美元，但其中大约 5.8 万亿美元无法发挥合并效果；实践证明，大部分合并之后的企业都将成为经济废物。"①

第二节　企业并购机理简析

为了更好地理解并购决策，有必要先简要回顾一下并购理论。以下三个理论尤其重要。

一、"组织经验"和"组织资本"

为了解释不同类型的并购，"组织经验"和"组织资本"是两个重要概念。②组织经验定义是，企业内部通过对经验的学习而获得的员工技巧和能力的提高。一般将组织经验划分为三种类型：一般管理组织经验，指的是在策划、组织、指挥和控制等一般管理职能中，以及财务策划与控制中发展起来的能力；行业专属管理组织经验，含义是与特定行业的生产与销售特点相关的特殊管理能力的发展；非管理性质的组织经验，指的是生产工人技术水平学习先进经验，会随着时间的推移而逐渐提高。

企业的显著特征是拥有组织资本。组织资本含义是，企业内部组织借助经验而逐渐积累起来的企业专属信息资产。组织资本的形成可分为三种类型：一是体现在员工身上的组织资本。员工逐渐熟悉企业所特有的生产安排、管理和控制机制，并且熟悉企业内其他员工的技能、知识程度和工作责任时，就会获得这种信息。二是员工与作业的匹配团队效应，包括员工与工作间进行有效的组

---

① 黄俊等《战略联盟管理与联盟绩效的实证研究：基于动态能力的观点》，载《科研管理》2007 年第 6 期。

② Fred Weston, Kwang S. Chung, Juan A. Siu, *Takeovers Restructuring and Corporate Governance*, Prentice Hall, 1998, p. 69.

合、由具有特殊天赋和技能的人来更好地完成某些重要工作等。三是员工之间的匹配团队效应,其意义是,一个企业整体表现,很大程度上取决于每一个员工的特点和其他从事相关工作的员工的特点的匹配程度。

组织经验和组织资本的结合就形成企业的人力资本资源。其中,一般管理组织经验与相关的组织资本的结合,就形成一般管理能力;行业专属管理组织经验与相关的组织资本的结合,就形成行业专属管理能力;非管理性质的组织经验与相关的组织资本的结合,就形成企业专属非管理人力资本。

三种类型的人力资源专属企业程度有差异。一般管理能力可转移到大多数其他行业中;行业专属管理能力,只能转移到相关行业中;企业专属非管理人力资本则难以转移到包括相同行业的其他企业中。

综上所述,如下观点对并购决策是重要的:

第一,组织资本是存在于组织之中,也就是说,只要有组织,就会有组织资本。组织资本代表了企业将各种要素投入转化为最终价值的能力,这种能力是企业所拥有的,即使组织成员离开,仍然留存在组织中。

第二,组织资本是一种资本,实质上是一种反映综合能力的合力,在企业中是生产的一大要素,可以产生增值要素。

第三,组织资本的历史积累性。组织资本的形成是一个过程,在组织内部的信息交流、学习等过程中形成。

第四,组织资本的不可见性与计量的复杂性。与企业的机器设备、土地厂房、原料产品、货币证券等资产相比较,组织资本更加无形化,属于企业的无形资产,很难也很少在企业的财务会计报表上直接得到反映。但是组织资本是存在于组织之中、由组织成员在开展组织活动中所逐渐形成的合力,是一个有机整体的资本总量与组织中原来单个成员的资本个体量简单加总的资本之差额。

第五,组织资本形成的费用性。由于组织资本主要依靠组织成员及组织内部的信息交流、学习等过程中形成,而这一过程需要时间,需要渠道、反馈与鉴别甚至学习以及长期的积累,必然会发生相关的费用。研究表明,整合组织资本规模存量的成本导致了企业约束自己的成长速度,进而解释了企业成长与规模产出之间关系的某些事实。

第六,组织资本的转移存在成本。组织资本转移的成本决定了企业并购扩张的边界。“组织经验”和“组织资本”概念提供了一个并购的理论框架,见表9-2-1。

表 9-2-1 “组织经验”和“组织资本”并购的理论框架

1. 组织经验：在企业内部通过学习而带来获得的技巧和能力的提高 (1)一般管理组织经验 (2)行业专属管理组织经验 (3)非管理性质的组织经验
2. 组织资本：企业专属信息资产 (1)体现在员工身上的组织资本 (2)员工与作业的匹配团队效应 (3)员工之间的匹配团队效应
3. 组织经验与组织资本的结合 (1)一般管理能力(C_1) (2)行业专属管理能力(C_2) (3)企业专属非管理人力资本(C_3)
4. 通过并购转移 (1)C_1＝一般管理能力可转移到大多数其他行业中 (2)C_2＝只能转移到相关行业中 (3)C_3＝难以转移到包括相同行业的其他企业中

二、并购引起资源要素流动理论

企业资源理论认为，企业是一种独特资源的集合体，企业由于资源禀赋的差异而呈现出异质性，企业的竞争优势来源于企业拥有和控制的有价值的、稀缺的、难以模仿并不可替代的异质性资源。企业资源的异质性将长期存在，从而使得竞争优势呈现可持续性。企业独特的资产和能力是产生不完全竞争，并获取超额利润的重要因素。

并购是企业扩张和发展的有效手段，也是资源优化配置和产业结构升级的重要途径。通过企业并购，将引起资源在企业间流动，避免重复建设，减少竞争和社会资源浪费，扩大生产和服务的规模，实现经济结构调整和经济增长方式的转变。企业并购引起资源要素流动理论的主要观点是：

1. 追求高回报率的趋利性

这是要素流动的首要的、基本的规律，是要素流动其他规律形成的基本原因。由于各地区的经济发展的条件存在着差异，各地的投入—产出的总体水平是各不相同的，因而地区与地区之间要素的收益率存在着差异。这就导致地区间生产要素的流动是从收益率低的地区流向收益率高的地区。另一方面，在同一地区，生产要素在不同行业间和企业间的收益率也是不同的，生产要素在市场规律作用下会流向收益率高的行业或企业。

2. 要素输入量与距离之间关系

要素输出地和输入地之间的距离对要素的流动量有着十分明显的影响。要素在输出过程中必须选择最佳的区位，这一选择过程受以下因素的影响：一是要素转移的成本，输入地和输出地的距离越大，转移的成本就越大，这种成本的存在直接影响着要素的最终收益。二是信息传递的影响，信息的传递也是同距离密切相关的，一般来说，两地的距离越远，信息就越难以在它们之间传递。

3. 要素流动的分散—集中—分散的阶段性特征

美国学者对要素转移分为以下几个阶段：前工业化阶段，生产要素处于分散状态，较少流动；工业化初级阶段，生产要素大量流入核心区；工业化成熟期阶段，核心区的要素高度集中，开始回流到边缘区；空间经济一体化阶段，要素在特定的区域内全方位流动，生产要素重新处于相对分散状态。虽然生产要素流动转移与经济发展阶段不是绝对表现出一对一的对应关系，但分散—集中—分散的阶段性规律是客观存在的。

4. 要素流动组合的结构合理化

生产要素必须按一定的要求进行组合才能发挥其效能。生产要素的组合，在数量上和质量上必须匹配。在数量上，各种要素必须按一定的比例投入到生产中去，不存在某一种要素短缺的"瓶颈"，才能形成最大的生产能力；在质量上，各种要素必须是相互配合，如有了先进的技术和设备，就必须有懂技术、能操作的人才，否则再先进的技术和设备也是无用的。生产要素的流动过程同时也是一个要素结构不断变动的过程，这种流动如果能促进要素结构合理化，就能促进经济的发展；反之，则阻碍经济发展，甚至造成很大的浪费。[①]

三、主要并购类型的经济学原理

1. 横向并购

(1)横向并购与规模经济

规模经济的含义是，平均成本随着产出的增加而下降时，所能实现的经济效果。规模经济首先体现在成本下降上，主流观点认为平均成本曲线为"L"形，平均成本的递减区域就是企业实现规模经济的区域。企业达到最小有效规模

---

① 参见白井文《要素流动规律与西部地区的要素积聚》，载《南方经济》2001年第1期。

(MES)后，规模持续的增长，而平均成本变化不显著，如图 9-2-1 所示。

成本效应几乎体现在企业经营的每一环节中，如研究与开发、采购、制造、市场营销、售后服务及分销等方面。一般管理费用、产品的市场调研、研究与开发等与产量不具有正相关性，产量的增加会使平均每单位产品的这些费用降低；规模较大的企业更有利于专业分工，这无疑会增加效率；大企业在一定程度上更会得到政府的关注，从而获得政府的扶持。

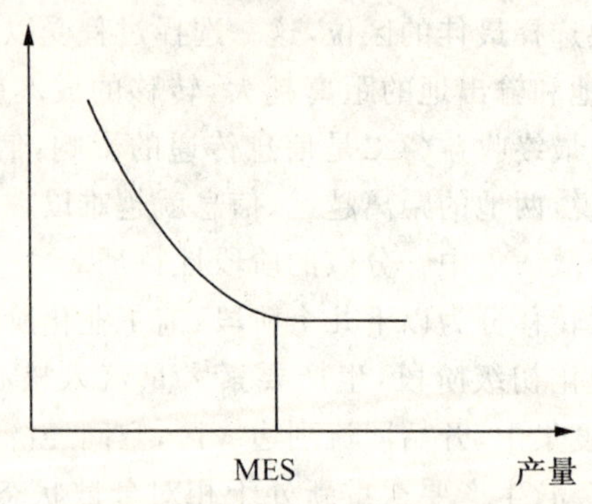

图 9-2-1 "L"形平均成本曲线

(2)横向并购与组织经验

企业拥有各种组织经验和组织资本。在横向并购中，这些组织经验尤其是行业专属能力，可以很容易转移到两企业中经验较少的一方，从而产生协同效应。

(3)横向并购与市场力量

横向并购主要的动机之一是为了扩大企业的市场力量。一方面，如果企业并购了自己的竞争对手，其竞争环境会有所改善，企业可以在保持产品质量情况下提高价格，以此获得超额利润；另一方面，生产规模的扩大，原材料需求的增加，可以增加与供应商讨价还价的能力，它可以要求更优惠的价格或更优惠的交易方式。

2.纵向并购

(1)纵向并购的一般动机

纵向并购后实质是，将原来由市场完成的行为改为在企业内部进行。纵向并购更多的是出于对减少交易费用或者是出于降低风险的考虑。此外，由于市场缺陷的存在，通过纵向并购可以增大对市场的控制力，以实现垄断利润。

(2)技术上的相互依赖性

大多数产业存在着技术上的相互依赖性，为避免半成品远程运输，节约运输成本，通过纵向并购可以把相继生产环节联系起来，以便从技术上节约成本，这种技术上的经济性会促进企业的纵向并购。

(3)资产专用性

威廉姆森借助“资产专用性”、“交易的不确定性”和“交易频率”三个概念，对纵向并购动机给出了自己的解释：交易所涉及的资产专用性越高，不确定性越强，交易频率越大，市场交易的潜在成本就越高，纵向并购的可能性就越大；当市场交易成本大于企业内部的协调成本时，纵向并购就会发生。

资产专用性在并购决策中是一个重要概念，专用性一般包括：

①物质资产专用性。指经过特殊设计只能加工某种原料的设备。

②人力资本专用性。对于简单的劳动，不需要进行专门训练，这些人力资本就没有专用性可言，可随时转移、替换。相对而言，对需要积累丰富经验的特定岗位，其人力资本的专用性就很高，企业和员工都希望维持长期的契约关系。

③资产选址专用性。企业选址要综合考虑各方面的因素，如可能是为了总运费最低，也可能是为了寻求廉价的劳动力，还可能是受大量资本来源的吸引，还有受技术和环境保护的制约等等。一旦企业建成并开始运营，重新选址兴建的费用就会很高。

3.混合并购

混合并购理论主要综合了横向与纵向的并购理论，重点强调以下两点：

(1)资产利用与范围经济

资源利用理论把企业看作是由能够从事一定独立经营活动的有形资产、人和无形资产的资源集合。这个集合中包含了通用性资产，通过混合并购将未充分利用的通用性资产注入被并购企业，可以增大总收益。

通用性资产又分为有形资产和无形资产两类。

扩大有形资产的利用一般有以下三种动机：首先是资产已经计入固定成本，但是没有充分形成生产能力，混合并购后可以用于其他生产，把成本分摊到更多产量上；其次是产品需求具有季节性变化，通过生产几种需求互补的产品可以提高资产利用水平，避免了人力和固定资产的季节性闲置；第三是企业面临长期需求下降，需要将生产能力转移到其他行业。

通用性无形资产包括两种情形：一是人的管理才能，尤其是高层管理经验。通过混合并购，扩展企业生产的产品和服务范围，能够充分利用这些管理才能，提高其他各种有形和无形资源的使用效率。二是技术知识和品牌等无形资产。技术是企业研究开发的结果，其应用往往超越企业现有的经营范围，通过混合并购，可以充分利用这部分无形资产，提高使用效率；在品牌方面，可以通过品牌扩张战略，将已有良好知名度的品牌移植到新产品上。

提高资源利用效率的目的是实现范围经济。范围经济含义是，与各自独立生产相比较，合作生产两种或多种产品的效益提高。随着企业活动的多样化，诸如产品生产的多样化，企业能够减少成本，则存在着范围经济，即 $C(q_1,q_2)<C(q_1,0)+C(0,q_2)$。范围经济可以是以市场和技术为基础因素，也可以是以杰出的管理综合效应为基础。

(2)降低企业的经营风险

混合并购主要由经营者发动。通过并购，公司的资本组合被多元化，从而降低了对单一行业的依赖程度。由于不同行业、不同产品的周期不同，有的甚至具有反周期性，当某个领域或行业经营失败时，可以通过其他领域内的成功经营得到补偿，从而使整个企业的收益率得到保证。即使不能使企业的期望收益额增加，也能降低收益的变动范围，使企业更稳定地获得收益，避免了企业因投资失误引起的破产风险。①

第三节　并购决策：综合模糊分析方法

从全球经验看，并购成功率并不是很高。不同的研究方法，结论各异。综合各类研究报告，有 50%的并购被认为是不成功的，70%的并购没有达到预定的财务目标。当然何谓“成功”，尚无统一的定义。不过，并购成功率不高但对经济发展起着重要的作用，这是大家的共识。如何提高并购成功率，这是决策者们需要考虑的重要问题。

为分析方便，先作这样的定义：在一个并购事件中，并购企业是主动、发起者，是矛盾的主要方面，定义为并购事件的“内因”；被并购企业与并购企业构成了对立统一体，定义为并购事件的“外因”。并购完成后的被并购企业，拥有了并购企业和被并购企业的双重“基因”，定义为“新设企业”。经济全球化是当代经济发展的一种趋势，因此，并购范围是跨国并购。并购决策，主要是并购企业立场上的决策。

国内外学者对并购成功规律作了大量研究，代表性观点是：

(1)企业兼并是企业长期战略计划的一部分。

(2)在寻求具有较高的成长潜力和投资机会的领域时，应将内部投资和重组与外部投资和企业并购有机结合起来。

(3)充分研究行业和竞争环境，作为预测未来的基础。

(4)确保兼并双方的相关性，但在确定潜在的相关性范围时也不能太局限。

① 参见[美]弗雷德·威斯通等《兼并、重组与公司控制》，唐旭等译，经济科学出版社 1998 年版，第 75 页。

(5)要注意兼并对象与本企业的内在联系，尽量避免混合兼并中的较高成本，兼并对象的经营单位应对本企业具有较大的价值。

(6)注意兼并的时机选择，以降低收购价格。

(7)企业的最高管理层人员应参与兼并活动。

(8)在兼并后要特别重视建立和完善对经理人员的奖惩制度，鼓励双方管理人员的积极性,为新的公司作出贡献。

(9)在重大的投资或重组决定作出以后，要尽快进行信息沟通。

(10)并购后的协调是公司高级管理人员的另一项重大责任。

(11)员工的提升应对所有部门的人一视同仁。如确实需要进行人员分流，也应采取尽量明智的政策，包括提供就业和安置方面的帮助，这会对公司的士气和文化产生很重要的影响。

(12)必须重视企业文化的融合，协调公司的制度和非正式组织之间的关系。

(13)兼并愿望虽然良好，但是在兼并过程中产生错误的风险也是很大的。

(14)兼并完成以后，组织的重组和改造是企业面临的长期战略任务。①

德鲁克(Drucker)通过成功和失败案例,总结了“德鲁克成功并购五法则”如下：

(1)收购必须有益于被收购公司。

(2)须有一个促成合并的核心因素。

(3)收购方必须尊重被收购方的业务活动。

(4)在大约一年之内,收购公司必须能够向被收购公司提供上层管理。

(5)在收购的第一年内,双方公司的管理层均应有所晋升。

综合国内外并购成功、失败案例和理论研究成果,可以认为:一个成功并购,首要的条件是并购企业与被并购企业都获得了各自的核心利益,且双方重要利益取得的越多,并购成功的可能性就越大。现对影响并购决策的主要因素分析如下：

一、被并购企业的选择

1.并购企业综合素质评估

并购是现代企业发展的重要方式,被并购企业的选择是一个理智、科学和严密的分析过程。并购企业首先要评估自己及其所处的环境,存在哪些发展的机

① Fred Weston, Kwang S. Chung, Juan A. Siu , *Takeovers Restructuring and Corporate Governance*, Prentice Hall, 1998, pp. 465－467.

会和潜在的威胁，并根据其市场上的优势和劣势，制定未来发展战略。所以并购企业自身的评估是第一步，通过对自身综合素质的评估，确定并购的动因。

并购企业综合素质评估方法采用第七章第五节“影响因素综合模糊分析方法”，评估模型见表 8-2-2，此处不再赘述。

2.并购的动因

企业并购有以下几种动因：

(1)拓展市场

并购尤其是跨国并购可使企业迅速获得新市场和增强市场力量。企业扩大市场占有率的方式是多种多样的。横向并购活动可以提高市场占有率，通过减少竞争对手增加市场控制力；通过纵向并购，企业获得对关键原材料及其销售渠道的控制，有利于控制竞争对手的活动。国家间不管是有形的还是无形的贸易壁垒都会存在，通过跨国兼并就可以绕过许多贸易壁垒。

(2)提高效益

并购提高的效益体现在：一是市场营销的规模实力增强。利用彼此的营销网络来增加收入，从而充实了企业市场营销的基础。二是实现管理协同效应。公司并购能够产生协同效应，即公司并购所呈现出来的两个公司合并后的总效能大于合并前各公司效能之和的现象，包括经营协同、管理协同和财务协同三种基本形式。三是研究开发的规模经济效应。并购使专业和技能实现互补，集中资源用于研究、设计、开发和生产工艺改进，提高企业创新能力。四是取得财务协同效应。利用税法中的亏损递延条款来达到合理避税的目的；同时，还可以提高企业资金的使用效率，且具有降低融资成本的效应。

(3)多元化经营

并购特别是跨国并购可利用优良的信誉在不同的国家和产品领域，进行经营活动，避免因为产品结构单一而受到影响。可分散经营风险，稳定收入来源。

(4)核心竞争力

竞争力是两个或多个竞争主体在追求某一个或多个竞争对象的过程所表现出来的能力，有四方面的含义：①竞争力是相对的概念，没有竞争主体之间的竞争和相互较量，就不存在竞争主体的竞争力。②竞争力是某一竞争主体的竞争力量，是其某种能力的表现。③竞争力是竞争主体吸引或获取竞争对象的力量。④竞争力最终将反映在竞争主体获得的收益大小上，是竞争主体最终获得某种收益的能力。

核心竞争力的最终表现就是品牌和技术。并购企业通过并购获得被并购企业的品牌、高新技术、研发能力、生产设备和人力资源等，以快速提升自身的核心竞争力。培育核心竞争力有两种途径：一是通过长期的自身知识积累和知识学习,逐步培育起来;二是通过并购具有相应资源的企业,重组整合而得。在企业发展过程中,需要的某种知识和资源专属其他企业时,通过并购获得比自我发展构建,具有时效快、成本低的优点。

(5)获取战略性资源

由于我国自然资源较为缺乏,随着经济的快速发展,一个突出的问题是一些工业增长必需的原材料和能源日益紧张。跨国并购无疑是解决这一问题的有效途径,中国通过参与国际生产分工的机会,尽可能地利用世界性资源。正因如此,当前这一类型的跨国并购发展较快,以钢铁、矿产、石油行业为典型代表,而且在今后相当长的时期里,都将是中国企业跨国并购的主流动因。据预测:未来20年内,中国工业化进程所需的石油、天然气将至少出现上亿吨的供给缺口。到2020年,中国发展必需的45种大宗矿产资源,将只有6种能够自给自足。

(6)拓宽融资渠道

境外融资也是促使企业海外并购的一个动因。随着经济的高速发展,中国企业对资金需求日益增加,传统的国内融资渠道不能完全满足部分企业的资金需求,寻求海外并购或者直接上市,为企业发展开辟新的融资渠道。

3.选择被并购企业

被并购企业的选择是并购决策矛盾族中的主要矛盾,是由并购企业状况决定的。并购实践表明,选择被并购企业主要原则有:

(1)战略相吻合

被收购企业与收购者的主要业务要有协同效应,有利于并购企业的发展战略。并购企业收购的是能够增强其核心竞争力、有发展前景的业务,且并购收益大于并购所付出的成本。根据对已往的并购案例分析,并购中主业突出的企业并购成功率较高,同行并购的成功率是跨行业并购的2～3倍,跨行业又跨地区并购成功率约为10%。

(2)并购具有增值潜力

首先,被并购企业所在行业发展前景良好;其次,被并购企业在行业中落后的原因仅是经营管理所致,而设备和技术至少在行业处于先进水平。

4.被并购企业评估

并购企业根据发展战略,确定并购的动因后,就要寻找被并购企业。什么样的企业是被并购的对象?对被并购企业综合评估,实质是对被并购企业认识、选择的过程。被并购企业综合评估方法采用第七章第五节“影响因素综合模糊分析方法”,评估模型见表9-3-1(说明见表8-2-2)。

表 9-3-1　　　　被并购企业综合评估模型

序号	因素名称	小计	权重	$x(t)$				dx/dt				d^2x/dt^2			
				权重	隶属度	灰度		权重	隶属度	灰度		权重	隶属度	灰度	
						G_1	G_2			G_1	G_2			G_1	G_2
A	B	C	D	E	F	G	H	I	J	K	L	M	N	O	P
1	拓展														
2	销售网络														
3	品牌														
4	高新技术														
5	研发能力														
6	生产设备														
7	人力资源														
8	战略性资源														
9	综合评估														

二、并购价格评估与付款方式选择

1. 并购价格评估

并购价格对并购双方都是至关重要的。对被并购企业来讲，并购价格是影响并购能否成功的最重要因素，所追求目标是：在其他条件相同情况下，寻求尽可能高的转让价格。并购价格是并购企业和被并购企业讨价还价的结果，很大程度上取决于并购双方的判断能力和谈判艺术。例如，如果并购方处于经营优势，被并购方处于经营劣势，甚至只有被并购才能走出困境，这种地位的悬殊必然转化为并购价格的优势；反之，如果被并购企业具有先进技术和管理水平，或拥有资源，就会抬高并购价格。如果并购方有更好的投资机会，那么除非并购价格低，否则就会向别的方面投资；而被并购方如果有更好的投资机会，则可能以较低的并购价格成交，反之并购价格就会被抬高。如果被并购方资产求大于供，则并购价格就会被抬高；反之，并购价格必然下降。用模型描述就是：一个企业可能同时被 $n(n\geqslant 1)$ 个其他企业作为被并购的对象，设 i 企业在条件 τ 下给出的并购价格为 P_i，则被并购企业追求的并购价格 P 是

$$P=\max(P_i \mid i=1,2,\cdots,n;\tau) \tag{9-3-1}$$

并购企业欲要取得被并购企业，其并购出价必须是参与竞价中出价最高者；

否则,并购双方在价格方面不会成交。并购价格对并购企业的意义是重要的,是影响并购成败的重要因素,如果并购价格过高,并购企业就不能取得预期的收益水平,甚至导致并购的失败。

(1)影响因素

对并购企业来讲,被并购企业选定后,第二个重要问题就是对并购价格的评估。影响并购价格的主要因素有:

①有形资产价值

包括土地、建筑物、设备、材料、销售网络、资产专用性等。

②协同作用价值

目标企业第三层次的价值是协同作用时的价值,体现在兼并企业与目标企业合并后产生的规模经济效益,外部交易内部化,生产要素重新组合,共享企业商标、专利技术,共享销售渠道,节约广告费用等等。

③战略价值

目标企业价值的最高层次为战略价值,包括拓展新市场,冲破贸易壁垒,消除竞争,提高垄断地位等。随着经济全球化的进展,当代国际市场上企业间的并购行为,很多是发生在战略需求层次上的。并购的战略价值越来越受到投资者的重视。

④财务效应价值

包括以下几个方面:第一,成本降低。它源于企业并购后削减不必要的工作岗位、机器设备和相关的开支,以及所产生的规模经济效应。第二,财务策划。并购使企业规模扩大,在营运资金运用上,可产生显著的经济效应。第三,税收惠利。如果被并购企业存在亏损,那么合并后还可以减少应纳税所得额。

⑤其他事项

主要包括:a.被并企业的员工去留及福利。b.信息的不对称性。并购方在并购过程中,在信息方面处于劣势地位,由于信息的不对称性,一般高估并购价格。c.或有事项。除了担保、诉讼等常见的或有事项外,或有税收、技术使用费也是常见的或有事项,或有事项对于判断定价高低也有重大影响作用。d.存货的价值、未记录债务、非正常业务和非常项目等。这些事项也是影响并购价格的不可忽视的重要因素。

(2)并购价格评估方法影响到评估的结果和交易的实施

比较重要的方法有以下几种:

①账面净值法

净资产价值是企业的基础价值,反映的是扣除债权人权益后企业的所有者权益。计算公式为:被并购企业价值=被并购企业的账面净资产。但这仅对企业的存量资产进行计量，无法反映企业的盈利能力、成长能力和行业特点。为弥补这一缺陷，在实践中往往采用调整系数，对账面价值进行调整，修改为：

$$被并购企业价值 = \sum[被并购企业的账面净资产 \times (1 + 调整系数)] \tag{9-3-2}$$

该方法提供了并购价格评估的基准价位。优点是资料容易得到，计算简单。缺点也同样明显，会计政策的弹性使得企业管理人员很容易以此操纵净资产的账面价值；账面价值属历史成本范畴，往往与实际价值不一致。

②重置成本法

重置成本法即成本加和法，是指并购企业重新购建一个与目标企业完全相同的企业，需要花费的成本。计算公式为：

$$新设企业价值 = \sum(新设企业各项资产价值) \tag{9-3-3}$$

重置成本法为并购企业提供了一种新的思路，即如果不进行并购，自己新建需要的代价是多少。它充分考虑了并购的机会成本，可以为并购方的管理层提供相当重要的决策依据，并以此来与新设企业的要价进行对比。但是，这种分析方法也同样存在着问题，从技术角度而言，无法重造一个与目标企业完全一样的企业。

③市场价值法

市场价值法的含义是，把资产视为一种商品在市场上公开竞争，在供求关系平衡状态下确定的价值。市场价值法通常将股票市场上与被并购企业经营业绩相似的企业资产和其市值之间的关系为基础估值。其中最著名的是托宾(Tobin)的 Q 模型，即一个企业的市场价值与其资产重置成本的比率，即：

$$Q = 企业价值/资产重置成本$$

$$企业价值 = 资产重置成本 + 增长机会价值 = Q \times 资产重置成本 \tag{9-3-4}$$

一个企业的市场价值超过其资产重置成本，就意味着该企业拥有某些无形资产。但 Q 值选择比较困难，即使企业从事相同的业务，其资产结构也会有很大不同。因此，实践中一般使用“市净率”作为 Q 值的近似值。

④现金流量折现法(DCF 模型)

现金流量折现法又称拉巴波特模型，是在考虑资金的时间价值和风险的情况下，将未来发生在不同时点的现金流量按既定的折现率统一折算为现值，再加总求得企业价值的方法。

现金流量估值模型对企业进行全面分析，综合了多方面信息，反映了企业整体的未来获利能力；同时，不受会计方法的影响，受到操纵的可能性小。但是，现金流量估值模型有其自身的局限性，主要问题是未来不同时点的现金流量不可预测，不同投资者对折现率有不同要求。所以，该方法在实践中无法获得公允、准确的估计值。

⑤期权估价法

在企业并购价值评估中，引入实物期权定价模型是近年并购理论研究的一个热点。该方法思想是，并购具有期权性质，而并购产生的价值增值可视为并购企业对被并购企业的一种选择权。因此，对被并购企业产生的附加价值，可以应用实物期权理论进行衡量。该方法提供了确定并购价格上限的一种思想，即“被并购企业自身价值”加上“预期的附加价值”。并购价格实质上是如何分配由并购带来的这部分附加价值。“被并购企业自身价值”和“期望的附加价值”在实践中是无法准确度量的。因此，该方法只提供了一个并购定价的思想。

(3)评估方法

就现行评估方法而言，理论上没有哪一种是绝对合理的，每种方法都有其前提条件，而市场环境很难完全符合所有的假设前提。本案例采用第七章第五节“影响因素综合模糊分析方法”，评估模型见表 9-3-2(说明见表 8-2-2)。

表 9-3-2　　并购价格评估模型

序号	因素名称	小计	权重	$x(t)$				dx/dt				d^2x/dt^2			
				权重	隶属度	灰度		权重	隶属度	灰度		权重	隶属度	灰度	
						G_1	G_2			G_1	G_2			G_1	G_2
A	B	C	D	E	F	G	H	I	J	K	L	M	N	O	P
1	有形资产价值														
2	协同作用价值														
3	战略价值														
4	财务效应价值														
5	其他事项														
6	综合评估														

这方面的一个典型案例就是“吉利”收购沃尔沃：

吉利出资 18 亿美元，成功收购福特旗下沃尔沃轿车 100% 的股权。吉利汽车收购沃尔沃后获得了沃尔沃所有的产品、研发、销售、品牌等 24 亿美元的资产和 35 亿美元的负债。

福特和沃尔沃，这十年来花了上百亿美元研究新能源技术，仅从这点来看，李书福认为，吉利现在的竞购价“非常值得”。当然，李书福绝不仅仅是看上了沃尔沃的新能源技术。李书福为收购沃尔沃总结了三层意义：第一，通过收购沃尔沃为中国汽车走向世界打通了一个通道；第二，对提升一个民族的品牌，让中国汽车立足于世界舞台，具有重大的战略意义；第三，有利于中国的消费者。

1999 年，福特收购沃尔沃这个世界顶级轿车品牌花了 64.5 亿美元，是当前吉利出价的三倍多。到 2008 年福特准备出售沃尔沃时，它的税前亏损高达 15 亿美元，而且还欠着福特 35 亿美元的债务。

2.并购交付方式评估

(1)影响因素

在企业并购中，支付是其中十分关键的一环。选择合理的支付方式，不仅关系到并购能否成功，而且关系到并购双方的收益、企业权益结构的变化及财务安排。并购支付方式各有优劣，选择并购支付方式应考虑以下因素：

①并购方的举债能力

一个企业的举债能力受到多种因素的影响，包括公司的信用等级、财务杠杆率、抵押资产的价值、现金流状况、成长机会以及企业规模等。

②控制权

对于控股股东而言，并购活动对企业控制权的影响是其考虑使用何种支付方式的关键因素。

③被并购企业的相对规模

一般来说，被并购企业规模越大，并购交易金额越多，采用现金支付也就非常困难。

④被并购企业的上市情况

当被并购企业为上市公司时，被并购企业的股东更倾向于接纳股票支付。

⑤税收因素

如果并购方用现金或没有投票权的证券支付，则被并购企业所有者收到现金或债券时，就要立即纳税。若用股票(普通股或优先股)支付，则目标企业所有者收到股票后可以免税，等到股票出售后才计算资本利得，并按相应的资本利得税率纳税。被并购企业所有者因此获得了推迟纳税及减轻税负之优惠(通常资本利得税率要小于所得税率)。另一方面，如果并购方用股票支付，则并购所得的资产按该资产原来的折旧基础计提折旧，而以现金支付取得的资产将以支付价作为计提折旧的基础。由于折旧是一个“税收挡板”，折旧减项越大，企业减少纳税越多。

⑥并购方式的选择

并购方式是双方主要的利益冲突点之一，选择怎样的方式关系到并购方的长远发展。重要的一点是需要兼顾双方的利益，如何采取资金＋股票或换股的方式。这样既节省了资金，又可以与被并购方的股东结成战略伙伴，提高企业的影响力。

(2)支付方式

常用支付方式有现金支付、股权支付、杠杆支付、综合支付，各种支付方式有如下特点：

①现金支付

现金支付是指收购方通过支付一定数量的现金来购买置换被并购企业的资产或股权，从而实现并购交易的支付方式。这是许多中小型企业并购中最常用的支付方式，也是并购活动中最为直接、简单、迅速的一种支付方式。用现金方式进行支付时，应考虑流动性、融资能力、货币的流动性几个因素。现金支付的优点是：对被并购企业的股东来讲，不必承担任何风险，即时得到转让款；对并购方而言，现金支付可以向市场传递一个信号，表明其现有资产可以产生较大的现金流量，企业有足够的现金流抓住投资机会。缺点在于：被并购企业股东无法推迟资本利得的确认，不能享受税收上的优惠政策，也不能拥有新设企业的股东权益；对并购方而言，现金支付是一项比较沉重的即时负担，要求并购方确实有足够的现金头寸和筹资能力，交易规模也受到获现能力的制约。在跨国并购中，现金支付方式还意味着收购方必须面对货币可兑换性风险及汇率变动风险。

②股权支付

股权支付也称换股并购，指收购企业按一定比例将被并购企业的股权换成本企业的股权，被并购企业从此终止或成为收购企业的子公司。用股票方式进行支付时，应考虑以下几个因素：股权结构；每股收益、股票价格和每股净资产的变化；公司股价水平；证券监管部门的相关规定。换股并购优点是：对于被并购企业股东而言，既可以推迟收益时间，达到延迟纳税的目的，又可以分享新设企业价值增值的好处；对并购企业，换股并购使其免于即付现金的压力，不会挤占营运资金，减少了支付成本，同时股权支付不受并购方获现能力的制约，可使并购交易的规模相对较大；换股并购具有规避估价风险的效用，由于信息的不对称，在并购交易中，并购企业很难准确地对被并购企业进行估价，如果用现金支付，并购后可能会发现被并购企业内部有一些未预见的问题，由此造成的全部风险都由并购企业股东承担，但若采用股票支付，这些风险则同样转嫁给被并购企业股东，使其与并购方股东共同承担。其缺点在于：某种程度上改变了公司的资本结构，稀释了原有股东的权益及对公司的控制权；换股并购由于受上市规则制约，其处理程序相对复杂，这会延误并购时机，加大并购交易风险。

③杠杆支付

杠杆支付是指并购方以新设企业的资产或将来的现金收入作为抵押，向金融机构贷款，再用贷款收购被并购企业的支付方式。杠杆支付在本质上属于一种债务融资的现金支付方式，所不同的是，杠杆支付的债务融资是以新设企业的资产和未来现金收入为担保来获取贷款，或是通过新设企业发行高风险高利率债券来筹集资金。这一过程中，并购方自己所需支付的现金较少，并且债务主要由新设企业的资产或现金流量来偿还，是一种典型的金融支持型支付方式。杠杆支付的主要优点是并购方只需较少的自有资金就可完成并购，具有杠杆效应，而且并购过程中的负债利息可起到合理避税、减轻税负的作用。缺点是会导致并购方资本结构中的债务比重过大，若贷款利率过高，一旦经营不善则可能因债务而导致企业危机。

④综合支付

综合支付就是混合并购支付方式，为了避免单项支付方式为并购方带来的种种不利，并购方的出资不仅有现金、股票，还有认股权证、可转换证券、公司债券等多种混合方式。此种方式将多种支付工具组合在一起使用，发挥各自的优点，克服其缺陷，不仅可避免支出更多的现金而造成财务结构恶化，而且可有效防止并购方原股东股权稀释而造成的控制权转移等问题。

(3)评估方法

企业并购的支付方式各有优劣，并购企业结合自身特点与其所处的市场地位合理选择支付方式，以便设计出最佳的并购支付方案。并购支付方案评估方法采用第七章第五节“影响因素综合模糊分析方法”，评估模型见表 9-3-3(说明见表 8-2-2)。

表 9-3-3　　并购支付方案评估模型

序号	因素名称	小计	权重	$x(t)$				dx/dt				d^2x/dt^2			
				权重	隶属度	灰度		权重	隶属度	灰度		权重	隶属度	灰度	
						G_1	G_2			G_1	G_2			G_1	G_2
A	B	C	D	E	F	G	H	I	J	K	L	M	N	O	P
一	现金支付														
1	自有现金														
2	银行贷款														
3	可转换证券														
4	公司债券														

续表

二	股权支付														
三	杠杆支付														
四	综合评估结论														

三、新设企业文化整合规划

并购是否成功很大程度决定于并购后的整合。相关研究的共识是:企业并购失败的关键因素是在并购中没有考虑或较少考虑人的因素。一项研究表明,67%的受访者认为,新设企业的文化融合或建立是最受关注的有关人力资源方面的问题,即企业间不同的文化一般被认为是合并后出现摩擦的主因。

企业文化是一种组织文化,是企业长期形成的稳定的文化观念和历史传统以及特有的经营精神和风格,是通过款款的产品,不断走向市场逐渐累积形成的。当这种累积达到一定程度的时候,就形成了惯性。这种惯性有利也有弊,可以是企业的财富,有时候也是阻碍企业创新与发展的障碍。

麦肯锡"7S"模型①指出,企业在发展中应考虑各方面情况:结构(Structure)、战略(Strategy)、体制(System)、人(Staff)、管理作风(Style)、技巧(Skills)和共同价值观(Shared Values)(即公司文化),如图 9-3-1 所示。共同价值观居于中心位置,牵引和指导其他六要素,体现了企业文化在整个管理中的核

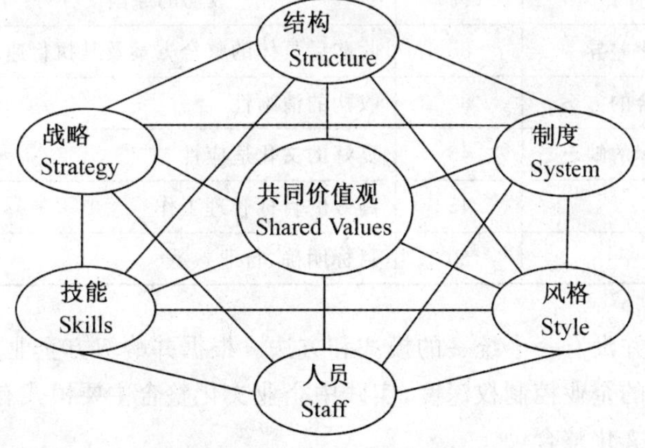

图 9-3-1 麦肯锡"7S"模型

① Thomas J. Peters, Robert H. Waterman, *In Search of Excellence*, New York: Harper & Row, 1982.

心作用。企业成员共同的价值观念具有导向、约束、凝聚、激励及辐射作用，可以激发全体员工的热情，统一企业成员的意志和欲望，齐心协力地为实现企业的战略目标而努力。

企业文化特性对并购整合的影响主要表现在两个方面。

一方面是企业文化的差异性。每个企业的外部环境因素，如社会制度、民族文化、风俗习惯等不同，企业之间设立、发展过程也存在差异。这些异质性主要表现为企业文化发展的历史性、长期性和个性特征。这说明企业文化的异质性与其发展阶段是正相关的关系，企业文化发展阶段越高级，其异质性越强，整合的难度越大。不同文化融合在一起，必然会产生或大或小的冲突，这种冲突会影响企业间的整合，从而影响并购绩效。企业在选择被并购企业时，除了考察双方的优势和不足、经营协同、财务协同等因素外，还必须分析双方文化融合的可能性。企业文化形成的长期性，使得购并后对原有文化的改造或新文化的建立也将是长期性的。

另一方面，企业文化的稳定性、适应性和共享性，又有利于企业文化的变革和创新，使并购双方的文化整合和再造成为可能。表 9-3-4 列出了影响企业并购失败和成功的原因。由表中可以看出，文化整合对于收购后成功与否至关重要。

表 9-3-4　　企业并购失败和成功的原因分析

失败的原因	(%)	成功的原因	(%)
目标态度和文化差异	85	收购后具体的整合方案及其执行速度	76
没有收购后整合的方案	80	收购的清晰性	76
行业知识和目标的缺乏	45	良好的文化适应性	59
管理目标缺乏	45	高效的目标管理工作	47
缺乏收购经验	30	目标明确，行业熟悉	41

文化整合并没有一个统一的模式和方法。根据并购双方企业文化变化程度及并购方获得的企业控制权深度，实践中企业文化整合主要模式有三种：

1. 吸纳式文化整合

这是指被并购方完全放弃原有价值观念，全盘接受并购方企业文化。这种文化整合模式适用于强弱联合，文化强弱悬殊较大，强文化并购方具备相当实力，且这种优质文化得到社会的认同程度高，而弱文化的被并购方的硬件设施及其他方面一定程度上满足并购方的发展需要，只是由于经营思想和经营方式原因致使企业落后。

2.渗透式文化整合

即并购双方在文化上互相渗透,都进行不同程度的调整。这种模式适合并购双方企业文化强度相似,且彼此相互欣赏。在这种模式下,并购方将放弃部分控制权。

3.分离式文化整合

在这种模式中,被并购方原有文化基本不变。其前提是并购双方均有较强优质企业文化,企业员工不愿文化有所改变。同时并购后双方接触机会不多,不会因文化不一致而产生大的矛盾。这种模式能够保持被并购企业的成功运转。

新设企业文化整合的载体是员工,并购实践表明,如下内容对文化整合是重要的:一是适宜整合模式。根据并购双方文化特点,选择适宜的文化整合模式。二是本土化。包括管理层、关键岗位和一般岗位的本土化,这样既可降低文化差异的不利影响,又可节约运营成本。三是工会关系。发达国家工会的力量是很强的,在国际并购中,处理好工会关系,对并购的成败是至关重要的。对被并购企业员工曾承诺过的工资、待遇、裁员等条件,均须按照合同执行。四是母公司对新设企业的管理。主要是人员管理、财务管理和内部监控的规划。五是并购双方核心人员激励制度安排。职位晋升和薪酬激励体系是企业文化和价值观的体现。并购尤其是国际并购中,人力资源整合通常是关系到并购成败的关键因素。因为这直接涉及被并购企业员工的切身利益,如果人事整合不力,不能妥善处理好双方管理高层和员工的问题,人力资源就会趋向于离开企业,并购后企业的一些优势将在激烈的市场竞争中消失,这对并购双方都是不利的。因此,并购整合计划中,双方核心人员激励制度安排是重要工作。六是并购后整合的准备。有效的并购整合不是始于宣布并购之后,而应始于尽职调查阶段,让并购后整合实施团队参与到准备过程中。在尽职调查时,不但要了解资源、业绩、客户等,更要研究文化、历史,对协同效应的真正来源、实现的途径作出可靠的评估。七是聘请有效中介机构。信息是交易成功的关键因素。由于信息不对称和道德风险的存在,被并购企业很容易为了获得更多利益而向并购方隐瞒对自身不利的信息,甚至杜撰有利的信息。企业作为一个多种生产要素、多种关系交织构成的综合系统,极具复杂性,并购方很难在相对短的时间内全面了解目标方。在并购过程中,能否及时获取真实、准确与有效的信息是决定并购行动成败的关键。跨国并购涉及非常复杂的政治、经济、法律、文化、税收等问题。解决这些问题的有效方法是聘请有效中介机构,如财务顾问、法律顾问、公关顾问和政府关系顾问等。

新设企业文化整合规划评估方法采用第七章第五节“影响因素综合模糊分析方法”,评估模型见表9-3-5(说明见表8-2-2)。

表 9-3-5　　新设企业文化整合规划评估模型

序号	因素名称	小计	权重	$x(t)$				dx/dt				d^2x/dt^2			
				权重	隶属度	灰度 G_1	灰度 G_2	权重	隶属度	灰度 G_1	灰度 G_2	权重	隶属度	灰度 G_1	灰度 G_2
A	B	C	D	E	F	G	H	I	J	K	L	M	N	O	P
1	整合模式														
2	本土化														
3	工会关系														
4	母公司对新设企业的管理														
5	并购方核心人员激励制度安排														
6	并购后整合的准备														
7	中介机构														
8	综合评估														

四、被并购企业股东利益评估

被并购企业股东是被并购方的所有者，也是被并购方的最终决策者。其关注的核心问题是并购价格、并购方式、支付方式以及其他利益等。前三个问题已有讨论，所不同的是，双方关注利益的立场不同而已，此处不再赘述。

被并购企业股东利益评估方法采用第七章第五节“影响因素综合模糊分析方法”，评估模型见表 9-3-6（说明见表 8-2-2）。

表 9-3-6　　被并购企业股东利益评估模型

序号	因素名称	小计	权重	$x(t)$				dx/dt				d^2x/dt^2			
				权重	隶属度	灰度		权重	隶属度	灰度		权重	隶属度	灰度	
						G_1	G_2			G_1	G_2			G_1	G_2
A	B	C	D	E	F	G	H	I	J	K	L	M	N	O	P
1	并购价格		1	1				0				0			
2	并购方式		1	1				0				0			
3	支付方式		1	1				0				0			
4	其他利益														
5	综合评估														

五、被并购企业核心人员激励制定安排评估

并购过程中，并购企业面临的重要问题就是被并购企业核心人员的稳定。其中核心人才主要包括领导团队和核心业务人才两个层面。核心人才从自身利益出发，关注的问题是新设企业的发展前景、个人职位的升迁、薪酬待遇的改善和企业文化的认同。

被并购企业核心人员稳定性评估方法采用第七章第五节“影响因素综合模糊分析方法”，评估模型见表 9-3-7（说明见表 8-2-2）。

表 9-3-7　　被并购企业核心人员稳定性评估模型

序号	因素名称	小计	权重	$x(t)$				dx/dt				d^2x/dt^2			
				权重	隶属度	灰度		权重	隶属度	灰度		权重	隶属度	灰度	
						G_1	G_2			G_1	G_2			G_1	G_2
A	B	C	D	E	F	G	H	I	J	K	L	M	N	O	P
1	新设企业愿景吸引力														
2	核心人才满意度														
3	员工稳定性														
4	企业文化认同度														
5	综合评估														

六、并购外部环境评估

并购是企业行为，但必须适应外部环境，或外部环境为并购创造条件。企业的外部环境包括政治、经济、法律、制度、政策、社会、文化、科技、生态、相关市场等。并购尤其是国际并购，外部环境评估尤其重要，是不得不“察”的问题。并购方对国内的环境评估时，主要因素是融资环境、国家产业政策、市场环境，相关法规如反垄断法、反倾销等。国际并购时，合法性对外来进入者来说是非常重要的问题；制度决定了游戏的规则，具体体现在国家的法律、政策和非正式的商业规则中；被并购方国家金融和政治环境的稳定性、产业政策、贸易政策、生态环境政策、税收法规、劳动法，特别是工会作用等都是重点评估的因素。

并购外部环境评估方法采用第七章第五节“影响因素综合模糊分析方法”，评估模型见表 9-3-8(说明见表 8-2-2)。

表 9-3-8　　并购外部环境评估模型

序号	因素名称	小计	权重	$x(t)$				dx/dt				d^2x/dt^2			
				权重	隶属度	灰度		权重	隶属度	灰度		权重	隶属度	灰度	
						G_1	G_2			G_1	G_2			G_1	G_2
A	B	C	D	E	F	G	H	I	J	K	L	M	N	O	P
一	并购方外部环境														
1	融资环境														
2	国家产业政策														
3	市场环境														
4	相关法规														
二	被并购方外部环境														
1	合法性														
2	制度适应性														
3	金融稳定性														
4	政治稳定性														
5	产业政策														
6	贸易政策														
7	生态环境政策														

续表

8	税收法规														
9	劳动法与工会关系														
三	综合评估														

七、并购决策评估

并购决策评估方法采用第七章第五节“综合模糊决策方法”和“影响因素综合模糊分析方法”，评估模型见表 9-3-9。说明如下：

(1)设并购方案为 $Y(t)$，影响并购企业因素（内因）为 $X_N(t)$，被并购企业因素（外因）为 $X_W(t)$，则 $Y(t)$ 可表示为：

$$Y(t)=f[X_N(t),X_W(t)]=f(t) \tag{9-3-5}$$

按式(7-5-2)、(7-5-3)定义，内因和外因所有因素按照重要性程度分为三个等级（类或集合），内因第一、第二、第三重要等级因素分别用 $x_1(t)$、$x_2(t)$、$x_3(t)$ 表示，外因第一、第二、第三重要等级因素分别用 $x_4(t)$ 、$x_5(t)$、$x_6(t)$ 表示。则有：

$$X_N(t)=x_1(t)+x_2(t)+x_3(t) \tag{9-3-6}$$

$$X_W(t)=x_4(t)+x_5(t)+x_6(t) \tag{9-3-7}$$

结合并购决策特点，依据第七章第五节“影响因素综合模糊分析方法”，再作如下定义：

$x_1(t)$：被并购企业选择评估。

$x_2(t)$：并购价格与付款方式选择的评估：

$$x_2(t)=x_{21}+x_{22} \tag{9-3-8}$$

x_{21}：并购价格评估；x_{22}：并购付款方式选择的评估。

$x_3(t)$：新设企业文化整合规划评估。

$x_4(t)$：被并购企业股东利益评估。

$x_5(t)$：被并购企业核心人员激励制定安排评估。

$x_6(t)$：并购外部环境评估。

(2)D 项是各个影响因素或“次一级子因素”综合模糊评估结论。

(3)C 项是综合评估时各个因素重要性权重，λ_i 是式(9-3-6)、(9-3-7)中各个因素重要性权重，依据式(7-5-5)、(7-5-6)规则，结合实际情况取值。

根据表 9-3-9 逻辑结构，定义 w_{21}、w_{22} 为次一级因素，其重要性权重由式

(7-5-12)、(7-5-13)和(7-5-14)共同决定。本案例中,表 9-3-9 的逻辑结构是:

$$\lambda_2 = w_{21} + w_{22} \tag{9-3-9}$$

(4)表 9-3-9 中,"小计"项的实质是式(7-5-9),即:

$$\mu\left[\frac{\mathrm{d}x_2(t+\Delta t)}{\mathrm{d}t}\right] = \sum_{k=1}^{n} w_{2k} \cdot \mu\left[\frac{\mathrm{d}x_{2k}(t+\Delta t)}{\mathrm{d}t}\right] \tag{9-3-10}$$

(5)表 9-3-9 中,第七行的 C 项是并购综合评估结论,其实质就是式(7-5-4),即:

$$\mu\left[\frac{\mathrm{d}Y(t+\Delta t)}{\mathrm{d}t}\right] = \sum_{i=1}^{n} \lambda_i \cdot \mu\left[\frac{\mathrm{d}x_i(t+\Delta t)}{\mathrm{d}t}\right] \tag{9-3-11}$$

根据模糊数学隶属度定义,有:

①若 $\mu\left[\frac{\mathrm{d}Y(t+\Delta t)}{\mathrm{d}t}\right] > 0.5$,表示该并购项目成功可能性大于 50%。

②若 $\mu\left[\frac{\mathrm{d}Y(t+\Delta t)}{\mathrm{d}t}\right] < 0.5$,意味该并购项目成功可能性小于 50%。

③当 $\mu\left[\frac{\mathrm{d}Y(t+\Delta t)}{\mathrm{d}t}\right] \geqslant 0.7$ 时,表示该并购项目成功可能性大于 70%,是一个较好的并购机会。

表 9-3-9　　并购决策评估模型

序号	要素名称	权重	次一级子因素评估结论 $\mu\left[\frac{\mathrm{d}x_{ik}(t+\Delta t)}{\mathrm{d}t}\right]$	备注
A	B	C	D	E
一	$x_1(t)$:被并购企业选择评估	λ_1	表 9-3-1	
二	$x_2(t)$	λ_2		
1	x_{21}:并购价格评估	w_{21}	表 9-3-2	
2	x_{22}:并购付款方式选择的评估	w_{22}	表 9-3-3	
3	小计			
三	$x_3(t)$:新设企业文化整合规划评估	λ_3	表 9-3-5	

续表

四	$x_4(t)$：被并购企业股东利益评估	λ_4	表 9-3-6	
五	$x_5(t)$：被并购企业核心人员激励制定安排评估	λ_5	表 9-3-7	
六	$x_6(t)$：并购外部环境评估	λ_6	表 9-3-8	
七	综合评估结论			

参考文献

（按在正文中首次出现的顺序排列）

1.［美］赫伯特·西蒙:《管理行为》,詹正茂译,机械工业出版社 2004 年版。

2.［美］保罗·萨缪尔森等:《经济学》,胡代光等译,北京经济学院出版社 1996 年版。

3. 张五常:《经济解释》,花千树出版有限公司(香港)2001 年版。

4.［美］约瑟夫·斯蒂格利茨:《斯蒂格利茨经济学文集》第 6 卷(上),纪沫、仝冰、海荣译,中国金融出版社 2009 年版。

5. 陶汉章:《孙子兵法概论》,解放军出版社 1985 年版。

6. 李秀林等主编:《辩证唯物主义和历史唯物主义原理》,中国人民大学出版社 2004 年版。

7.［美］约瑟夫·斯蒂格利茨:《斯蒂格利茨经济学文集》第 3 卷,纪沫等译,中国金融出版社 2009 年版。

8. 黎诣远、李明志:《微观经济分析》,清华大学出版社 2003 年版。

9. 高隆昌:《数学及其认识》,高等教育出版社 2001 年版。

10. 王清印等:《灰色数学基础》,华中理工大学出版社 1996 年版。

11. 刘开第等:《未确知数学》,华中理工大学出版社 1997 年版。

12. 俞吾金:《走出传统哲学观的藩篱》,载《文史哲》2005 年第 3 期。

13. 肖前等主编:《辩证唯物主义原理》,人民出版社 1991 年版。

14. 冯友兰:《中国哲学简史》,新世界出版社 2004 年版。

15. 龚怀云等编:《应用泛函分析》,西安交通大学出版社 1985 年版。

16. 季美林:《谈读书治学》,当代中国出版社 2006 年版。

17. 严火其:《李约瑟难题一解》,载《自然辩证法研究》2002 年第 12 期。

18. 南怀瑾:《易经杂说、易经系传别讲》,复旦大学出版社 2000 年版。

19. 汪忠长:《周易六十四卦浅解》,当代世界出版社 2005 年版。

20. 刘大钧、林忠军:《易传全译》,四川出版集团巴蜀书社 2006 年版。

21. [美]M·克莱因:《西方文化中的数学》,张祖贵译,复旦大学出版社 2005 年版。

22. [美]富兰克·奈特:《风险、不确定性和利润》,王宇、王文玉译,中国人民大学出版社 2005 年版。

23. 北京大学马克思主义学院哲学教研室编:《辩证唯物主义和历史唯物主义纲要》,北京大学出版社 1996 年版。

24. 夏基松:《现代西方哲学教程新编》上册,高等教育出版社 1998 年版。

25.《毛泽东选集》第 1～3 卷,人民出版社 1991 年版。

26. 卡尔·马克思:《资本论》,人民出版社 1975 年版。

27. [美]斯塔夫里阿诺斯:《全球通史》,董书慧等译,北京大学出版社 2005 年版。

28. 李和平、张海云:《试论自然科学与社会科学研究客体的差异》,载《河北省社会主义学院学报》2005 年第 3 期。

29. 张旭昆:《经济学与自然科学的根本区别》,载《社会科学》1994 年第 8 期。

30. 宋志明:《中国古代辩证法的类型与核心》,载《中国人民大学学报》1998 年第 5 期。

31. 陈鼓应:《老子注释及评价》,中华书局 1984 年版。

32. 肖洪生:《先天〈易〉范式预测与决策方法探究——以金融投资为例》,载《周易研究》2009 年第 6 期。

33. 刘大钧、林忠军:《周易古经白话解》,山东友谊书社 1989 年版。

34. 庞朴:《儒道周行》,载《中国文化》1994 年第 1 期。

35. [德]黑格尔:《逻辑学》(上),杨一之译,商务印书馆 1966 年版。

36. 岳超源:《决策理论与方法》,科学出版社 2003 年版。

37. 钱颂迪等:《运筹学》,清华大学出版社 1990 年版。

38. 方志耕:《决策理论与方法》,科学出版社 2009 年版。

39. 郭立夫、李北伟:《决策理论与方法》,高等教育出版社 2006 年版。

40. Zvi Bodie, Alex Kane, Alan J. Marcus, *Investments*, McGraw-Hill/Irwin, 2008.

41. Haim Levy, Thierry Post, *Investments*, Prentice Hall/Financial Times, 2004.

42. David E. Bell, Arthur Schleifer, *Decision Making Under Uncertainty*, Thomson Learning, 1995.

43. Tapan Biswas, *Decision-making Under Uncertainty*, St. Martin's Press, 1997.

44. John Geweke, *Decision Making Under Risk and Uncertainty*, Kluwer Academic Pub-

lishers, 1992.

45. Mohammed Abdellaoui, John Denis Hey, *Advances in Decision Making Under Risk and Uncertainty*, Springer, 2008.

46. Haim Levy, *Stochastic Dominance: Investment Decision Making Under Uncertainty*, Springer Science Business Media, Inc., 2006.

47. Robert Gibbons, *Game Theory for Applied Economists*, Princeton University Press, 1992.

48. Louis Phlips, *The Economics of Imperfect Information*, Cambridge University Press, 1988.

49. J. Hirshleifer, "Investment Decision Under Uncertainty: Applications of the State-preference Approach," *Quarterly Journal of Economics*, 1996, 80.

50. E. Karni, *Decision Making Under Uncertainty*, Harvard University Press, 1985.

51. B. F. Grundy and S. R. Martin, "Understanding the Nature of the Risks and the Source of the Rewards to Momentum Investing," *Review of Financial Studies*, 2001, 14.

52. J. Laffont, *The Economics of Uncertainty and Information*, The MIT Press, 1989.

53. F. H. Knight, *Risk, Uncertainty and Profit*, Houghton Mifflin, 1921.

54. [意]克里斯蒂安·戈利耶:《风险和时间经济学》,徐卫宇译,中信出版社2003年版。

55. [美]艾里克·拉斯缪森:《博弈与信息——博弈论概论》,王晖等译,北京大学出版社2003年版。

56. [美]阿维纳什·迪克斯特、罗伯特·平迪克:《不确定条件下的投资》,朱勇等译,中国人民大学出版社2002年版。

57. 刘家林等:《投资建设项目决策》,中国计划出版社2006年版。

58. 何大安:《理性选择向非理性选择转化的行为分析》,载《经济研究》2005年第2期。

59. Kahneman Daniel and Amos Tversky, "Prospect Theory: An Analysis of Decision under Risk," *Econometrica*, 1979, 47.

60. 李心丹:《行为金融学——理论及中国的证据》,上海三联书店2004年版。

61. 张立文:《和合思想的现代意义》,载《国家图书馆学刊》2006年第1期。

62. 钱穆:《国学概论》,商务印书馆1997年版。

63. 张其成:《象数思维方式的特征及其影响》,载《安徽教育学院学报》2000年第1期。

64. 殷昆、殷珍泉:《易经的智慧》,甘肃文化出版社2004年版。

65. 刘大钧:《纳甲筮法讲座》,广西师范大学出版社2006年版。

66. 费秉勋:《八卦占卜新解》,陕西旅游出版社 1990 年版。

67. 李尚信:《卦序与解卦理路》,四川出版集团巴蜀书社 2008 年版。

68. 盛骤等:《概率论与数理统计》,高等教育出版社 1989 年版。

69. 李洪兴等:《工程模糊数学方法及应用》,天津科学技术出版社 1993 年版。

70. [美]约瑟夫·斯蒂格利茨:《斯蒂格利茨经济学文集》第 1 卷,纪沫等译,中国金融出版社 2007 年版。

71. 庞朴:《"一分为二"说》,载《开放时代》2000 年第 9 期。

72. 庞朴:《中庸与三分》,载《文史哲》2000 年第 4 期。

73. 卢中原、侯永志:《中国 2020:发展目标和政策取向》,载《管理世界》2008 年第 5 期。

74. 裴长洪:《后危机时代经济全球化趋势及其新特点、新态势》,载《国际经济评论》2010 年第 4 期。

75. 朱地:《整风反右实录》,山西人民出版社 1995 年版。

76. 李良栋:《新中国成立以来我国民主政治建设的理论与实践》,载《科学社会主义》2009 年第 5 期。

77. 胡锦涛:《高举中国特色社会主义伟大旗帜 为夺取全面建设小康社会新胜利而奋斗》,人民出版社 2007 年版。

78. 江光华:《科学技术在构建和谐社会中的作用》,中共中央党校研究生院 2008 年博士论文。

79. 邓家棆:《论社会发展的科技化趋势》,载《改革与战略》2001 年第 5 期。

80. 李元元:《若干创新型国家的发展经验及其对我国的启示》,载《华南理工大学学报》(社会科学版)2006 年第 6 期。

81. 张云、刘骏民:《从次贷危机到美元危机:根源及趋势》,载《上海经济研究》2009 年第 3 期。

82. 袁志刚、邵挺:《重构国际货币体系的内在力量来自何处》,载《世界经济研究》2010 年第 5 期。

83. 王亚华、胡鞍钢:《从五大资本比较看中国经济追赶美国》,载《经济社会体制比较》2007 年第 1 期。

84. 高祖贵:《未来十年世界四大趋势》,载《人民论坛》2010 年第 5 期。

85. 牛新春:《中美关系:依赖性与脆弱性》,载《现代国际关系》2009 年第 9 期。

86. 王缉思:《中美关系的发展趋势与深层原因》,载《当代亚太》2009 年第 3 期。

87. 牛长振、徐刚:《战略互信与中美关系》,载《国际论坛》2010 年第 3 期。

88. 孟婷婷:《论西汉王朝的盛衰》,载《遵义师范学院学报》2002 年第 3 期。

89. 邓文宽:《官吏考课与唐王朝的盛衰》,载《敦煌学辑刊》1984 年第 2 期。

90. 白兴华:《评治乱兴衰,揭利弊得失——论赵翼总结明代兴亡》,载《安徽教育学院学报》2000 年第 1 期。

91. 高翔:《从全盛到衰微——十八世纪清帝国的盛衰之变》,载《决策与信息》2004 年第 11 期。

92. 叶敏华、陈祥生:《我国的经济发展目前处于什么水平——与西方发达国家的比较》,载《国家行政学院学报》2009 年第 4 期。

93. 金柏松:《美国经济转型分析与启示》,载《对外经贸实务》2008 年第 5 期。

94. 巴曙松:《房地产需求从投资主导向消费主导的转换是否启动》,载《中国经济》2010 年第 8 期。

95. 叶林:《2010 年,聚焦房地产市场泡沫》,载《经济导刊》2010 年第 2 期。

96. 刘丹鹤、王洋:《中国居民收入现状及展望》,载《中国乡镇企业会计》2010 年第 4 期。

97. 易富贤:《中国:人口过多? 人均资源不足?》,载《社会科学论坛》2006 年第 10 期。

98. 赵沛楠:《发达国家如何保障安居?》,载《中国投资》2009 年第 12 期。

99. 严先溥:《应努力加快我国消费模式转型的步伐——中、美消费模式的比较与启示》,载《宏观经济研究》2010 年第 5 期。

100.《国务院关于坚决遏制部分城市房价过快上涨的通知》(国发[2010]10 号),2010 年 4 月 17 日。

101. 游伯龙、黄书德:《知人与决策》,煤炭工业出版社 1987 年版。

102. 梁能:《公司治理结构:中国的实践与美国的经验》,中国人民大学出版社 2000 年版。

103. [美]亚瑟·汤姆森、A. J. 斯迪克兰迪:《战略管理》,段盛华等译,北京大学出版社 2000 年版。

104. [美]Philip Kotler,Gary Armstrong:《市场营销原理》,赵平等译,清华大学出版社 2000 年版。

105. 乌家培等:《社会主义市场经济管理技术》,高等教育出版社 1993 年版。

106. Christian Gollier, *The Economics of Risk and Time*, *Copyright*, Massachusetts Insititute of Technology, 2001.

107. [美]弗雷德·威斯通:《兼并、重组与公司控制》,唐旭等译,经济科学出版社 1998 年版。

108. 文海涛:《西方企业并购绩效理论研究评述》,载《北京交通大学学报》(社会科学版)2008 年第 1 期。

109. 黄俊等:《战略联盟管理与联盟绩效的实证研究:基于动态能力的观点》,载《科研管理》2007 年第 6 期。

110. Fred Weston, Kwang S. Chung, Juan A. Siu, *Takeovers Restructuring and Corporate Governance*, Prentice Hall, 1998.

111. 白井文:《要素流动规律与西部地区的要素积聚》,载《南方经济》2001 年第 1 期。

112. Thomas J. Peters, Robert H. Waterman, *In Search of Excellence*, Harper & Row, 1982.

113. Sudi Sudarsanam, *Creating Value from Mergers and Acquisitions*, Pearson Education Limited, 2005.

114. 黄凯南:《现代演化经济学基础理论研究》,浙江大学出版社 2010 年版。

后 记

我是一个典型的"弃工从金"者。工学学习背景，且实际从业十年有余，工科思维根深蒂固，那就是，学以致用，理论既要解释现象，更要具有预测、预见功用。大学时，学习《政治经济学》后，认定经济学尤其是金融学，更是自己兴趣所在，十多年后这个愿望得以实现。

近三十年，虽数易工作单位，但从事工作的核心没有改变，那就是，不确定条件下的预测与决策的方法论研究。本书就是这些年的所思、所行，特别是理论部分的一个总结。本人研究的特点可概括为：中西结合，以中为本；非本中，殊于西。这句话的含义是：所建立的方法论，最重要的分析工具是"先天《易》范式"，它是六维坐标系，其思想源头是中华经典《易传》中的"先天六十四卦方圆图"。可独立应用该范式分析问题，进行不确定条件下的预测与决策。这就是，"以中为本"的缘由。"距离"和"范数"等数学概念、"笛卡儿坐标周期分析法"和模糊数学等是典型的西方思维模式。其中，"距离"和"范数"数学概念是第三章内容所得结论的核心分析工具，"笛卡儿坐标周期分析法"和模糊数学是确定"先天《易》范式"中每一个因素（爻）性质的重要方法。这是"中西结合"的渊源。"非本中"的含义是，"先天《易》范式"是借用先天《易》，特别是"先天六十四卦方圆图"的符号体系，对其六爻内涵与排列顺序作出与《易传》不同的新的定义。"殊于西"的意思是，摒弃了西方经济学在该领域广泛使用的预期效用理论和均衡分析方法。

同时具有西方经济学（金融学）知识、中华文化基础和一定的社会实践经验者，对理解以上思想更有益处。在西方经济学（金融学）研究者眼中，这项研究与其不相关，对中国传统文化了解不多者，甚至容易看作"歪门邪道"。在中国传统文化有较深造诣者看来，这又不是传统《易传》的含义。从事过独当一面的工作者，如企业家、政治家、实务投资和金融投资者，更能认识到不确定条件下决策的重要性，体悟到现有理论存在问题症结所在。由此可见，本人的研究在初期或处"尴尬"境地。

近朋远友常问及的问题就是,为什么要走这样一条险路?

我一直从事项目投资和金融投资的实务和理论研究工作。20世纪80年代中期,初次接触西方经济学甚是兴奋,特别是用数学方法分析经济问题,深深吸引了我。工作的机缘,决定了我一定要把学到的理论应用于实践。不久之后就发现,西方经济学这套研究方法难于指导具体实践,尤其是预测功能较差,这与我的工学经历反差很大。投资是经济社会中重要组成部分,在市场经济条件下,对投资者来讲可谓“生死之地,存亡之道,不可不察也”。80年代后期始,逐次选定,把项目投资和金融投资的实务和理论研究工作作为自己终身职业。回头望,发现所研究问题的实质是,不确定条件下预测与决策的方法论研究。

谚曰:“有病乱求医。”西方经济学(金融学)研究方法存在问题,这是学界的共识,2008年美国爆发的金融危机,从实践角度也证明了这个问题。西方经济学(金融学)研究方法存在的主要问题是,理论假设条件与实际的不相符,换言之,它适合解决确定性的问题,对不确定性问题则勉为其难。为此,大家都在寻找解决问题的道路,本人也进行了广泛的探索,其间走过许多弯路。经过多年探索发现,中国传统文化,特别是《易传》、《老子》、《孙子兵法》等蕴涵的许多思想、方法,是解决不确定条件下预测与决策的一条路径。

以上是本人学术思想,也是本书核心内容的演进过程。

开辟新路,首先遇到的问题是,时间不可控。本书原计划用两到三年完成,实际用时八年有余,现仍感有许多不能令人满意之处。

“创新”就意味着走别人没有走过的道路。从经济学的角度看,“从俗浮沉,与时俯仰”是最经济的。“顺者昌,异者孤”,自古皆然。之所以坚持走自己的道路,基于的信念是:“言有宗,事有君。”理论上,主要观点都有严格的数学逻辑证明;理论观点来自实践,同时又特别强调理论对实践的指导作用。书中内容是笔者二十多年不断理论学习—观察—分析—建立模型—实践检验—再理论学习—再观察—再分析—再完善模型—再实践实验的结果,不断完善、发展的一个产物。实践证明,本书所建立的方法,可有效控制投资风险:实业投资成功可能性大于70%,失败可能性小于30%;金融投资每个投资对象都亏损的可能性小于3%,且亏损的最大数量为投资额的9%。

个个符号皆故事,十年辛苦不寻常。书稿即将完成,此时心中可谓“五味杂陈”,别有一番滋味在心头。人处厄时,有理解、支持之声,倍感温暖。时时铭记在本书演进过程中提供支持、帮助的人们。

感谢山东大学经济研究院的各位同仁,对书稿所提的宝贵建议、意见。

感谢叶海云博士提出了许多颇具建设性的具体意见;李增刚博士、黄凯南博士等从经济学视角首先认同所作研究的价值。

感谢山东大学易学与中国古代哲学研究中心的李尚信博士、刘玉建博士等，他们是易学界首次对笔者所作研究予以肯定的学者。

感谢我的学生，他们是我思想的第一批受众对象，也是第一批发现问题的人，同时还是书中插图的编辑者。

感谢山东省社会科学规划管理办公室、山东大学人文社会科学青年成长基金项目提供的资金支持。

感谢我爱人周建霞女士。为了这本书，我放弃了许多，也失去了很多。但她无怨无悔，承担了全部家务，使我能够专心从事研究工作。

多年来，我的合作伙伴杨晓冬先生一直是我思想的坚定支持者，并负责资料收集和实证研究工作。

肖洪生
2010 年 10 月于济南